アカデミー受賞作に学ぶ作劇術

～エンタテイメントの書き方3～

柏田道夫

作家　シナリオ・センター講師

ハリウッド映画は、観客を退屈させずに心をがっち掴むためのノウハウ、テクニック、黄金律が、長年の研究を重ねた上に確立されています。

特に映画の設計図となるシナリオの作成において、培われた法則が当てはめられ、練られた上で実際の製作がスタートします。そうした製作方法の是非は本書では問いません。

ご存じのようにアカデミー賞は、以前は公開されたハリウッド映画とその関係者に、最高の栄誉を与える映画界最大のイベントですが、近年はよりその対象をグローバルに拡げるように変わってきました。英語圏作だけでなく、外国語作も、さらにはネット公開作も賞の対象となっています。

本誌は好評を頂戴した「エンタテイメントの書き方」シリーズの第3弾として、アカデミーの作品賞、監督賞、脚本賞、脚色賞などを受賞した名作をチョイスし、その構造や作劇ノウハウを分析した本ですが、あらたに最新の受賞作を加えた大幅改訂版です。

教材とした作品のほとんどは、配信やＤＶＤソフトとして見ることができます。合わせてお読みいただければ、より実践的に構造が学べるはずです。

シナリオライターを目指す人はもちろん、あらゆるエンタテイメントに関わらんとする方へのヒントが満載の手引き書です。

映人社

目次

※DVDおよびブルーレイの販売データは2012年2月現在です。

※本書6～172頁初出：ドラマ別冊『エンタテイメントの書き方3』2012年3月刊

はじめに

アカデミー受賞作からおもしろくするテクニックを盗みましょう

ハリウッド式はもう無視できない

映画の都ハリウッドを中心に製作されるアメリカ映画は、世界をマーケットとする合衆国随一の文化的輸出品ともいえます。そして、毎年テレビ中継され、世界中に話題を提供する映画界最大のイベントこそがアカデミー授賞式です。

毎年、前年度に製作公開されたアメリカ映画（正確には英語圏映画）を中心に、外国語映画からノミネート作品が決まり、アカデミー賞会員の投票によって、それぞれの役割を担うプロフェッショナルの中から、最も優れた仕事をしたと認められた人がオスカー像を手にします。

本書が教材とするのは作品賞、監督賞、脚本賞、脚色賞を得た作品です（6講の『千と千尋の神隠し』は長編アニメーション作品賞）。古典として残されている名作から最近の受賞作まで、毎講のテーマ、切り口に合わせてアトランダムに取り上げています。

扉でも触れましたがハリウッド映画の多くは、より多くの観客に受け入れられることを目指し、特に脚本製作において研究され、確立された一定の法則の元に書かれています。この法則なりノウハウを紹介、解説した翻訳本も多数出されています。

日本ではシド・フィールドによる脚本術が最初に紹介され（1991年刊・別冊宝島『シナリオ入門』）、最近では新たに『映画を書くためにあなたがしなくてはいけないこと～シド・フィールドの脚本術』シリーズ（フィルムアート社）が出ており、本書でも参考にさせていただきました。このハリウッド方式に関して、より深く学びたいという方は、こうした本をお読み下さい。

私はハリウッド方式を専門に学んだわけではありませんし、むしろ日本型の【起承転結】による脚本構成法によって今でも脚本を書いています。それでも脚本製作過程のミーティングなどで、若いプロデューサーからハリウッド型のノウハウが示されることも増えています。

日本で製作する映画やドラマなどで、ハリウッド型が当てはまるか、通用するかという論議はあまり意味がないでしょう。

それよりも、ハリウッド方式であろうと、作家独自の作劇法であろうと、最終的におもしろい作品、観客を感動させる作品になればいいと思います。

ですので、本書はハリウッド型（三幕構成）は参考にはしていますが、あくまでも私なりの分析、見方で書かれていることをご承知下さい。

「逆バコ」で構造を理解する

とはいえハリウッド三幕方式は、限られた上映時間内で、物語をおもしろく運ぶための秘訣が満載です。スタンダードになりつつあるこうした手法は、知っておくべきでしょう。その基本形を理解するために、ある程度忠実な造りとなっている3作の分析から講が始まっています。

以後は、「ロードムービー」や「バディ（相棒）もの」、「空間限定型」など万国共通の物語の基本形にのっとった作品群について改めて名作を例題として分析しています。続いてこれまであまり語られていなかった人物の視点の面からのアプローチです。さらにこれと合わせて近年、構成手法としてオーソドックスになってきた時間軸を前後させる映画の分析、そしてジャンル別にそれぞれの代表作を取り上げています。

お断りしておきますが、本文に掲載されている構成表は、すべて私がＤＶＤを鑑賞しながら作成した、通称「逆バコ」と称されるものです。シークエンスの分け方なども私なりの感じ方であり、これが正しいというものではありません。シークエンスごとの分数などもおおよその目安です。

当然ながら、このシークエンスや幕ごとの時間配分は、シナリオの枚数とは一致しません。ご存じのように、シナリオは演出する監督によってシーンの順序が変わったりすることもありますし、時間も撮り方で変わります。さらに最終的に編集という作業によって、シナリオに書かれた（撮影された）シーンが、丸ごとカットされることも珍しくありません。あくまでも分数はおおよその目安だと認識して下さい。

そうであっても、こうしたハコ（表）とすることで、名作の構造や伏線、人物配置など学べる要素は無限にあるはずです。

また、映画の製作年数とアカデミー賞の年度がずれている場合もあります。アカデミー賞のガイドブックとしては、初回から２００６年までの受賞作が紹介されている『アカデミー賞のすべて』（共同通信社）さらに１９９４年までのデータが記載されている『アカデミー・アワード～アカデミー賞のすべて～』（監修・筈見有弘／キネマ旬報社）、ならびにインターネットなどを基本データとさせていただきました。

本書は『エンタテイメントの書き方1～映画に学ぶ発想とテクニック～』、『エンタテイメントの書き方2～映画に学ぶ構成とテクニック～』に続く第3弾の改訂版です。

この1と2の中にも、アカデミー受賞作が教材として取り上げられています。これら前書でも述べましたが、映画には物語作法のノウハウ、テクニックが詰めこまれています。これは他のあらゆる分野に通用します。合わせてお読みいただけると、よりシナリオの構造やテクニックが理解できるはず。それでは講義を始めましょう。

1 ハリウッド三幕構成（1）

教材作品

『リトル・ミス・サンシャイン』（79回脚本賞）

最高の映画からテクニックを盗む

アカデミー賞はご存じのように、アメリカで一年に一度行われる映画の祭典です。一年を通して公開された映画から、アカデミー賞の会員が投票によってさまざまな部門の候補作を選び、2月に行われる授賞式で、そのノミネート作から最高作品が選ばれて、オスカーというニックネームの像が与えられます。

ノミネートされるだけでも栄誉なのですが、受賞することで、一流映画人としてのお墨付きを与えられます。

映画は総合芸術といわれるように、さまざまなプロの技術者の力の結集で、ひとつの作品になります。アカデミー賞が、撮影や編集、音響、音楽、衣装といった多くの部門に分かれているのは、それぞれで優れた力を発揮した人を評価するためです。

今回よりの講義で主な教材とするのは、その映画のためにオリジナルとして書かれた「脚本賞」、原作があるものを映画用脚本として書かれた「脚色賞」、さらに総合的に最も優れた作品とみなされた「作品賞」の受賞作です。さらに脚本と切って切り離せない「監督賞」の受賞作も取り上げる場合もあります。

これらの受賞作は、（個人的な好き嫌いや評価の違いはあるにしても）一級品と認められた作品ですので、学ぶべき要素はたくさんあります。また、ほとんどがDVDソフトとして出ていますので、何度も繰り返して鑑賞することができます。

これから映画やテレビドラマなどのシナリオを書こうと思っている方はもちろん、さらに小説やマンガ原作、ネット、ラジオ、戯曲といった「物語」の創造を志す方々に役立つはずです。

出来るだけ最新の受賞作を教材とします。とはいえ、今観てもまったく色褪せず、学ぶべき要素がぎっちり詰まった名作古典も数多くありますので、内容に応じて適宜取り上げていくつもりです。

一応お断りしておきますが細かく分析していきますので、内容にも踏み込みますし、ラストまで明かしてしまう場合もあります。本文はその作品を皆さんがすでに観ている、という前提で書いていきますので、この点はご了承下さい。

シド・フィールドの［三幕構成］

第1回目は最近の受賞作、08年第79回アカデミー脚本賞をとった『リトル・ミス・サンシャイン』を教材とします。

この作品は痛快で感動的なホームドラマなのですが、実に計算された見事な「ハリウッド型三幕形式」を踏まえています。感動作というだけでなく、教科書としても最適な脚本といえます。

映画の分析の前に「ハリウッド型三幕構成」（以下［三幕構成］）について簡単に述べておきます。その前に［構成］について簡単におさらいをしておきましょう。

映画は時間芸術ですので、決められた時間（日本では尺という）の中で、物語を始めてストーリーを展開させて、最大に盛り上げて終わらなくてはいけません。映画のジャンルや内容、ボリュームによって尺は違いますが、一般的な商業作品は90分から120分程度です。これはシナリオにすると、そのまま400字詰で90～120枚程度になります。

そのため脚本作りで重要となるのが［構成（コンストラクション）］です。

リトル・ミス・サンシャイン
ＤＶＤ発売中
¥1,419（税込¥1,490）
20世紀 フォックス ホーム エンターテイメント ジャパン

脚本：マイケル・アーント
監督：ジョナサン・デントン＆ヴァレリー・ファリス
製作：マーク・タートルトープ　ディビッド・T・フレンドリー　アルバート・バーガー

出演：グレッグ・ギニア　トニ・コレット　スティーヴ・カレラ　アラン・アーキン

この［構成］にはさまざまな考え方がありますが、日本で一番理解されているのは［起承転結］です。これに対して、ハリウッド映画の基本構成として位置づけられているのが［三幕構成］です。

日本型の［起承転結］と［三幕構成］のどこが違うのか？

やや強引な言い方ですが、大きな捉え方はそれほど変わりません。図1を見て下さい。

図1

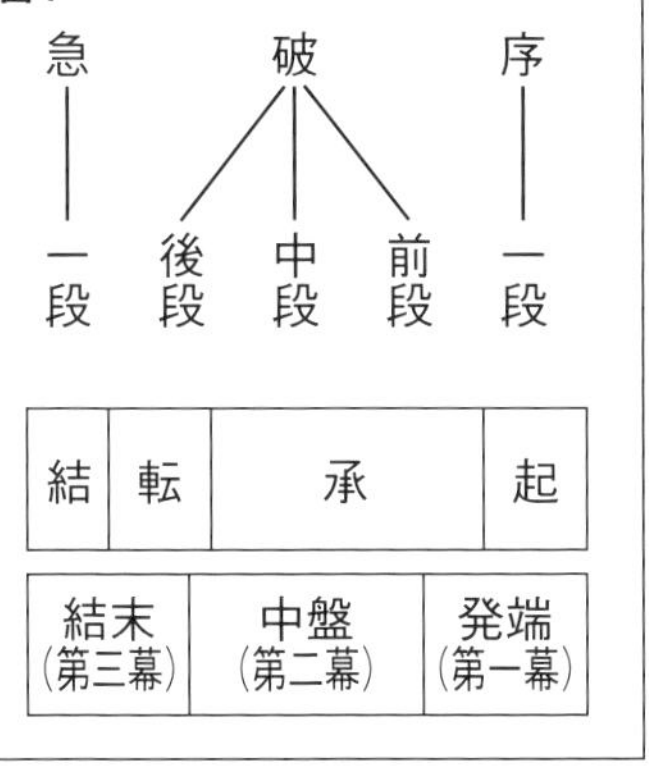

元々、日本には、能の大家、世阿弥が提唱した［序破急］という物語を三つに分けて構成する考え方がありました。さらに四つの大きな固まりで考えるのが［起承転結］です。
導入部としての［起］が、［三幕構成］の

［第一幕］にあたり、真ん中の展開部分の［承］が［第二幕］、クライマックスの［転］とエピローグとしての［結］を合わせて［第三幕］ということになります。

もちろん、［三幕構成］も考え方に微妙な違いがあり、それを詳しく理論づけて講義しているのが、アメリカの脚本家シド・フィールドです。最近彼の脚本術をまとめた翻訳本『映画を書くためにあなたがしなくてはならないこと～シド・フィールドの脚本術』（フィルムアート社）が出ています。詳しく知りたい方はじっくりとお読み下さい。

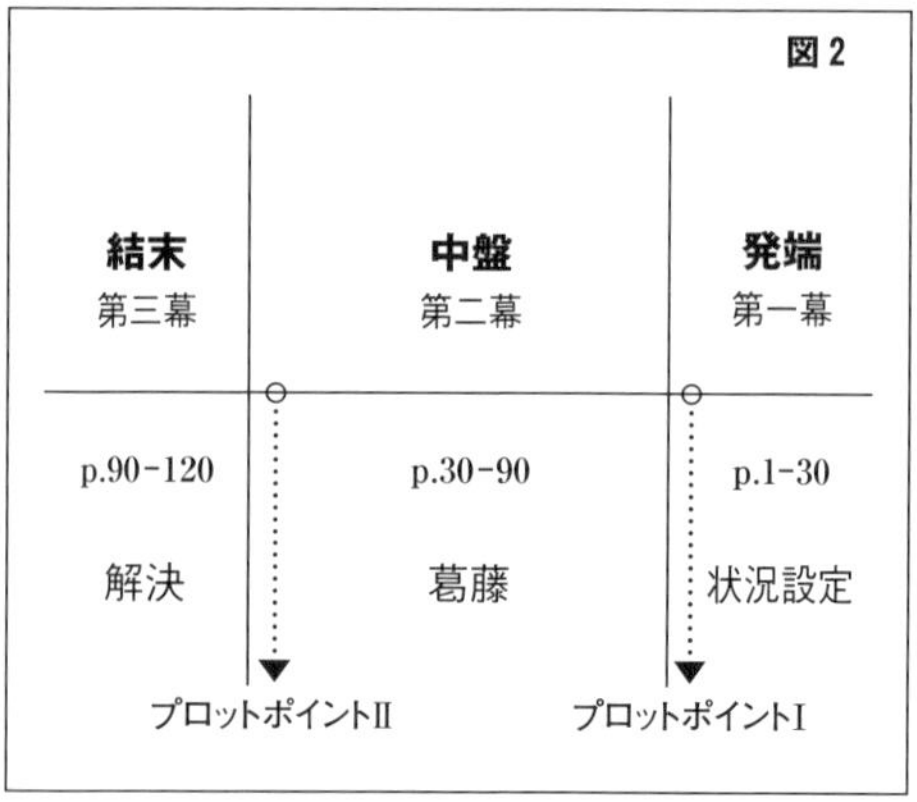

で、フィールドの［三幕構成］の全体のパラダイムが図2になります。全体を１２０枚と想定すると、「発端」としての［第一幕］が30枚で、「中盤」の［第二幕］が60枚、「結末」の［第三幕］が30枚、つまり1対2対1で、物語の流れを分けるということになります。

［第一幕］と［第二幕］の終わり頃にある「プロットポイント」というのは、「ストーリーを前に転がす役目」と書かれています。次の展開へ進めるための事件が起きたり、そのリアクションとして登場人物がとる行動なり、心理が変わるような節目的な要素と考えていいでしょう。これがあることで一幕から二幕へ、二幕からクライマックスへの三幕へと転換していくわけです。

さて、この［三幕構成］の1対2対1の分け方を理解する最適な作品こそが『リトル・ミス・サンシャイン』なのです。

モチーフとしての黄色のオンボロワゴン

『リトル・ミス・サンシャイン』を3行ストーリー的にいうと、

『それぞれ欠点や問題を抱えた家族６人が、オンボロワゴンに乗って、末娘のミスコンに参加するために旅をし、大会に参加、絆を取り戻していく話』

アイデアから作品になっていく経過は、図3のような大まかな流れをとります。

で、この作品の、アイデアに結びつく「素材（ネタ）」に当たるのが、「子どものミスコン」でしょう。

一般的なミス・ユニバースとか、国民的美少女コンテストといったものではなく、アメリカでは8歳女児までのミスコンが行われていて、それなりの大会として運営されているそうです。このおいしいネタをどう使うと、おもしろい話になるか？　主人公の少女を設定して、女王になるべく頑張るサクセストーリーにするという手もあるでしょう。少女が犯罪に巻き込まれるサスペンスとか、少女が実は不治の病でといった難病物も考えられます。

ともかく、ネタをあれこれと練ることでアイデアとして固まってきます。

『リトル・ミス・サンシャイン』は、ホームドラマとして、テーマは「家族の再生」に据えた。その家族が、ミスコン会場に向かう

『リトル・ミス・サンシャイン』 ©2009 Twentieth Century Fox Home Entertainment LLC. All Rights Reserved.

図３

素材（ネタ）
↓↑
アイデア
↓
（テーマ
キャラクター
シチュエーション）
＋
モチーフ
←
プロット
←
構成

までの旅の過程で「絆を取りもどす」。物語を運ぶ家族のキャラクターは、ミスコンを目指すオリーブを中心に、図４のような人物設定を造型していく。

　もちろん、この「テーマ」「キャラクター」「シチュエーション」の三つの要素は脚本家によって何度も練り直されて、次第にカタチづけられていったはずです。

　そして、作品を象徴する何か？　これが「モチーフ」です。もしかしたら、ネタとして最初からあったのかもしれません。

　「モチーフとは何か？」に関しては、拙著『エンタテイメントの書き方1』で詳しく述べていますので繰り返しません。

　簡単にいうと、その作品を表す何か、象徴的なものです。これが見いだせるかどうかで、アイデアの優劣が決まる場合もあります。

『リトル・ミス・サンシャイン』のモチーフは、黄色のオンボロワゴンです。このワゴンに乗って家族が旅をするのですが、旅に出て早々に故障してしまい、家族が押さなくてはエンジンがかからない。

家族はひとり一人が欠点を抱えています。その集合体、象徴としてのオンボロワゴンであり、最初はバラバラな家族が、これを動かすために一致協力しなくてはいけない。このオンボロワゴンを見つけたことで、この作品は名作への足がかりを創ったといっても過言ではありません。

[三幕構成]＋綿密なシーンづくり

そこから本作は［三幕構成］の基本形に合わせて脚本が作られています。図4のハコはその流れを書き抜いたものです。

家族それぞれのキャラクター紹介と、それぞれが抱えている問題点の提示。末娘のオリーヴのミスコン出場という思わぬ出来事がきっかけで、会場であるカルフォルニアまで行くことが決まるまでが「第1幕」です。ここまでが物語の「発端」になります。

シド・フィールドのいう「プロットポイント」はオリーヴのミスコン出場です。

それからバラバラの家族が旅を始めて、旅の途中でのさまざまなトラブルを経て、それをクリアしていくことで、次第に絆が深まっていくまでが「第2幕」。この旅の過程はまさに「葛藤」が展開していきます。

ここから「第3幕」に移るための「プロットポイント」は、祖父の突然の死と、その遺体を家族全員が結束して運び出す行動です。

そして会場に到着して、やはり降りかかる困難をクリアして、オリーヴが最高のパフォーマンスを行い、家族の結束と成長を経て帰宅の途につくまでが「第3幕」です。2幕の「葛藤」を経て、家族が絆を取り戻す「解決」となります。

全部でちょうど100分の映画ですが、「第1幕」が約22分、「第2幕」が50分、「第3幕」が28分となっていて、ほぼ1対2対1になっていることが分かります。

ちなみに、真ん中の「第2幕」を旅として、「第1幕」が旅に出るまでで、「第3幕」を到着した場所で、という構成をとる映画は珍しくありません。

例えば、堅物サラリーマンだったジャック・ニコルソンが定年になり、妻の突然死を経てトレーラーハウスで旅に出て、娘の結婚式に出る02年度製作の『アバウト・シュミット』。あるいは、ビル・マーレーが、自分の子供がいると分かって、かつてつき合った女性たちを訪れて廻る05年度製作の『ブローク・ン・フラワーズ』、性転換して女になった主人公が、その事実を隠したまま自身の息子とアメリカ横断の旅をする05年製作の『トランス・アメリカ』といった作品はほぼ、この［三幕構成］になっています。

もちろん、アイデアをこのハリウッド型の［三幕構成］に当てはめれば決まるということではありません。『リトル・ミス・サンシャイン』の素晴らしさは、各キャラクターの魅力的な造型であり、綿密に張り巡らせてある伏線であり、絶妙なセリフです。

こうした積み重ねがあるから、ミスコンでのオリーヴの勝利がなくても、それ以上のカタルシスが生まれ、最終的な「家族の絆」というテーマが結実するのです。

映画をじっくりと見て、そのエッセンスを学んで下さい。

図４

『リトル・ミス・サンシャイン』の構成（ハコ）／ポイントとセリフ

［人物］

オリーヴ……メガネで幼児体型だけど、夢はミスコンの女王。アイスクリームが大好き。

母・シェリル……一家の大黒柱。ワーキングマザーで家族の食事は手抜き。禁煙できない。

父・リチャード……「９ステップ理論」で勝ち馬を目指すが、夢ばかりの実は負け犬。

祖父……ヘロインがやめられずに老人ホームも追い出された。老いても大の女好き。

兄・ドウェーン……空軍のパイロットになるために沈黙を通すニーチェ好き偏屈男。

伯父・フランク……ゲイの自称“最高のプルースト研究者”失恋と失業で自殺未遂。

	ハコ（構成）	ポイント＆セリフ
第1幕（22分）	・（家）オリーヴ、テレビでミスコンの鑑賞 ・（会場）父、９ステップ理論を熱演。観客わずか ・（家）兄、筋トレ。祖父、トイレでドラッグ ・（クルマ）母、電話、兄を迎えに ・（病院）伯父、自殺未遂後で失意 ・　母、伯父を引き取る。 ・（クルマ）伯父をきづかう母 ・（家）父、帰宅。一家６人でジャンクな食事 ・　家族の問題、伯父の挫折 ・　**オリーヴ、ミスコンに補欠で参加決定！**	**・フーヴァー家６人の紹介** 父「勝ち馬になれ、負け犬はみじめだ！」 母「（吸いながら）タバコ？　やめたわよ」 医者「一人にしないように」 ・パイロットになるため沈黙を通す屈折兄 祖父「また、チキンか！」 **・全員でカルフォルニアへ行こう！**
第2幕（50分）	・（ワゴン）**黄色いオンボロワゴン**で出発 ・（ファミレス）朝食、オリーヴ、アイスを注文 ・　父の仕事は暗雲。**ワゴン、故障** ・（工場）修理できない。**押して飛び乗れば走れる** ・（ワゴン〜店）父、９段階ステップの有効性 　伯父、別れた恋人（男）と再会、ショック ・　父の仕事はNG、母と父、口ゲンカ ・（ワゴン）**オリーヴを忘れてきた！** ・　旅は続く。祖父、父を励ます ・（モーテル）二組ずつ、部屋へ 　父と母のケンカ。うんざりの兄 　祖父とオリーヴ、妙なレッスン ・（道〜ホテル）父、出資者に談判、完全にNG ・（モーテル）翌朝、オリーヴ、父母を起こしに ・（病院）救急車で病院に 　医師、**祖父の死**を告げる。 　事務員から遺体の移動を拒否される 　遺体を窓から持ち出す ・（ワゴン）会場へ急げ。クラクションが故障 　警官にとめられる。**遺体が見つかるか!?** 　ポルノ雑誌で難を逃れる 　検査表で兄の色弱が発覚 　オリーヴがハグして兄をなぐさめる	祖父「（兄に）大勢の女とやりまくれ！」 父「ミスはアイスは食べない」 ・まだまだ家族は不協和音 ・故障ワゴンは家族の象徴 ・祖父に頼まれたポルノ雑誌で赤面 ・破産と離婚の危機 ・小さなトラブル多発 ・父と祖父のちょっとした和解 オ「私、きれい？」祖父「世界一だ」 祖父「**挑戦しないやつこそが負け犬だ**」 オ「グランパが起きない」 兄「（メモでオリーヴに）ママをハグしろ」 ・オリーヴ、視力検査表をゲット 父「ミスコンに出るぞ、親父の意志だ！」 **・家族の協力でやりとげる作業** ・またしても危機。祖父が救った！ 伯父「急げ！　間に合うか？」 ・パイロットは無理！　兄「みんな大嫌いだ！」 兄「分かった、行くよ」
第3幕（28分）	・（ワゴン）会場のホテルに入れない！**強行突破！** ・（会場）遅刻、受付終了で押し問答、やっとOK 　控え室、ケバケバ出場者たちに比べると… 　父、葬儀社に遺体を託す 　桟橋で兄と伯父、生き方について語る 　いよいよ、特技審査！　なれた出場者たち 　さあ、行くか、行かないか？ 　**そして、本番！**　のれんを分けて… 　祖父仕込みの下品ダンスは大ひんしゅく 　やめさせようとする主催者 　とめようとして**一緒に踊る家族たち** 　警察の取り調べ 　さあ、ワゴンに飛び乗って家に帰ろう！	・アクションで盛り上げる！ オ「アイスは？」　ミス「大好きよ」 ・主人公はハンデを負う 伯父「プルーストは負け犬だった」 父「出すのはよせ」　兄「笑い者になる」 母「やめてもいいのよ」　オ「出るわ」 **・最高潮のクライマックス！**　逆転！ オ「振り付けをしてくれた祖父に捧げます」 ・本当の勝利！　家族の結束 警官「二度と、ミスコンに出るな」 ・［結］はすみやかに

2 ハリウッド三幕構成（2）

教材作品

『JUNO／ジュノ』（80回脚本賞）

脚本家のドリームストーリー

今講は、前講テーマとした「ハリウッド型三幕構成」（以下「三幕構成」）の模範的作品『リトル・ミス・サンシャイン』の続きとして、翌年09年に脚本賞を受賞した『JUNO／ジュノ』を教材とします。

『リトル・ミス・サンシャイン』はハリウッドのメジャー作品ではなく、小資本で作られたインデペンデント系の映画でしたが、ちゃんと評価されて脚本賞と、アラン・アーキンが助演男優賞を受賞しました。

『JUNO／ジュノ』もまさにインデペンデント系ながら、世界各地の映画祭で評価を得て、口コミで人気が高まり大ヒット。それからアカデミー賞の作品、監督、主演女優、脚本の主要4部門にノミネートされ、見事に脚本賞を獲得しました。

監督したジェイソン・ライトマンは弱冠30歳で長編2作目。なにより脚本から映画化に至った過程がドラマチックです。この映画のプロデューサー、メイソン・ノヴィックが、ネットサーフィン中におもしろいブログを見つけてファンになった。その書き手がディアブロ・コディという元ストリッパーで、回顧録も書いていて話題を呼んでいた。ノヴィックはその回顧録の映画化を企画、まったく脚本を書いたことのない彼女に、サンプルの脚本を書くように依頼したところ、送られてきたのが『JUNO／ジュノ』だった。

「僕は度肝を抜かれたね。登場人物たちのハートが、ページから飛び出していた（笑）。撮影に使用した脚本は初稿とほぼ同じなんだけど、すごく珍しいことなんだよ」

とノヴィックは語っています。コディはテストで書いたこの初脚本作でオスカーを手にしたわけで、まさにアメリカン・ドリームそのもののような話です。

『JUNO／ジュノ』は、16歳の高校生のジュノ（エレン・ペイジ）の妊娠から始まり、一時は堕胎をしようとするが、赤ちゃんを欲しがる若夫婦に養子に出す道筋をつけ、出産するまでをコメディタッチで描いた話。

コディは、「高校時代に親友が妊娠し、出産を決意したときの実話がモデル。ジュノとリアが交わすセリフも、私と親友の下ネタやバカ話がネタなのよ」と語っています。

キャラクター造型とその描き方

ティーンエイジャーが妊娠して、という設定自体は珍しくありません。日本でも06年にオンエアされ、ギャラクシー賞等を受賞した井上由美子脚本による連ドラ『14才の母』が記憶に新しいですし、教師ドラマの金字塔『3年B組金八先生』の1979年に放送された第1シリーズですでに、15歳で教え子の優等生が妊娠するというエピソードから始まっています。

ただ、日本とアメリカは同じテーマであっても、国民性の違いなのか、タッチがまるで違います。日本ではどうしても性体験を経てのティーンの妊娠となると、不道徳感が先に来て、ウェットな描き方になりがち。もちろん『JUNO／ジュノ』もそうした面も加味されますし、コメディタッチといっても、妊娠、出産といった深刻な少女の体験を、しっかりと正面から捉えて描いています。

タッチがどうのというよりも、この映画が名作になったのは、主人公のジュノのキャラクター、さらに彼女の周囲の登場人物たちの個性、それらを伝えるイキイキとしたセリフの素晴らしさを抜きにできません。まさにコディの書いた脚本こそが、最大の要因といっていいでしょう。

特に見てほしいのは、それぞれのキャラクターの造型とその描き方、配分です。当然一番輝いているのはヒロインのジュノですが、彼女ならではのセリフと行動。

例えば皆さんが、「ヒロインが恋人に（望まれない）妊娠を告白する」シーンを書くとしたら、どういう場面を作るでしょう？

初心者のシナリオだけでなく、プロの脚本家の書いたそんなドラマのシーンを山ほど見た気がしますが、ほとんど似たような場面しか頭に浮かびません。どちらか、あるいは二人のアパートの部屋やラブホテル、喫茶店などで、情事の後とかデートの別れ際とか、彼の昇進報告もしくは失意の最中に、ためらいながら彼女が告げると……

ジュノはまったく違う方法をとります、パイプをくわえながら。この方法は終盤のもうひとつの告白にも繋がっています。

それはジュノだけでなく、けっして変わらないゆえに親友であるリアもそうですし、父と継母、生まれてくる赤ちゃんの引き取り手として選んだ若夫婦それぞれ、さらに、一

JUNO／ジュノ＜特別編＞
¥1,419（税込¥1,490）
20世紀 フォックス ホーム エンターテイメント ジャパン

脚本：ディアブロ・コディ
監督：ジェイソン・ライトマン
製作：リアンヌ・ハルフォン
　　　ジョン・マルコヴィッチ
　　　メイソン・ノヴィック
　　　ラッセル・スミス

出演：エレン・ペイジ
　　　マイケル・セラ
　　　ジェニファー・ガーナー
　　　ジェイソン・ベイトマン

『JUNO／ジュノ』構成表

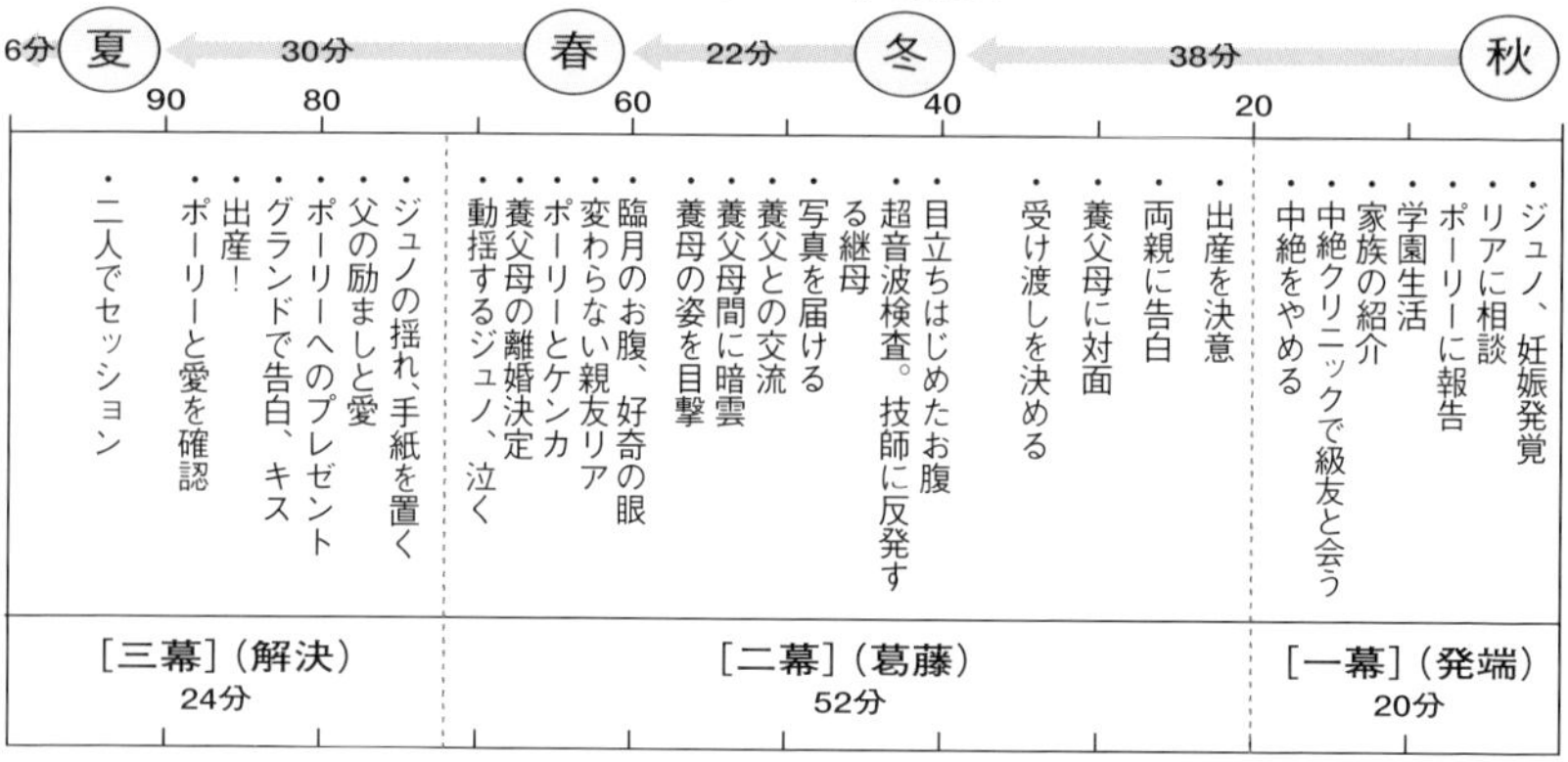

見パッとしないボーイフレンドのポーリー・ブリーカーといった主要脇役も同じ。ジュノとのやりとりを通して、必ず彼らならではの輝くシーンが配分されています。

　こうしたキャラクターならでは場面作りと、行動やセリフを学んでほしい。コディはこれらユニークなキャラクターと場面を書けたからこそ、オスカーを手にしたのです。

秋冬春夏のシークエンス

　さて［構成］ですが、「三幕構成」をベースにした上で、やや変則的な作りとして全体ができています。

　前講述べたようにハリウッド型の「三幕構成」では、発端としての一幕、中盤としての二幕、結末としての三幕で、1対2対1が基本形になっています。

　『リトル・ミス・サンシャイン』は、全体でちょうど100分の長さを、一幕22分、二幕50分、三幕28分という、ほぼ配分通りになっていました。また、それぞれ欠点を持つ家族六人が、末娘のミスコンに参加するために旅をする。旅に出る前日から旅の二日間と、ミスコンに出場して帰路につくまでの丸々三日間の話になっています。

　それに対して『JUNO／ジュノ』は全体で96分で、シークエンス分けがはっきりしています。まずジュノの妊娠が発覚する「秋」から始まり、生む生まない、さらに養父母を見つけるまで。「冬」の章で、ジュノのお腹で子供が次第に大きくなり、家族や養父母とのふれあいが描かれ、「春」ですっかり臨月のお腹で通学し、ポーリーとのケンカと、完璧と思われた養父母の問題が明らかになり、ジュノの心が揺れながらも成長を遂げ、出産にいたるクライマックスまで。それからエピローグとして「夏」のその後。つまりほぼ一年の物語となっています。

　それぞれの季節ごとの分数は図の通り。季節で分けると、1対2対1の三幕構成になっておらず、秋の章が約38分、冬の章が22分、春の章が30分、エピローグの夏の章がタイトルバックを含んで6分（ですから正味3分）です。最後の春と夏を一つとすると、38分：22分：36分で、真ん中の冬を1なら、ほぼ1,7：1：1,6という配分になります。

　ですがドラマ的な要素として考えると、「三幕構成」の構造と考えることもできます。

　一幕は「発端」として、ジュノの妊娠が

『JUNO／ジュノ』

発覚し、親友のリアに相談したり、相手であるポーリーや家族の紹介をしつつ、中絶をやめるところまで。プロットポイントは、ジュノがクリニック前で同級生に会い、考えを変えるというまさに人物の感情の変化です。

それから二幕の「葛藤」として、ジュノが出産に向けクリアしなくてはいけない問題や障害を、次々と展開していきます。両親への告白や生まれた赤ちゃんを引き取ってもらう〝完璧〟な若夫婦との対面。それから冬になり、さらなる障害、トラブルがジュノに降りかかる。春になって、臨月でより大きくなったジュノのお腹が好奇の目に晒されたり、ジュノとは違う別の女子高生とポーリーとの接近により、ジュノの思いが揺れる。加えて完璧と思われた養父母の離婚が告げられて、ジュノは人間不信に陥ります。

この二幕から三幕へのプロットポイントは、ジュノを揺さぶることになるポーリーと養父母の変化です。

そして三幕の「解決」として、ジュノは持ち前の性格から前に進みはじめ、父の励ましと愛によって立ち直る。ポーリーこそが自身にとって大切な相手であることを悟り、オレンジミントのプレゼントを経て、グラウンドでの告白とラブシーンに至ります。このシーンがひとつ目のクライマックス。

もうひとつのクライマックス、出産と競技を終えたポーリーが駆けつけ、赤ちゃんへの思いを断ち切るための添い寝をする。

エピローグはジュノとポーリーによるセッションで、これからの二人の未来を暗示して終わります。

つまり、この巧みに計算された二重構造により、この映画にもうひとつのテーマ性が内蔵されていることが分かります。

『ＪＵＮＯ／ジュノ』という作品の売り、表面的なテーマは、ポスターにあるように、まだ幼さを残した少女ジュノの大きな臨月のお腹、つまり「ティーンの妊娠、出産」。それもちろん物語を作る大きな要因です。

ですが、秘めたテーマ性は、単なる好奇心から性体験をしてしまったジュノが、その相手として選んだ一見頼りないポーリーこそが、自分にとって一番大切な恋人だと認識する物語、いわば「愛の発見」といえます。

父の言葉からそのことに気付いたジュノがグラウンドでポーリーに告白をする。

「あなたが好き。本気で好き。みんなと違う。私のおなかじゃなく、顔を見てくれる。会うたびにそう」

このセリフを経て、キスをするシーンこそが、実は作者が一番書きたかったところではないかと思います。

設定の特異性、アイデアの突出性だけではなく、「これを描きたい」というものがしっかりと据えられているからこそ、『ＪＵＮＯ／ジュノ』は観客の心に響く名作になっていると言っていいでしょう。

3 ハリウッド三幕構成（3）

教材作品

『アパートの鍵貸します』

（33回作品賞、監督賞、脚本賞）

ビリー・ワイルダーの名作の数々

「ハリウッド型三幕構成」（以下「三幕構成」）を理解するための3講目は、1960年製作の『アパートの鍵貸します』です。

古典ですがやはりこの名作を抜きにはできません。脚本家はもちろん、創作を志す人は必見です。ただ見るだけではなく、この映画の手法、構成、描写、セリフなどのひとつひとつをしゃぶり尽くして下さい。1回や2回、見ただけでは理解したことになりません。何度も繰り返し、2回目、3回目はメモを取りながらで、名作であるエッセンスを〝発見〟してほしい。

さらに理解を深めたいならば、この頃の最も輝いていたビリー・ワイルダー監督の諸作品まで見ましょう。『サンセット大通り』『第十七捕虜収容所』『麗しのサブリナ』『七年目の浮気』『翼よ!あれがパリの灯だ』『昼下がりの情事』『情婦』『お熱いのがお好き』『あなただけ今晩は』などなど、どの作品を見ても必ず発見があります。

ところで、『アパートの鍵貸します』に関しては、2008年11月号の「ドラマ」誌の特集「恋愛ドラマの書き方」でも取りあげてハコ書きを掲載しました。この時は多くの恋愛映画の名作のひとつとして挙げましたが、今回はハコ書きと共にもう少し別の切り口から分析したいと思います。

ビリー・ワイルダーは1906年ポーランド生まれ。ウィーンの新聞記者時代を経て、ドイツ映画の脚本家になります。その後、ナチスの台頭と共に、ユダヤ系だったワイルダーはアメリカに亡命。やはりドイツ映画界から亡命、監督として名声を得ていたエルンスト・ルビッチのチームに参加。ここで名作『ニノチカ』の脚本を、後に名コンビとなるチャールズ・ブラケットと共に書きます。オフィスの壁には「ルビッチならどうする?」と書かれた額があって、ワイルダーは最後まで、ルビッチを師として尊敬し続けていたというエピソードは有名です。

　やがて監督として一本立ちし、サスペンス映画『深夜の告白』が大ヒットし、アカデミー賞の監督賞と脚本賞にノミネート、そして45年の『失われた週末』で監督賞、脚本賞を受賞して第一人者となります。

　ブラケットと組んだ頃がワイルダー第一期の黄金時代で、ルビッチ監督作品以外にも、上記の『失われた週末』『サンセット大通り』などを共作しています。

　ブラケットと袂を分かってからもワイルダーは、さまざまな脚本家と組みますが、57年のオードリー・ヘップバーンを再びヒロインとした『昼下がりの情事』で、初めてI・A・L・ダイヤモンドと組み、以後黄金コンビとして、81年の遺作となる『バディ・バディ』まで続きます。ダイヤモンドと組んだ作品は『お熱いのがお好き』、『あなただけ今晩は』『ねぇ！キスしてよ』『恋人よ帰れ！わが胸に』『シャーロック・ホームズの冒険』『お熱い夜をあなたに』『フロント・ページ』『悲愁』など。名コンビによる最高傑作こそが『アパートの鍵貸します』で、ワイルダーは製作者でもあったために、一人で作品賞、監督賞、脚本賞の主要三部門を獲得するという偉業を達成しました。

　しかし晩年は監督作も減り、スピルバーグが監督をした『シンドラーのリスト』の映画化を逃すなど、いくつかの企画がありながらも実現に至らず、２００２年に95歳で死去。

　ハリウッドの名匠ワイルダーの評伝はたくさん出ていますが、なかでも『ザ・エージェント』や『あの頃ペニー・レインと』の脚本・監督を手がけたキャメロン・クロウがインタビューをした『ワイルダーならどうする？』（宮本高晴訳・キネマ旬報社）は、映画作り、脚本作りにも言及していて、ワイルダーファンには必読の書です。中には十一項目にわたる「ワイルダーからシナリオライターに与える助言」も記されています。

　この対談集を参考に、ワイルダーとダイヤモンドがいかに脚本を創り上げていったのかを中心に探ってみることにします。

アパートの鍵貸します
フォックス・プレミアム・ブルーレイ第10弾
ブルーレイ発売中
￥4,700（税込￥4,935）
20世紀 フォックス ホーム エンターテイメント ジャパン

脚本：ビリー・ワイルダー
　　　I・A・L・ダイアモンド
監督：ビリー・ワイルダー
製作：ビリー・ワイルダー
　　　I・A・L・ダイアモンド

出演：ジャック・レモン
　　　シャーリー・マクレーン
　　　フレッド・マクマレー

アイデアを「三幕構成」で固めていく

　ところで「ハリウッド三幕構成」という考え方は、ワイルダーが入る頃から基本構造としてあったようです。クロウとの対談にも、第一幕、第二幕、第三幕という言葉がたびたび登場します。例えば、「どういうときにいいアイデアが浮かびますか？」というクロウの質問に対して、

「場合によるね。トイレですわっているとき、シャワーを浴びているとき、食事の最中。いろいろだ」「私は規則正しくする必要があ

「アパートの鍵貸します」ハコ書き・ディテール・伏線

幕	第1幕	第2幕
ハコ（構成）	・NYの街~Bの会社 ・アパートの外と内　入れないB、部屋の上司と愛人を誤解している隣人夫妻 ・眠っていたら電話で起こされる　仕方なく公園で過ごす	・翌朝、出社、フラン（F）のエレベーターに乗る。 ・仕事そっちのけでスケジュール調整 ・部長に呼ばれて上の階へ ・部長に部屋を貸す約束 ・B、Fを誘う ・F、中華レストランへ、待っていたのは部長　煮詰まった二人、秘書に目撃される ・B、劇場で待ちぼうけ ・B、昇進し個室へ入る　部長が来て、スペアキーを作れと命令 ・クリスマスイブ、盛り上がるオフィス ・B、Fを連れて来る。F、秘書に中傷される　B、Fの真実を知る
ディテール	［バクスター（B）の日常］ ［アパートの鍵］ ［死んだら献体しろといわれる］ ［独身用のインスタント食品］［睡眠薬］	［夕べ風邪を引いてしまった］ ［重役用のトイレの鍵］ ［F、カーネーションの花をくれる］ ［ミュージカルのペアチケット］ ［ピアニスト、Fのテーマ曲を奏でる］ ［連れの忘れ物、鏡の割れたコンパクト］ ［お祝いに買った山高帽］ ［部長一家の団らんカード］ ［割れたコンパクトを見せられる］

る。早起きして、気持ちにエンジンをかけるんだ。そうすれば何か思い浮かぶこともある。他の映画を見ていてアイデアを得ることもある。『逢びき』が『アパートの鍵貸します』のヒントになったように……」。

続けてクロウの「今でもアイデアが浮かぶことはありますか?」という質問に、「もちろん、三幕構成にし紙にまとめてみる」と答えています。つまり、ワイルダーはアイデアが浮かんだら、それが映画になるかを検証するために、三幕構成にしているわけです。これは応用できますね。

こういう話はどうだろう? とアイデアが浮かぶ。それを次第にカタチに整えていくベースとして、まず第一幕の「発端」はどういうところから始められるだろうか、と考える。

もちろん実際に書き始めると、トップシーンや導入部が大きく変わる場合は多々あるのですが、それでも入り方をあれこれ考えることで人物や方向が見えてくるはず。

それから第二幕として、どういう展開、エピソードを作れば、「葛藤」つまりドラマ性を重ねられるだろうか? さらに第三幕のクライマックスはどういう局面があって、ど

「別冊宝島　シナリオ入門」より　　柏田作成

	第3幕
・失恋したB、酒場でやけ酒　淋しい人妻と出会う ・Bの部屋で喧嘩するFと部長　家族の元に帰る部長　F、睡眠薬を発見 ・B、人妻と踊る　連れて帰ると眠るFを発見　隣の医師の世話になる ・B、部長に頼まれてFの看病　それなりに幸せなB ・女を連れてきた上司を追い返す ・部長、秘書をクビにする ・B、戻るとガスの匂い　スパゲッティを作る　Fの義兄が来て殴られる	・翌日、Bは部長に宣言しようとするが、離婚の決まった部長に先回りされるB、部長補佐に大出世 ・大晦日、B、部長の申し出を断る　会社を辞めることを告げる ・中華レストランで祝うFと部長　F、Bの思いを知って走る ・引っ越し準備のB、ピストルを仕舞う ・F、アパートに着くと銃の音？ ・二人でカードゲームをする
［花形に並びつつあるオリーブ］ ［Fのプレゼントはテーマ曲のレコード］ ［部長は現金百ドル］ ［完成しているオリーブの花形］ ［遺書と思ったら封筒の中は百ドル］ ［トランプゲーム］［安全カミソリ］ ［シャンパンをもらう］ ［昔、ピストル自殺しかけたと話す］ ［水切り用のテニスラケット］	［山高帽を捨てて出る］ ［渡したのはトイレの鍵］ ［麺のついたラケット］ ［シャンパンを持ったBが迎える］ ［毎年クリスマスにケーキを送るわ］

う「解決」させることができるか？

　こうした大まかな流れを紙に書いてみれば、そのアイデアがはっきりとカタチになってきます。そこで「行けそうだ」となってから、さらにハコ（プロット）として細かく組み立てていくわけです。

　ワイルダーとダイヤモンドの脚本作りに関して『ワイルダーならどうする？』にはこう書かれています。

「ワイルダーが乗馬ムチをもって、セリフを放り投げたり、シーンを形作ったりするかたわらで、ダイヤモンドはそれをチェックしながら用紙にタイプしていった。長時間の共同作業の結晶を記録し保管するのはつねにダイヤモンドの役割であり、それは撮影現場においても変わることはなく、ダイヤモンドは一貫してセリフの監視役をつとめていた」

　ただ、アイデアのキャッチボールは常になされていたらしく、『アパートの鍵貸します』の有名なスパゲッティをテニスラケットで水切りするというディテールは、ダイヤモンドとの「独身者の生活は？」といった会話から生まれたと述べています。

『逢びき』がどう生まれ変わったか

さらにアイデアの見つけ方に関して、引用したように『アパートの鍵貸します』は、45年製作デイヴィット・リーン監督の傑作『逢びき』がヒントになっている、とワイルダーが明かしています。

『逢びき』は駅を舞台にした中年男女のせつない不倫もの。これを下敷きにした現代版が84年のロバート・デ・ニーロとメリル・ストリープによる『恋におちて』（拙著「エンタテイメントの書き方2」で細かい分析をしています）、さらにこの映画は、大ヒットした連ドラ〝金妻〟シリーズこと『金曜日の妻たちへ』でも使われていました。

これらの作品は『逢びき』の主人公たちの不倫愛をそのまま下敷きにし、現代に置き換えていますが、ワイルダーの目の付け所は違います。

「あれは列車でロンドンに通う妻子ある男と、やはり列車でロンドンに出てくる人妻とが恋に落ちる話で、二人は男の友人のアパートに行く。それを見て〝あとで暖かいベッドに入っていく男の気持ちはどうだろう？〟と思った。興味引かれる人物だったし、そのことを含め他にもあれこれとノートに書きとめておいた」

このアイデアが何年もの間、ワイルダーのノートに眠っていたのですが、ワイルダーは『お熱いのがお好き』で主役に起用したジャック・レモンこそが、このベッドを使われる男に相応しいと確信、脚本化を進めたと述べています。

常々述べているのですが、脚本家に限らず創作志望者は古典に触れるべきです。普遍的なドラマ作りの手法が学べるだけでなく、アイデアの種も無尽蔵に秘められているから。ベースになっている作りやキャラクターだけでなく、ワイルダーのように、脇のエピソードや登場人物から、まったく別の名作が生まれるかもしれません。

『アパートの鍵貸します』は今では古典かもしれませんが、その前の名作古典『逢びき』から繋がっているわけです。しかも典型的なメロドラマであった『逢びき』の脇役を主人公に据えることで、ラブコメディである『アパートの鍵貸します』へと大変身させた。これもまた、とても有効な発想法です。

実際、この映画がエポック的な恋愛物として位置づけられるのは、それまで美男美女スターによって華麗に繰り広げられていた恋愛模様ばかりだったのが、大都会に生きるノイローゼ気味サラリーマンと、ファニーフェイスのエレベータガールによる、不幸から始まる恋愛劇だったという点です。このエポック的恋愛映画については第2講で詳しく述べています。

ともかく、ワイルダーとダイヤモンドの二人の共同作業によって、数々の傑作脚本が書かれていった。ワイルダーの、

「ダイヤモンドが死んでからは、書くに値することがなくなったといっていい」

という言葉が重要さを示しています。

一瞬で語る〝鏡の割れたコンパクト〟

三幕構成に話を戻すと、ワイルダーはインタビューを受けるたびに、クロウが今取りかかっているシナリオについて、

「第三幕はどうなっているかね？」と尋ねる。クロウが、「問題点が二、三あって、それを解決しようとしているところです」と答えると、

「もしも第三幕に問題があるなら、問題の根は第一幕にある」

とアドバイスされたそうです。また、

「第一幕であまり性急にいろいろなものを詰めこむと、観客にはストーリー・ポイントがつかめなくなり、徐々に映画から気持ちが離れていく。（略）だからストーリー・ポイントをどのように配分するか、そのやり方を心得ていないといけない、観客の頭にたたきこむことは何か？　そして終局の状況へとまちがいなく導いていくものは何か？」

といったワイルダーの発言もあります。つまり第一幕では物語の方向性なり、人物に関しての情報なりをはっきりと示さなくてはいけないのですが、あまりにいろいろなことを入れようとすると失敗につながるのです。それを放置したまま書いていくと、必ず第三幕で問題点が処理できないほど大きくなってしまうということでしょう。

第一幕では、第三幕での「解決」をにらんだ上で、観客に一番大切なことを叩きこんでおくべきだということです。

『アパートの鍵貸します』の全体の構造、三幕構成のポイントは図の通りです。ジャック・レモン扮する保険会社で、はからずも出世していくバクスターと、シャリー・マクレーン扮するエレベーターガール、フランの恋の錯綜劇。

バクスターのフランへの片想いと、愛人の部長との三角関係。勝ち目のないさえないサラリーマンが、いかに恋を獲得するか？　古典であろうが、まったく変わらないラブストーリーの構造です。

小道具や伏線、セリフなどなど、ひとつひとつの作りは完璧といってもいいでしょう。

詳しくは繰り返しませんが、中でも最も有名な小道具の見本、「鏡の割れたコンパクト」に関して、『ワイルダーならどうする？』でこう述べられています。クロウとのやりとり、

「あなたはストーリー・ポイントを明らかにするときにしばしば鏡を巧妙に用いられます。この映画で使われるコンパクトのひび割れた鏡は、そんななかでも最もドラマチックな例だと思いますが？」

「バクスターがこの鏡に自分を映したとき、彼のなかですべてが氷解する。彼はそれを社内の大物部長（フレッド・マクマレイ）に渡していたからで、その瞬間、観客が知っていたことを彼も知るにいたる。そしてそれが鏡に映る彼の表情に表れる。多くのことを一瞬に語るスマートなやり口だ。第三者がマクレーンと部長の仲を彼に語るというのより数段いい。ま、そんなことはしたくもなかったが」

そうなのです。初心者のシナリオ（プロの作品でもしばしば）で、最も多い顕著な安易な手法こそ、こうした事情とか秘密を、セリフで簡単にベラベラ明かしてしまうというやり方なのです。

私は〝便利キャラ〟と称していますが、たいてい主人公にとって便利な友人や同僚が傍にいて、「あの人はね」と、ああだこうだと情報を提供して説明します。こうした便利キャラが多いシナリオほど、薄っぺらさと比例します。

『アパートの鍵貸します』という映画を繰り返し観て学んでほしいのは、ストーリー展開や三幕構成よりもむしろ、ひとつのシーンやト書（つまり描写）、選び抜かれたセリフのひとつひとつを、ワイルダーやダイヤモンドがいかに、考えて考え抜いて書いていき、撮っていっているかなのです。

4 基本形としてのバディロードムービー

教材作品

『手錠のままの脱獄』（31回脚本賞）
『テルマ&ルイーズ』（64回脚本賞）

主人公たちにどんな「旅」をさせるか？

今講からは「ハリウッド型三幕構成」から離れ、より物語の基本構造を理解するためのアカデミー受賞作を取りあげていきます。

まずは最もシンプルな物語の基本形である「旅もの」「ロードムービー」。それも主人公の旅を多彩にする、あるいは対立、葛藤のドラマ性を高めるための「バディ（相棒）もの」の要素を加えた2本の名作「バディロードムービー」を教材とします。

一作はやや古いのですが、教科書的に分かりやすい1958年製作の『手錠のままの脱獄』。もう一作は、その33年後の91年製作で、まだ記憶に新しい『テルマ&ルイーズ』です。共にアカデミー賞の脚本賞をとっているのですが、この二作をぜひ比べて観てほしいのです。

ほとんど同じ、といっていいほどシンプルな「バディロードムービー」としての構造を持ちながら、人物設定、時代性、展開のさせ方、核となるテーマの据え方などの作りによってまったく違う作品となる。しかし、物語構造だけでなく、共に悲劇的な終わり方でありながらも、観客に爽快感を与える感動作になっている点は同じなのです。

つまり、皆さんにとっても、最もトライしやすい物語かもしれません。基本構造を理解すれば、後は肝心要のアイデアです。

主人公たちをどういう人物にして、どういう旅をさせるか？ 主人公たちはどこへ行こうとするのか？ 何を目指すのか？ 彼らの旅を阻むものは何か？ どういう事件や人物との遭遇、出来事が起きるのか？

そうした点に、今までになかった新しさがあればいい。もちろん、これが難しいともいえます。シンプルな構造であるがゆえに、ありきたりな設定に陥る危険性も高い。けれども、それをクリアするアイデアが出せれば、バツグンにアピールできる物語を誕生させられるかもしれないのです。

物語の基本形としての「旅もの」

まず簡単に「旅もの」「ロードムービー」を復習しておきます。

昔から最もポピュラーな物語が「旅もの」です。「貴種流離譚《きしゅりゅうりたん》」と言われるように、高貴な血筋なり才能を秘めた主人公が、何らかの事情で旅をするはめになり、目的地に向かう途中途中で、出会った人たちと対立したり触れ合って、事件が解決されていく。古くは神話の『オデッセイア』や、在原業平の旅を描いた『伊勢物語』、（貴種ではないが）ドジな町人弥次喜多による『東海道中膝栗毛』、剣豪が剣を極める旅をする『宮本武蔵』などなど、いくらでも挙がります。

手錠のままの脱獄　スタジオ・クラシック・シリーズ
DVD発売中
¥2,848（税込¥2,990）
20世紀 フォックス ホーム エンターテイメント　ジャパン

脚本：ネイサン・E・ダグラス
　　　ハロルド・ジェーコブ・スミス
監督：スタンリー・クレイマー

出演：トニー・カーチス
　　　シドニー・ポワチエ
　　　セオドア・ビケル

図にするまでもないのですが、基本形は、主人公が旅を始めるところから物語が始まり、途中でさまざまな出来事が起きて、最終ポイントに到達するまで。場合によっては（あるいはシリーズものなどは）、すでに主人公が旅の途上にいるところから始まる場合もありますし、最終ポイント（目的地）に到達しないまま終わる場合もあります。

それよりも大切なことは、旅の始まりから終わるまでで、主人公が成長（変化）していること。悲劇として終わったとしても、そうした達成感があればいいのです。

通常「旅もの」は、できるだけ早く主人公を旅に出してしまい、旅の過程で起きることを展開していく、つまりほぼ全編が旅の過程を描くものを差します。

変則形として、旅に出るまでをある程度描いた上で、旅の過程を中心としてじっくり描いて、行った先での物語をクライマックスに据える構造を持つものもあります。第1講目に取りあげた『リトル・ミス・サンシャイン』はまさにこれでした。

こうした構造であっても、どういう旅をするのか、どんな事件が起きるか、といったおもしろくするための要素は同じです。

主人公を一人として、旅の途中で誰かと出会って、という「一人旅もの」も、『誓いの休暇』や、最近ではチェ・ゲバラの青春期の南米オートバイの旅を描いた（厳密には中盤までは二人旅だが）『モーターサイクル・ダイヤリーズ』、裕福な家に生まれた若者がアラスカの荒野をめざす旅を綴った『イントゥ・ザ・ワイルド』といった名作はあります。また、三人以上の複数で旅をする作品もありますが、圧倒的に多い「旅もの」は二人連れによる「バディロードムービー」です。

二人旅とした方が物語を創りやすいし、対立・葛藤を経て、反発していた二人が理解しあうという変化を描きやすい。

ちなみに、この「バディロードムービー」の基本形を不動にした名作古典こそ34年製作の『或る夜の出来事』で、第7回のアカデミー賞の作品、監督、主演男優、主演女優、脚本賞を獲得しています。この名作の詳しい分析は拙著『エンタテイメントの書き方2』で行っています。また、『エンタテイメントの書き方1』でも、「ロードムービー」の基本構造について述べていますので、参考にして下されば幸いです。

相棒同士を離さずに旅をさせる

そうした前提を踏まえてまず『手錠のままの脱獄』です。

実力社会派として名高いスタンリー・クレーマー監督で、『真昼の決闘』『ケイン号の叛乱』『ニュールンベルグ裁判』『招かれざる客』などたくさんの名作を手がけています。

これらの作品群を見ても分かるのですが、クレーマー監督作品は総じて、エンタテイメント作品としておもしろく展開させながら、社会性であったり重いテーマを据えており、観客に宿題を預けていきます。

本作も追う者と追われる者といった逃走劇のおもしろさで運びながら、「人種差別」や「自由」、「人間性の尊重」といった普遍的な重いテーマを投げかけています。

脚本はネーサン・E・ダグラスとハロルド・ジェーコブ・スミスの共同ですが、実は前者はネドリック・ヤングのペンネームで、彼は50年代にハリウッドに吹き荒れた「赤狩り（共産主義者とその同調者を追放した運動）」で、ブラックリストに載った左翼映画人の一人でした。そのヤングのリベラルな思想性が〝白人と黒人がひとつの手錠に繋がれる〟という設定の背景にあったわけです。

『手錠のままの脱獄』
写真協力　公益財団法人川喜多記念映画文化財団

雨の中を行く囚人護送のトラックが、スリップ事故を起こして崖から転落、手錠で繋がれていた白人のジャクソン（トニー・カーティス）と、黒人のカレン（シドニー・ポワチエ）が自由を求めて脱走します。

バディロードムービーの鉄則のひとつは、相棒同士を一緒に旅をさせること。しかも、一緒に旅をする同士が互いを嫌っていたり、憎しみ合っていれば、対立・葛藤させやすいので、ドラマ性を高めることができます。

けれども嫌いな当人たちなら、さっさと別れてしまえばいいということになる。一緒に旅をさせるための何らかの工夫、理由づけを与えなくてはいけない。その点、本作は〝手錠で繋がってしまっている〟ので、一緒に逃亡の旅をせざるを得ないわけです。

最初からジャクソンはカレンを〝黒人〟と差別しますし、カレンもジャクソンに反発します。二人はちょっとしたことで互いをののしり、殴り合います。しかし、激流を渡ろうとして片方が流されたら片方が助けますし、粘土穴の壁を登るのために力を合わせます。それも当初は、共倒れを防ぐためにやむ負えない行為なのですが。

腹が減れば二人でカエルを捕まえて食べ、小さな町に来れば協力して泥棒に入る。反発を繰り返しながらも、そうした出来事を経る過程で互いの身の上を語るようになる。その人の人間性を知れば、人種を越えて理解が生まれていきます。

こうした心の動きを、手錠で繋がれたままの絶望的な旅の過程で丹念に描いていく。同時に、追跡チームの中での対立も描かれていきます。彼らを追うのは保安官をリーダーとする白人たちの集団ですが、立場や利害を巡って、彼らの中での信頼性は次第に崩れていきます。その対比もうまい。

終盤で二人を繋いでいた手錠が外れ、別々の行動をとろうとします。しかし、ジャクソンはケガを負いながらもカレンを追い、カレンはジャクソンのために自由を捨てる。テーマを浮き彫りにして、人間ドラマで終わるラストは彼らだけでなく、観客にもある種の達成感を与えるのです。

斬新だった女二人の逃避行

もう一本の『テルマ&ルイーズ』の監督は、『エイリアン』や『ブレードランナー』などで一躍ハリウッドのヒットメーカーとなったリドリー・スコットで、今も多くのヒット作を送り出している名匠です。

『手錠のままの脱獄』は男二人による逃走劇でしたが、こちらは女二人の旅。脚本はテキサス出身の女流カーリー・クォーリ。

この衝撃的な女二人による逃走型ロードムービーは、当時大きな話題を呼び、「アメリカン・ニューシネマへのオマージュ、回帰的映画」さらに、南部特有の保守的な男社会から脱却する女の自立を描いた「フェミニズム映画」という見方もされました。

アメリカン・ニューシネマは、60年代後半から起こったアメリカ映画の変革的製作運動で、『俺たちに明日はない』『真夜中のカーボーイ』『イージー・ライダー』『明日に向かって撃て!』『バニシング・ポイント』『スケアクロウ』などなどが代表的な作品ですが、その多くが「ロードムービー」であり「バディもの」でした。

これらのニューシネマは、ベトナム戦争の泥沼化という当時の時代性もあって、それまでのハリウッド型のハッピイエンドではない破滅的な終わり方をすることが多く、彼らの自由を求める旅は、死によって完結する問題提起で終わっていました。このニューシネマもやがて、スピルバーグやジョージ・ルーカスらに象徴される大作主義に継がれて消滅していったわけです。

エポック的な傑作『俺たちに明日はない』は、犯罪者カップルのボニーとクライドによる逃走劇でしたが、上記以外の類似型の

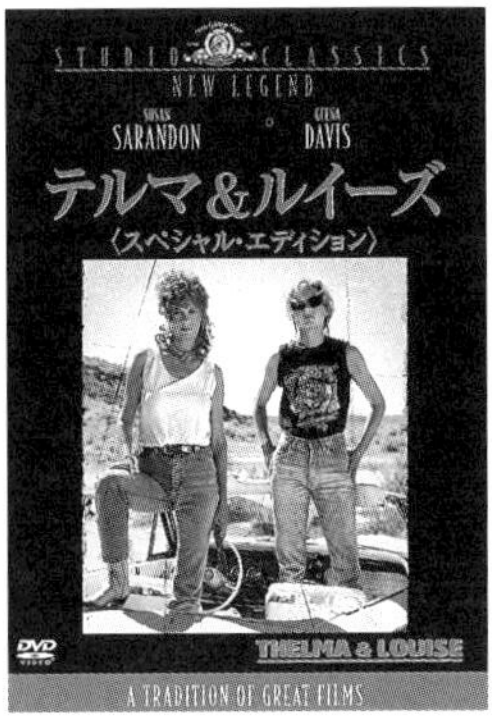

テルマ&ルイーズ〈スペシャル・エディション〉スタジオ・クラシック　ニュー・レジェンド
DVD発売中
2枚組 ¥2,848（税込¥2,990）
20世紀 フォックス ホーム エンターテイメント　ジャパン

脚本：カーリー・クォーリ
監督：リドリー・スコット
製作：リドリー・スコット
　　　ミミ・ポーク

出演：スーザン・サランドン
　　　ジーナ・デイビス
　　　マイケル・マドセン
　　　ブラッド・ピット

ニューシネマ（『ボウイ&キーチ』や『バッドランズ／地獄の逃避行』）でさえ、女二人組による逃走劇はありませんでした。

『手錠のままの脱獄』は、たまたま手錠で繋がれていた白人と黒人の囚人でしたが、『テルマ&ルイーズ』は反発する間柄ではない親友同士のテルマ（ジーナ・デイビス）とルイーズ（スーザン・サランドン）。テルマは、身勝手な夫のいいなりになっているだけで主体性のない専業主婦。ルイーズは自立心が強い独身ウエイトレス。たまたま山の別荘が使えることになって彼女たちは、週末の小旅行にサンダーバードコンバーチブルのオープンカーで出かけます。

楽しいはずのバカンスは、立ち寄ったカントリーバーで、はしゃぎすぎて悪酔いしたテルマが、男にレイプされそうになったことから一変します。テルマが持っていた護身用の拳銃でルイーズが助けようとしたのですが、男の吐いた悪態に逆上したルイーズは発砲、男を殺害してしまいます。二人はそこから逃走、警察から追われる逃避行へと変わります。一見理性的に思えたルイーズは、どうして切れてしまったのか？ どうして自首せずに逃げてしまうのか？ そうした行動から親友同士であった二人も対立・葛藤の関係になってしまいます。

二人の旅の過程で、彼女たちを巡る男たちも登場します。事件を捜査し二人を追いかけながら、同情の念を抱いていくハル警部（ハーベイ・カイテル）や、ルイーズの恋人で彼女を助けようとするジミー（マイケル・マドセン）は比較的まっとうですが、テルマをレイプしようとして殺される男、テルマの夫、さらに途中で同乗して、彼女たちをさらに窮地に落とすヒッチハイカーのJ・D（ブラット・ピット）、途中で出会うトラッカーや警官などの男たちは、かなりどうしようもないクズばかりです。

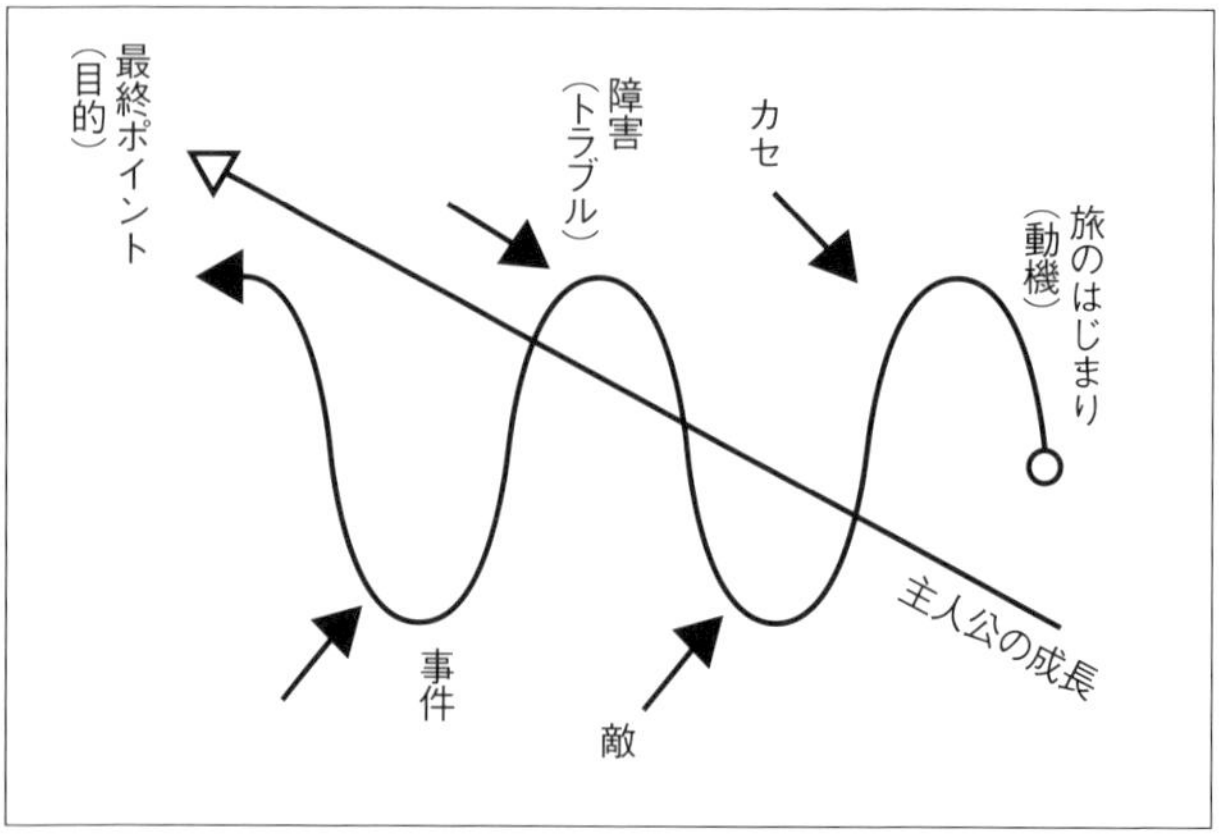

つまらない男たちを足蹴にして走り続ける女二人ゆえに、フェミニズムから語られたりもしたのですが、そうした紋切り型的な見方よりも、それぞれに過去やしがらみを振り払って、本来の生き方や人間性を発見していく二人の物語として素晴らしいのです。
これは『手錠のままの脱獄』が、白人や黒人といった人種、さらには囚人であった二人が旅を通して、まさに自分たちを縛っていた手錠であった価値観や因習から解放される姿と同じといっていい。
脚本を書いたクォーリは次のように語っています。
「テルマとルイーズの小旅行は、より素晴らしい旅の通過点。彼女たちはハイウェイの角を曲がるたびに、それまで思ってもみなかった人生を手に入れて行きます。それは彼女たち自身が選びとる道であり、最終的に至福の瞬間へとふたりを導くことになるのです」

相棒同士がトラブルの種となる

ともかく、『テルマ&ルイーズ』の二人の女性の心の動き、反発や対立を経てからの二人の絆（というよりは愛情にまで浄化する）の深まる過程をじっくりと観てほしい。

『テルマ＆ルイーズ』

特にテルマの変化。J・Dはイケメンというだけが取り柄のチンピラで、しかも二人をいっそうひどい犯罪行為に追い込むきっかけを作るのですが、彼との出会いがあることでテルマは、それまでの受け身でしかなかった生き方から大きく自立の道を歩み始める。

その行為自体はもちろん犯罪であって、正当化できないものですが、我々観客は彼女の成長ぶりに思わず喝采してしまいます。テルマの変化にとまどいを見せていたルイーズもまた、さらに開き直っていく。その象徴的シーンこそが、タンクローリードライバーへの報復行為でしょう。

ちなみに、「ロードムービー」の鉄則は、できるだけ「旅をする人物を困難な状況に追い込む」ことです。『手錠のままの脱獄』の彼らは、繋がれた手錠以外は煙草とマッチしか持っていませんが、『テルマ&ルイーズ』はせっかく調達した逃亡資金が失われることで、さらなる窮地に陥ります。

また、「バディロードムービー」の鉄則は、二人を離さない工夫をすることに加えて、互いが互いの障害となる、トラブルの種を作るように運ぶことです。テルマの性格やはしゃぎすぎがレイプの要因を呼び、ルイーズの逆上が事件を拡大する。そうしたトラブルの種を互いに作ることで、旅をする二人は対立し葛藤を繰り返します。

述べたように「ロードムービー」は、主人公が旅を始めて終わるまでの物語です。構造としては非常にシンプルですが、それだけに旅の過程でどう事件を起こし、どう対立・葛藤を作りだしていくかがポイントになります。二つの映画は、旅をしながら葛藤し成長していく二人だけでなく、追いかける側のシーンを効果的に挟むことで、アクセントとしている点も注目して下さい。

もうひとつ、二つの映画に共通する要素があります。彼らが旅を始めるところから物語が始まり、その旅の終わりで映画も終わるのですが、その間「回想シーン」も「ナレーション」もありません。旅の進行で二人の人間性や履歴が分かるように描かれています。

まさに現在進行形としての旅であり、旅をする二人の心の動きを追う。その過程で彼らは人間として成長する。傷を負ったジャクソンを抱えて歌うクリスの姿、そしてテルマとルイーズのラストシーンの選択が、悲劇を越えて感動的なのは、そうしたプロセスがきちんと描かれているからなのです。

5 バディムービーのポイント

教材作品

『レインマン』（61回作品賞・監督賞・脚本賞）
『夜の大捜査線』（40回作品賞・脚色賞）

主人公たちは対立を経て信頼する

前講は「バディロードムービー」の名作『手錠のままの脱獄』と『テルマ&ルイーズ』を取りあげましたが、さらに関連させる2作『レインマン』と『夜の大捜査線』を教材として、「バディムービー」の構造やポイントを述べていきます。

『レインマン』は1988年製作、『夜の大捜査線』は67年製作と若干古めですが、未見の方は鑑賞してからお読みになることをオススメします。

特に『レインマン』は、アメリカで出される脚本のテキストでは、必ずと言っていいほど取りあげられる作品です。脚本家だけでなく、映像業界に入ろうとする志望者は誰でも、こうした名作を観ていることは常識とされているわけです。

さて、前講は物語のシンプルな基本形である「ロードムービー」、それも対立、葛藤を作りやすくするために、二人旅としての「バディ（相棒）」を組み合わせ、構造的に共通性の高い2作を分析しました。「バディロードムービー」のポイントを復習しておくと、

・基本的に旅のスタートから物語が始まり旅の終わりで物語が集結する
・主人公二人が離れられない状況とする
・二人が互いにトラブルの種を作り、対立、葛藤を繰り返しながら旅を続ける
・旅の最終地点、目的をはっきりさせる
・トラブル、事件が次々とふりかかり、二人の旅を困難にさせる
・旅の始めと終わりで主人公たちが変化（成長）する。反発から信頼、理解に変わる

といったところでしょうか。

最終地点、目的に向かって主人公たちは旅を続けますが、結果的に行き着かなくて構いません。途中で終わったとしても、彼らが達成感を得ていれば旅ものは完遂します。

『レインマン』の主人公は トム・クルーズ

まず『レインマン』ですが、この年のアカデミー賞の作品賞だけでなく、バリー・レビンソンが監督賞、バリー・モローとロナルド・バスが脚本賞、そして自閉症の兄を演じたダスティン・ホフマンが主演男優賞と主要4部門を独占しました。

時として映画は、社会に大きな影響を与えることがありますが、『レインマン』は「自閉症」という障害を世の中に認知させる役割を果たしました。それも、対人関係をうまく築けなかったりするが、常人が持ち得ないような特殊な能力を持っていたりする「アスペルガー症候群」を、最初にクローズアップさせた映画といえるでしょう。

ただし現在では、アスペルガー症候群は知的障害のない自閉症の一種とされ、区別されて論じられたり、対処の仕方がされていますが、この映画ではまだその言葉は現れず、「自閉症」と括られています。

最初に原案を書いたのがバリー・モローですが、彼には清掃の仕事についていたビルという障害者の友人がいた。家族の一員としてビルを迎え入れようとしたところ、その引き取りを巡って役所の融通の利かない対応に怒りを覚え、脚本にしたということ。その後、全米精神薄弱者協会の理事を務めるなど、さらに映画で主張したテーマを人生においても追究したわけです。

モローと共同脚本を手がけたロナルド・バスはその後、『ジョイ・ラック・クラブ』や『男が女を愛する時』『デンジャラス・マインド/卒業の日まで』『ベスト・フレンズ・ウエディング』といった作品の脚本を書きプロデューサーも兼任しています。2004年に脚本・製作した『モーツアルトとクジラ』は、まさにアスペルガー症候群の男女の恋愛を描いた印象的な映画でした。

さて『レインマン』ですが、典型的なロードムービーでありながら、旅をする二人が兄と弟で、家族としての絆を見つけていくというファミリー映画ともいえます。

ダスティン・ホフマンはレイモンドの役を演じるに当たって、自閉症について綿密なリサーチを行い、見事にこの難しい役をものにして主演男優賞に輝きました。映画でも彼の名前が最初にクレジットされますし、〝主演〟という扱いはその通りなのですが、物語の主人公、視点者は、弟のチャーリーを演じたトム・クルーズです。

この映画をご覧になる時に注目していただきたいポイントのひとつが、この視点です。

トップシーンは宙づりにされたイタリアの名車ランボルギーニですが、これをイタリアから輸入し、ロスで一儲けを企んでいる中

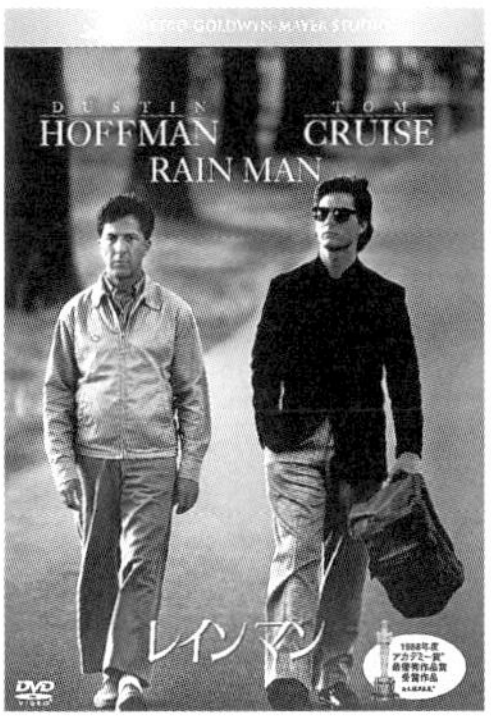

レインマン　ベスト・ヒット・マックス　第2弾
DVD発売中
¥1,419（税込¥1,490）
20世紀フォックス　ホームエンターテイメント　ジャパン

脚本：バリー・モロー
　　　ロナルド・バス
監督：バリー・レビンソン
製作：マーク・ジョンソン

出演：ダスティン・ホフマン
　　　トム・クルーズ
　　　ヴァレリア・ゴリノ
　　　ジェリー・モレン
　　　ジャック・マードック

『レインマン』構成表

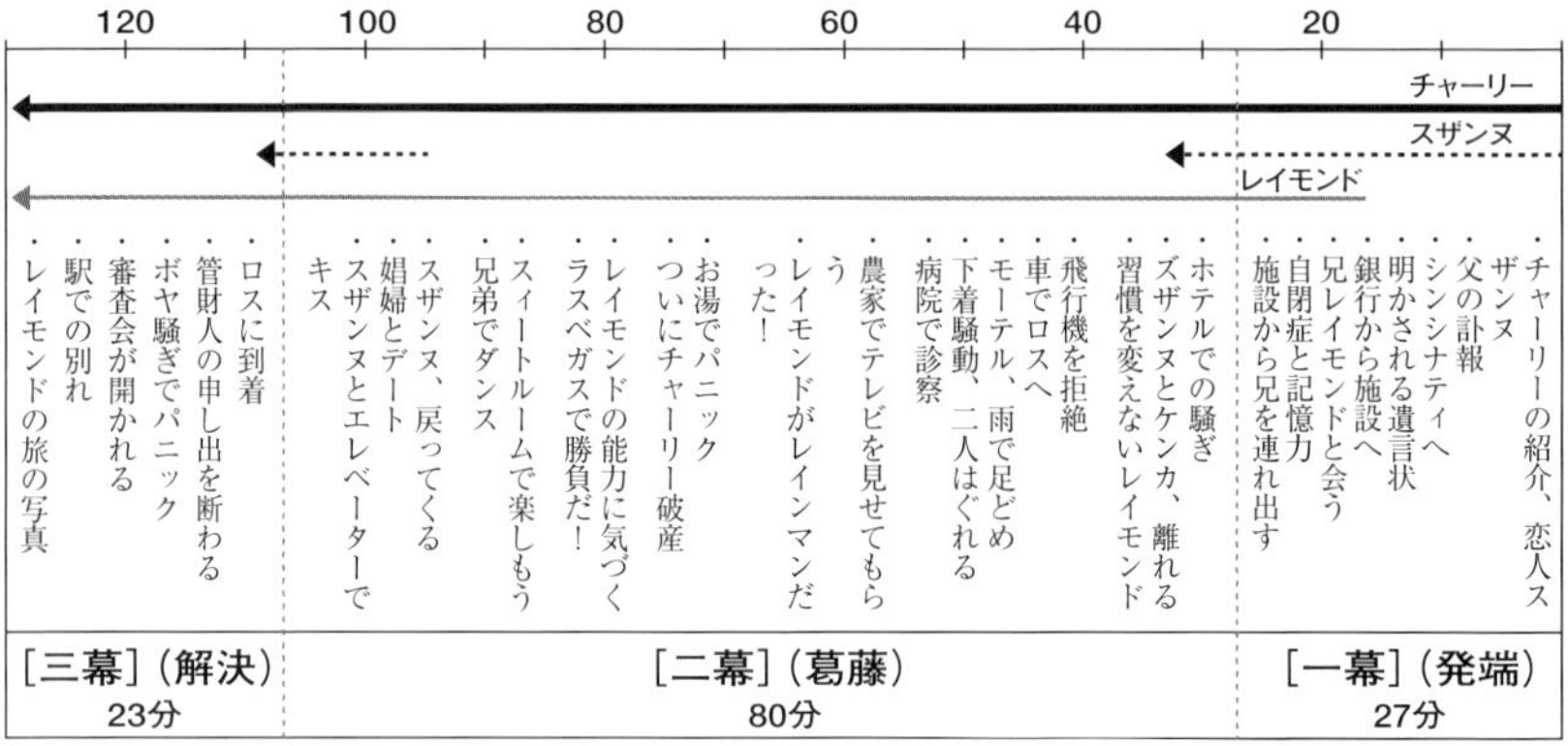

古車ディーラーがチャーリー。自信家で押しが強く、目的のために手段を選ばない性格が、［起］の部分で描かれます。

　彼はイタリア人の恋人スザンヌ（ヴァレリア・ゴリノ）と部下とで、危ない商売をしようとしていますが、資金ぐりに苦しんでいる。そんな時シンシナティに住む父の訃報がもたらされます。チャーリーは2歳の時に母と死別、父とはいがみあったまま決別し、ずっと疎遠なままでした。

　チャーリーは、スザンヌを連れて葬儀に出るために飛行機で帰郷します。タイトルになっている〝雨男《レインマン》〟は、幼い頃に孤独だったチャーリーが話し相手としていた〝架空の友だち〟と明らかにされます。

　その夜、弁護士から父の遺言状の内容を知らされてチャーリーは愕然とします。彼に与えられたのは、父との決定的な諍いの原因となったクルマ、ビュイック一台とバラの木だけで、300万ドルの財産は匿名の受益者のために信託基金にされていた。

　チャーリーは管財人であるブルーナー医師を訪ね、その施設で暮らすレイモンドが受益者であることを知ります。しかもレイモンドはチャーリーの実の兄だった。障害を持つレイモンドは、母の死後に施設に入れられ、その存在を知らされていなかったのです。

　初めて会う自閉症の兄に、全財産を持っていかれることに納得がいかないチャーリーは、施設からレイモンドを連れ出してしまいます。ここから兄と弟の旅が始まります。

二人旅にアクセントを加えるスザンヌ

　そして二人の旅の物語となるのですが、冒頭のチャーリーの現状（キャラクターの紹介、仕事、資金繰りに困っているという事情、父の死を巡っての生い立ちなど）から、兄の存在を知って旅をして、ラストシーンまで、ほぼチャリーの視点で物語が展開していきます。わずかに、レイモンドとスザンヌが二人きりでバーやエレベーターで過ごすシーンなどがありますが、全編をチャーリーの行動を追うことで物語が進むわけです。

　こうした一視点型の作りや、さまざまな人物をからませる多視点型に関しては、いずれこの講座で取りあげていくつもりですが、この『レインマン』はチャーリーという主人公の視点で展開させているということが、ひとつの特徴となっているわけです。

前講の『手錠のままの脱獄』と『テルマ&ルイーズ』は、相棒となる二人の旅の物語ですが、彼らのシーンの間に、追う側の場面が入っていてアクセントとしていました。『レインマン』はチャーリーの視点に観客を同化させることで、アクの強い主人公に感情移入させることに成功しているわけです。

『レインマン』

簡単な構成表を載せましたが、ロードムービーでありながら、「ハリウッド型三幕構成」になっていることが分かります。

チャーリーの人物紹介に始まり、レイモンドを施設から連れ出すまでが第1幕で27分。そこから旅を描きロスに着くまでが第2幕で約80分。そこで兄を引き取るか否かという問題解決と別れのラストまでの第3幕が23分で、全体で130分となっています。ほぼ1対3対1の構成です。

で、チャーリーとレイモンドの二人旅としながら、アクセントとして配分されている効果的な脇役がスザンヌです。

図に分かりやすく入れておきましたが、最初はスザンヌを加えた三人の旅です。けれども、あまりのチャーリーの自分勝手さ、財産目当てという動機に嫌気がさしたスザンヌはケンカをして、2幕の早々でいなくなってしまいます。ところがこのスザンヌは2幕の終わり頃で戻ってきて、チャーリーだけでなく、レイモンドとからむ重要な役割を果たします。

スザンヌを配することで、チャーリーが自身の生い立ちや事情を語る（つまり観客に情報を与える）こともできますし、レイモンドの変化（成長）を与えるアクセントとしても効果を発揮しています。

もちろん、この映画の一番の狙い、主眼は主人公チャーリーの心情の変化です。自閉症でやっかいな存在であるレイモンドから、何としても半分の財産を得ようと思って連れ出したチャーリーが、次第に唯一の肉親である兄への情を発見していく。

そのきっかけこそが、タイトルの〝雨男〟です。実はレインマンは想像上の友だちではなく、幼い頃に一緒にいて覚えていなかった兄だったと分かる場面（ミッドポイント）。

シンシナティからロスへは飛行機で数時間ですが、レイモンドの性癖からクルマで旅をしなくていけなくなる。それも6日間もかかってしまう。けれども、一緒に乗るビュイックはまさに彼らの父の象徴であり、旅をする時間こそが、失われていた兄弟の時間を取り戻すための時間なのです。

カジノでのポーカーゲームは、兄弟二人が力を合わせる始めての作業であり、ダンスは和解です。

こうした緻密に作られた旅の過程があるからこそ、ただの守銭奴であったチャーリーの変化、「兄ができて嬉しい」「CHARLIE、僕のレインマン」というセリフが説得力として感動を呼びます。

アメリカ自体が大きく揺れた67年

さて、今講もう一本、共通項と比較という意味で取りあげておきたい映画こそ『夜の大捜査線』です。前講の教材作の『手錠のままの脱獄』と同じシドニー・ポアチエが、この映画でもバディの片方であり、やはり人種差別がテーマとして据えられています。

1967年のアカデミー賞で、作品賞と脚色賞（ジョン・ポールの『夜の熱気の中で』が原作）、そしてバディの片方になるロッド・スタイガーが主演男優賞を受賞しています。

ちなみにシドニー・ポアチエは『手錠のままの脱獄』で黒人スターとなり、その後数々の人種差別を取りあげた映画に出演しました。63年の『野のユリ』で、黒人俳優では初めての主演男優賞を受賞しています。

そして、この67年も特筆される年です。前講も述べた、アメリカンニューシネマの始まりを告げるボニーとクライドの逃避行を描いた『俺たちに明日はない』が公開され、またまったく新しいスタイルの青春恋愛映画『卒業』（第8講）が出て、マイク・ニコルズが監督賞を獲得しています。

さらにポアチエの黒人青年と白人女性の結婚を描いた『招かれざる客』が、これらの作品とオスカーを争いました。

加えて黒人運動の指導者マーティン・ルーサー・キング牧師が暗殺されるという衝撃の事件が起き、暴動を恐れてアカデミー授賞式が2日間延期されるという前代未聞の事態まで引き起こしました。

そうした社会情勢の中で『夜の大捜査線』が作品賞をとったというのは、大きな意味があったわけです。

で、こちらの「バディもの」は「ロードムービー」ではなく、もうひとつのシンプルな構造である「空間限定型」です。つまり、主人公たちが旅をするのではなく、主人公がある空間にやってくることから物語が始まり、そこで人物と出会ったり、事件を解決して出ていくところで終わるという構図です。

この型の基本構造やポイントは、次講以降で詳しく解説します。今回は「バディ」としての作りを見ていきます。

物語は保守的な南部ミシシッピ州の小さな町スパルタ。うだるような暑い夏の夜に殺人事件が発生します。

発見したのはパトカーの巡査サム（ウォーレン・オーツ）。殺されたのは町に工場を建設しようとしていた実業家。ビル署長（ロッド・スタイガー）が指揮を取り、早速、不審者探しを始めます。サムは駅で列車待ちをしていた黒人のバージル・ティップス（シドニー・ポアチエ）を発見。バージルはネクタイに高級スーツながら、大金を所持していたために署に連行されます。

しかし、バージルは休暇をとって故郷の母を訪ねる途中のフィラデルフィア警察の敏腕殺人課刑事でした。署長の給料を遙かに越える高給取りだということも分かります。

殺人事件の捜査経験のない署長は、バージルに協力を仰ぎます。当初は渋っていたバージルですが、署長たちが無実の少年を殺人犯と決めつけるのを目の当たりにするなどして、助けるようになります。

署長をはじめとするこの町の白人たちは、人種差別が当たり前です。そうした空気の中で、バッグンの優秀さを発揮し、白人の巡査を使い、ずけずけと白人の生活に足を踏み入れていくバージルに、住民たちは敵意どころか殺意まで抱き始めます。

チャーリーとビル署長は同じ立ち位置

はからずも中間に置かれてしまった署長は、黒人であるバージルへの差別感と裏腹に、刑事としての優れた能力を見るにおよんで、尊敬の念さえ抱くようになります。こうしてバージルへの白人たちの反感が沸騰点に達しようとする過程と共に、殺人事件の真犯人探しが進んでいく。

バージルとビルは、バディとして時に反発し対立しつつも、事件の解決という最終目的のために協力します。まさにバディものの要素をしっかりと踏まえているわけです。

刑事として事件の真相を明らかにしたいという目的。翌日の列車の時刻まで、この南部の閉ざされた町で、二人は同じ目的に向かって時に対立しながらも、協力していく。その過程で互いを認めあうようになる。ビルの家に泊まったバージルが、結婚や生き方について語り合う場面が印象的です。

このロッド・スタイガー演じるビル署長のキャラクターであり、ポジションは『レインマン』のチャーリーとほとんど同じです。二人とも出会った相棒に対して、当初は偏見でしか見ようとしません。

しかし、レイモンドが自閉症というマイナス要因（ではけっしてないのですが）を持ちながらも、コンピューターばりの計算能力や記憶力を備えていて、チャーリーがその凄さに次第に気づいていく。

片やバージルは、この土地（アメリカ合衆国という国）にとってはマイナス要因である黒人でありながらも、刑事としての優れた捜査能力や経験を持っていることが明らかになっていく。署長は蔑んでいた黒人が、自分以上の能力を備えた一人の人間として認めていきます。

そこからさらに、天涯孤独と思い込んでいたチャーリーは、レイモンドという家族を発見する。ビルが見つけるのは刑事としての尊敬の念だけではなく友情でしょう。それまで黒人というだけで蔑んでいた男は、心が通じ合う人間だったという発見です。

『レインマン』は兄弟愛を発見するヒューマンドラマであり、『夜の大捜査線』は二人が限定された町で捜査をしていくミステリーですが、共通する要素もたくさん見出せる。一番顕著な共通点こそが「バディもの」の構図であり、人物の配置です。ちなみに、この2作も回想もナレーションもありません。

共にラストシーンが駅で、認識を変えた側が相棒となった相手を見送る、というところも期せずして同じです。

夜の大捜査線

DVD発売中
¥1,800（税込¥1,980）
20世紀フォックス　ホームエンターテイメント　ジャパン

脚本：スターリング・シリファント
原作：ジョン・ポール
監督：ノーマン・ジュイソン
製作：ウォルター・ミリッシュ

出演：シドニー・ポワチエ
　　　ロッド・スタイガー
　　　ウォーレン・オーツ

6 「空間限定型」の構造

教材作品

『ローマの休日』（26回脚本賞）
『千と千尋の神隠し』（75回長編アニメ作品賞）

物語のベースとなる「空間限定型」

今講から「空間限定型」の物語の造り、発想、テクニックについて、アカデミー受賞作を取りあげて分析していきます。教材に入る前に、この構造についてしっかり理解しておきましょう。

物語の基本型として、最もシンプルな構造こそ、前講まで考察してきた「ロードムービー」です。主人公が何らかの理由、目的を持って旅をする。構造は旅の始まりから終わりまでを描く。主人公をどういうキャラクターにして、どこへ向かおうとするのか？

物語を発想する際に、「ロードムービー」型とするならば、この「旅の内容」に何らかの新しさなり、今までにない何かが見つけられればしめたもの。そこからベーシックな構造に乗せれば、おおまかな構成は見えてきます。それから主人公を中心に各人物を配し、旅の過程で起きる事件、エピソードを作っていくわけです。

この「ロードムービー」と対称的でありながら、もうひとつのシンプルな構造が「空間限定型」といえます。

群像劇を描くのに適した形式として「グランドホテル形式」という名称もあって、これは1932年製作の『グランド・ホテル』から来ています。ベルリンのホテルにやってきた人物たちの物語が、この空間の中だけで展開する。三谷幸喜脚本・監督の『THE・有頂天ホテル』は、この古典を下敷きにして、大晦日の夜、ホテルの中だけで繰り広げられるさまざまな人の群像劇コメディでした。

三谷さんは舞台出身ですが、こうした空間限定型は、一幕物など場面転換の難しい舞台で使われることが多い。舞台の特性、デメリットを逆に活かすことで、ひとつの空間だけでの濃密なドラマを描くことができます。

もちろん、空間を変えずに人物の出入り、やりとりで、観客を退屈させずに物語を運ぶには、書き手の熟練の腕が必要です。

とはいえ、映像の武器のひとつは、「空間、時間の飛躍」ですから、映像シナリオを書こうとするならば、この武器、特性はできるだけ活かすべきです。

『THE・有頂天ホテル』にしても、大晦日から新年にかけての2時間強で、ホテルという限定された空間から外に出ないのですが、でもひとつの町とも例えられるホテル内のあちこちに場面（キャメラ）は移動して、さまざまな人物たちのドラマが描かれます。

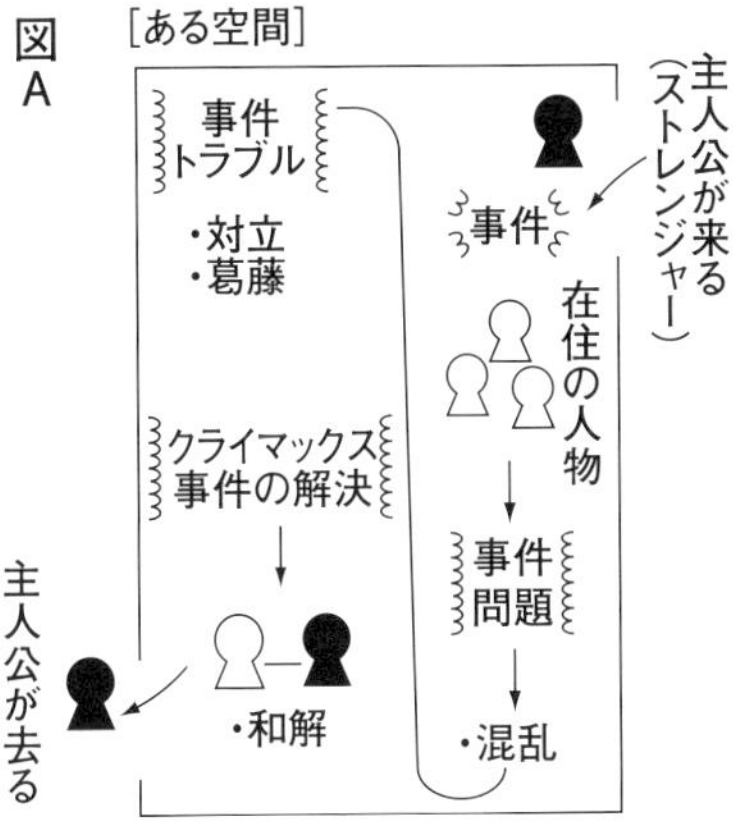

図A

限定としての〝地〟を決める

ともあれ、「ロードムービー」がシンプルな構造で物語が作りやすいように、「空間限定型」も、ベーシックな構造がはっきり見えてきます。空間を限定すると、せっかくの映像の特性に、ブレーキをかけてしまうという欠点と背中合わせになるのですが、ドラマを凝縮して描きやすくなり、構成上でも拡散せずに物語を作りやすくなるのです。

物語を作る際に「天・地・人を決める」という言い方があります。

〝天〟は「いつの時代か?」「いつからいつまでの時間か?」といったことで、〝地〟は「物語が展開する場所」「設定」といった意味。〝人〟は「主人公など登場人物」です。

この〝地〟の捉え方は、当然作品によってさまざまです。「ロードムービー」の場合は、ひとところではなく、旅の始まりから終わりまでが地となります。例えば、前講教材とした『レインマン』ならば、冒頭と終盤の〝地〟はロスとなりますが、メインはシンシナティからロスまでの旅路となります。

これに対して『夜の大捜査線』の舞台となる場所は、ミシシッピ州の町スパルタ。つまり、この映画での〝地〟は南部特有の人種差別が色濃く残り、たったひとつの警察署があるだけで、大きな事件も起こらない平和な田舎町です。ここで殺人事件が起きて、たまたま通りかかった黒人の刑事が容疑者にされ、巻き込まれることから物語が始まる。

「空間限定型」の基本構造は図Aの通りです。ある空間に主人公がやってきて、何らかの事件に遭遇して、この空間の中にいる人物たちと関わって、事件が解決されて出ていくまで。『夜の大捜査線』の「起」は、スパルタの町でのパトロール警官の描写から、死体の発見、もうひとりの主人公の警察署長ビルによる捜査の開始、といった「場所の紹介と事件」から始まりますが、「承」でストレンジャーであるシドニー・ポアチエのチップス刑事が登場し、以後はバディとなるビルとチップスの捜査で展開します。最終的に事件が解決し、チップスがこの空間から出ていくことで物語が終わる。

ですので、『夜の大捜査線』はスパルタという町で展開する、二日間程度の「空間限定型」といえるわけです。

このように、「空間限定型」を発想する場

合は、どういう空間にして、どこまでに限定するか？を考えることで、全体のおおまかな構造が決まってきます。

『グランド・ホテル』や『THE・有頂天ホテル』はホテルという空間です。舞台劇の映画化に多いのですが、『十二人の怒れる男』や、三谷さんの『12人の優しい日本人』のように、ほぼ一部屋だけという設定もあります。SFホラーの『CUBE』は、あるビルの不思議な箱となった部屋です。この箱は左右前後に繋がっているのですが、ここに登場人物たちが閉じこめられ、次々と殺されていくといった特殊な空間限定です。

ホラーに多い「館もの」は、怪奇現象が起きる館に人物たちがやってきて、ここで異常な体験をして解決して出ていくまでです。

『ローマの休日』の〝人〟は三人だけ

前講の『夜の大捜査線』や、今講教材とする名作『ローマの休日』は、その空間をひとつの町に拡げた場合となります。

ただし、『ローマの休日』の場合は、「ロードムービー」との融合とみなすこともできるでしょう。オードリー・ヘップバーン扮するアン王女が、身分を隠してローマの街を一日だけの旅をする。ローマの名所を巡りながら、グレゴリー・ペック扮するジョー・ブラッドリー記者と出会って、さまざまな事件を経て恋に落ちて別れるまで。ですので、拙著『エンタテイメントの書き方1』で、こうした構造は「パッケージツアー」型と名付けました。ともあれ、『ローマの休日』も「空間限定型」と見ることができます。

主人公のアン王女がローマにやってきて、大使館を抜け出すところから物語が始まり、ローマの街の空間を動き、すでにそこにいた記者と出会って、恋に落ちて出ていくまで。

つまりローマという〝地〟で、メインの〝天〟は、深夜からほぼ丸一日で、エピローグとして数日後の会見での再会と別れが加わっています。〝人〟はいうまでもなくアン王女とブラッドリー記者の二人、それにカメラマンのアーヴィング（エディ・アルバート）で、美容師のマリオやブラッドリーの上司といった印象的な脇も登場しますが、メインはこの三人だけです。

１９５３年製作の『ローマの休日』は名匠ウィリアム・ワイラー監督。本作では作品賞、監督賞は逃しましたが、ワイラーは『ミニヴァー夫人』『我等の生涯の最良の年』『ベン・ハー』の三作で監督賞を受賞しています。

新人ながら抜擢されたオードリー・ヘップバーンが主演女優賞を。そして脚本賞を受賞しました。古い資料では、原作・脚本としてイアン・マクレラン・ハンター、脚本にジョン・ダントンの二人しか名前が出ていませんが、もう一人ダルトン・トランボが死後の93年に脚本賞を贈られています。

これはトランボが50年代の共産主義者排斥運動の「赤狩り」の一人としてパージされたために、友人のハンター名義としたからです。実質はワイラーとトランボが、ローマを舞台とした夢物語（リアルな人物たちによるファンタジー的おとぎ話）として創り上げていったということです。

バディの要素を踏襲する二人

今さらストーリーをなぞる必要はないでしょう。冒頭部のニュースフィルムによる前説から、［起］の部分で公的な顔で勤めをはたすアン王女と、悩みを抱えたひとりの若い女としての本音の姿が描かれます。

ナーバスになったアン王女は、侍医から睡眠薬を飲まされますが眠れずに、外から聞こえてくる人々の歓声に誘われて大使館から抜け出します。

大使館に出入りしていた業者の軽トラックにもぐりこみ、荷台からローマの街の人々の姿を見て、トラックから降りるまでが、アン王女の目線です。そこから一軒のアパートの二階で、ポーカーゲームに興じているブラッドリー記者へと視点が移行します。もう一人の主人公の紹介です。

部屋から出たブラッドリーが、睡眠薬が効いてきて遺跡で寝込んでしまっているアンを見つける。主要人物同士の出会いです。

この後で、アンが王女だと知ったブラッドリーが特ダネをものにするために、自身の身分を隠してアンに近づいていき、ローマの旅のエスコート役をかって出る。

お分かりでしょうか。この映画もこれまで述べてきた「バディもの」の要素を備えているわけです。

もともと、『ローマの休日』はバディ・ロードムービーの典型である『或る夜の出来事』を下敷きにしているといわれています。クラーク・ゲーブル扮する新聞記者のピーターは、編集長と対立しクビをいい渡されます。そんな窮地の時に出会ったのが、失踪騒ぎを起こして新聞ネタになっている富豪の令嬢エリー（クローデッド・コルベール）。まさにピーターは、特ダネ狙いでエリーに接近して旅を共にします。

『ローマの休日』も記者と高貴な姫がバディとなります。旅ものの基本形は「貴種流離譚」であると以前述べましたが、まさにアンは典型的な貴種であり、彼女が拠点を離れて彷徨うことで物語が始まるわけです。

しかも、この物語の造りのうまさは「秘密」の配分にあります。アンは王女という身分を隠し、ブラッドリーはアンに対して特ダネ狙いの記者という身分を隠しています。

この二人が、身分や動機を隠しながらローマという魅力的な街のあちこちを巡る。スペイン広場、コロシアム、真実の口、船上でのダンスパーティというように。ブラッドリーは本来の動機があるために、バディとしてけっしてアンと離れません。また互いがトラブルの種を作る、というバディものの要素もエピソードに活かされています。

『或る夜の出来事』も旅の過程で、さまざまな事件が起き、二人は次第に惹かれ合っていきます。旅の最初と最後で、人物たちの心は大きく変化（成長）していました。

『ローマの休日』も同じですね。特ダネをとるためというブラッドリーの不純な動機は、アンと一日を過ごすことで恋心が芽生え、まったく変わっていきます。

アンも世間知らずな籠の鳥的少女から、

ローマの休日

DVD発売元：パラマウント ジャパン
価格：¥2,625（税込）

脚本：イアン・マクレラン・ハンター
　　　ジョン・ダントン
　　　ダルトン・トランボ
制作：監督：ウィリアム・ワイラー

出演：オードリー・ヘプバーン
　　　グレゴリー・ペック
　　　エディ・アルバート

図B

「空間限定型」の構成を『ローマの休日』と『千と千尋の神隠し』で比較してみる。

	1 主人公の問題点	2 見知らぬ世界へ	3 新たな世界で、主人公はゼロになる
『ローマの休日』	某国のアン王女は、欧州親善旅行でロンドン、パリなど各地を来訪したのちローマにやってくる。元気に任務をこなしていた王女だが、内心では分刻みのスケジュールと、用意されたスピーチを披露するだけのセレモニーにうんざりしていた。	気が高ぶっていて寝つけないアンは宮殿をひそかに脱出する。夜のローマをぶらぶら歩いていた彼女は、やがて先ほどの鎮静剤が効いてきて、遺跡の縁に身体をぐったりと横たえる。	アメリカ人の新聞記者ジョーがアンを発見し、自分のアパートへ連れて帰り、一晩の宿を提供する。
『千と千尋の神隠し』	十歳の少女・千尋は自分からは何事も行動を起こそうとしないひよわな現代っ子。両親と一緒に車に乗って引越ししているときに一家は道に迷ってしまう。	迷い込んだ街は、神々が病気と傷を癒すために訪れる温泉町だった。そこで町の掟を破り豚にされた両親と別れ、謎の美少年・ハクの手引きの下、湯屋にいくことになった。	千尋がやってきたのは、湯婆婆という強欲な魔女が経営する湯屋で、千という名前で働くことになる。

冒険を経て恋を知ることで、ひとりの女へと成長します。

もちろん、この恋は成就しません。それが『或る夜の出来事』と大きく違いますが、この［結］の会見の場面があることで、『ローマの休日』は深い感動を観客に与えます。おとぎ話でありながら、普遍的な恋物語として永遠に残る名作です。

『千と千尋の神隠し』が画期的な理由

さて、今回『ローマの休日』とまったく内容もジャンルも異なるのですが、ほとんど同じ構造を持つ作品として、宮崎駿監督のアニメーション『千と千尋の神隠し』を分析してみることにします。

図Bは以前別の雑誌に載せたものですが、これをご覧になると、まったく違う二つの映画でありながら、構造的には共通することがお分かりいただけると思います。

この名作アニメも日本人ならば、どなたもご存じでしょう。２００２年のアカデミーの長編アニメ賞を受賞しています。

アンにとってのローマという空間は、ま

ジョーは娘の正体が、アン王女だったことに気づき、特ダネのチャンスだと思う。アンは、せっかく手に入れた自由を楽しむため、ジョーと二人で、ごくふつうの女の子のように楽しい時間を満喫する。

夜、ついにアン王女を捜しにきた情報部員たちが現れ、大乱闘を繰り広げた後、一緒に河へ飛び込んで追手の目を逃れる。アンとジョーの間には淡い恋心が生まれていた。

アンは祖国と王座への義務を果たすために宮殿へ戻る。数日後、アンは記者会見で「ローマは永遠に忘れ得ぬ街となるでしょう」と。笑顔とともに振り向いたアン王女の瞳には、かすかに涙の跡が光っていた。

4
新たな体験をしていく主人公

◀◀◀

5
トラブルの解決は主人公の問題解決だった

◀◀◀

6
もとの世界へ戻った主人公は新たな自分を感じていた

ボイラー焚きの釜爺や先輩のリンに励まされながら、意外な適応力を発揮して働き始める千尋は、やがてケガをしていた名のある川の主の傷を癒したり、他人とうまく交流できないカオナシの魂を開放へと導いていく。

湯婆婆の姉・銭婆から魔法の印鑑を盗んだハクが、瀕死の重傷を負わされた。ハクを助けたい一心の千尋は、危険を省みず銭婆のもとへ詫びにいき、お陰でハクは命を取り留めることが出来た。

湯屋へ帰った千尋は湯婆婆に両親を返してもらい、無事、人間の世界へ戻っていく。物語の冒頭とはまったく違う、生き生きとした千尋の表情でエンディング。

さに見知らぬ新しい〝地〟です。そして、千尋が両親と共に迷い込んだ温泉町は、まったくの異空間です。八百万の神様が湯治にくる大きな旅館がある町。旅館の主である魔女の湯婆婆はじめ、白蛇の化身であるハクや、湯女に蛙人の番頭たち、六本の腕でボイラーを焚くカマジイ、千尋を追いかける魔力を持つカオナシなど、この空間にいる者たちも異形妖怪たちです。

この特殊な空間に迷い込んだ千尋が、両親が豚にされ、自身の身体もなくなりかけてしまうために、必死でもとに戻るために戦う。「巻き込まれ型」であると同時に、「空間限定型」ということもできます。

最初は両親の転勤で友達と別れたことで、不満たらたらのぶーたれた子供に過ぎない千尋ですが、この異形空間に紛れ込み、両親と自身の危機に遭遇することで、必死にならざるを得なくなる。

出会ったハクの助けで、なんとか最初の窮地を脱しますが、次から次へとトラブルが襲いかかります。その過程で、千尋は自身の中に眠っていた能力を引き出していく。

暴れる巨大な赤ん坊をあやし、ドロドロの悪臭を放つクサレ神をもとの河の神に戻すことで、千尋は潜在能力を発揮し、周囲に認められていく。最終的には、湯屋全体を危機に落とすカオナシとの対決、そして最大の敵の湯婆婆との決着へと向かっていきます。

　物語の主人公に魅力を与えるポイントのひとつがここにあります。主人公は、我々観客と同じ「共通性」をもった人物として登場しますが、物語の進行とともに、我々が持たない「憧れ性」を発揮させる。共通性により感情移入した観客は、秘めた能力により困難を乗り越えていく主人公の姿に、心を重ねて応援するようになるわけです。

　こうしてハクをも救い、宿命的な遭遇であったことが分かり、千尋は自身の名前と肉体を取り戻します。そして、何も知らない両親を元の人間に返すことに成功し、異形空間から出ていきます。当然、冒頭のぶーたれ少女から千尋は大きく成長しています。

　『ローマの休日』と同じ構造を持つとはいえ、『千と千尋の神隠し』はまったく新しいファンタジーです。宮崎監督が生みだしたオリジナリティ溢れる世界で、これゆえに名作として認められたと言っていい。

　「空間限定型」のアイデア性はなにより、この空間の造りにあります。日本古来の八百万の神という思想、宗教性。日本中にある温泉地と古い旅館。民俗学的な風習、祭り、自然観、妖怪などなど。これらを巧みに復活させ、「八百万の神が湯治にくる旅館のある町」という空間を作りだした発想がまず素晴らしい。アカデミー賞は、そうした日本色が外国人にも理解されたという証でしょう。

　けっして新しいものではないこれらを、広く深く研究して考察し、そこから今まで誰も作っていなかった世界を生み出す。

　近年作家志望者が、もっとも志向するジャンルがファンタジーです。仕事柄、初心者のファンタジー作品に触れる機会が多いのですが、九割が既視感作品です。架空の国を舞台に、ドラゴンや魔女や獣人が登場して、アイテムとしての魔法の剣や玉を奪い合って……

　宮崎駿監督ももちろんアニメーターとして最初は、既存のファンタジー作品やキャラクターの模倣やその亜流からスタートした上で、今の境地に到達したのでしょう。けれども、違いがあったとすると、（私の勝手な推測ですが）必ず、常にもう一歩先を意識するようにしていたのではないか。キャラクターや場面を作る時に、何か違う要素、プラスアルファを加えていたのではないでしょうか。

　そうした貪欲さと繊細さがあるからこそ、宮崎アニメはどの作品も、観客に親しみを与えつつ新しいと感じさせると思うのです。

　ともかく、「空間限定型」の構造、ポイントは万能です。基本形でありながらファンタジー要素を巧みに取り込んだ名作の一作から、テクニックを学んで下さい。

千と千尋の神隠し
DVD発売元：ウォルト・ディズニー・ジャパン株式会社
DVD・2枚組￥4,935（税込）

脚本：原作：監督：宮崎駿
製作：「千と千尋の神隠し」製作委員会
制作：スタジオジブリ

声の出演：柊瑠美
入野自由
夏木マリ
内藤剛志
沢口靖子
上條恒彦
小野武彦
菅原文太

7 「空間限定型」とキャラクター

教材作品
『狼たちの午後』（48回脚本賞）
『カッコーの巣の上で』（48回作品賞・監督賞・脚色賞）

俳優の名演も脚本の出来次第

前講に続いて、「空間限定型」の構造、ポイントを述べていきます。

今講教材とする二作『狼たちの午後』と『カッコーの巣の上で』は、同じ年（1975）のアカデミー賞を競い、脚本賞と脚色賞を獲得した名作です。共にヒューマンドラマであり、社会派でもあって、構造として「空間限定型」とみることができます。

さらにあえて共通項としたいのは、〝キャラクター〟であり、これを演じる俳優たちの凄みでしょう。

映画は総合芸術です。それぞれプロフェッショナルな能力を持つスタッフ、キャストの力が結集されることでようやくひとつの作品として完成します。作品を完成させるために多くの人たちが関わりますが、すべての土台であり設計図となるのが脚本です。これがしっかりとしていなくては、どんな名優が大熱演しても名作になりません。

逆の言い方もあって、書かれた脚本がどんなに素晴らしくても、演じる役者が力量不足だったり、役と合っていなかったりすれば、観客は物語に感情移入できず、感動させることは難しくなります。

俳優に限らず、スタッフひとり一人の力が、十二分に発揮されて作品のクオリティが高められるのです。監督はプロたちの力を的確に引き出し、まとめ上げる役割ということもできるわけです。

ともかくこの二作の俳優たち。『カッコーの巣の上で』は、第48回の作品賞と、ミロス・フォアマンが監督賞、ボー・ゴールドマンとローレンス・ハウベンが脚色賞、さらに主人公のマクマーフィを演じたジャック・ニコルソンが主演男優賞、彼と対立する冷徹なラチェット看護婦長を演じたルイーズ・フィッシャーが主演女優賞を獲得、主要5部門の独占は、35年の『或る夜の出来事』以来の快挙でした。

片や『狼たちの午後』の受賞は、フランク・ピアソンの脚本賞だけでしたが、作品賞とシドニー・ルメットの監督賞、主演の銀行強盗のソニーを演じたアル・パチーノの主演男優賞、ソニーのゲイの妻を演じたクリス・サランドンが助演男優賞にそれぞれノミネートされています。この映画ではもう一人、ソニーの相棒サルを演じたジョン・カザールの存在感も忘れられません。

　あえて強調しますが、これら俳優たちの名演技も、脚本が優れていたからです。物語の中で生きる登場人物が見事に造型され、描かれていたからゆえに、演じる俳優がその技量を発揮させることができた。今講に限りませんが、物語の構造や展開を検証しながら、キャラクター造型やセリフがどう書かれていて、どう立体化されているかもじっくりと観て下さい。

　余談ですが、同年のアカデミー外国語映画賞の受賞作は、黒澤明監督によるロシア語作品の『デルス・ウザーラ』です。

事実をネタに フィクションを作る

　さて「空間限定型」として分かりやすく、密な構造を持つ『狼たちの午後』から分析しましょう。

　監督のシドニー・ルメットはテレビドラマの演出からスタートして、57年に舞台の映画化『十二人の怒れる男』で監督デビューし、一気に認められます。

　さらに『狼たちの午後』の前年に撮ったアガサ・クリスティ原作の『オリエント急行殺人事件』も、とてもよく出来たミステリー映画です。この映画も雪で立ち往生した寝台列車の中だけという「空間限定型」と見ることができます。この列車内で殺人事件が起き、乗り合わせた名探偵ポアロが、乗客たちの中から真犯人を捜していく。『十二人の怒れる男』もそうですが、『オリエント急行殺人事件』も個性的な人物が織りなす群像劇で、まさに空間限定型（グランドホテル型）の構造が活かされています。

　シドニー・ルメットは、こうした空間限定で力を発揮する監督といえるかもしれません。87年にアイラ・レヴィン原作のミステリー舞台劇を映画化した『デストラップ・死の罠』も、作家の家だけで展開する推理劇。こちらは登場人物は3人だけですが。

　ついでにルメット監督は、２００７年の『その土曜日、7時58分』で健在ぶりを発揮しています（11年に86歳で没）。この作品は空間限定ではなく、近頃流行りの「視点・時間軸移動型」（これについてはいずれ分析します）の見事なミステリーでした。

　話を戻すと、「空間限定型」でも『十二人

狼たちの午後
ブルーレイ　￥2,500（税込）
DVD　￥1,500（税込）
ワーナー・ホーム・ビデオ

脚本：フランク・ピアソン
原作：P・F・クルージ
　　　トーマス・ムーア
監督：シドニー・ルメット
制作：マーチン・ブレグマン
　　　マーチン・エンフェルド
　　　ロバート・グリーンハット

出演：アル・パチーノ
　　　クリス・サランドン
　　　ジョン・カザール

の怒れる男』や『オリエント急行殺人事件』のような群像劇は、とても難しい手法だと認識して下さい。

　ジャンルの中で最も難しいのはコメディだといわれます。観客を泣かせるよりも笑わせる方が難しいからですが、さらにテクニックが必要とされて、簡単ではない形式こそが群像劇です。なぜかというと、重要な登場人物がたくさん出てくればくるほど、その人物造型と描き分けが困難になるから。「難しいから書くな」とは申しませんが、初心者はまずは主人公をしっかりと据えて、その人物のドラマを描くことを覚えてから挑戦すべき。

　で、そうした見本こそが『狼たちの午後』。72年8月22日に実際にニューヨークのブルックリンで起きた銀行強盗事件からヒントを受け、フランク・ピアソンが脚本化しました。原題の「Dog day afternoon」の〝Dog day〟は〝狼〟ではなく〝盛夏〟という意味だとか。

　まさに「１９７２／８／２２」という字幕から、ニューヨークのさまざまな街の描写、さらにブルックリンにある小さな銀行が映し出されます。閉店まぎわの銀行の前のクルマにソニー（アル・パチーノ）とサル（ジョン・カザール）、ロビーの三人組がいて、まずサルが銀行に入り、支店長と対面、アタッシュケースからマシンガンを出して突きつけます。続いてプレゼント用の長い箱を小脇に抱えたソニーが入り、客がいなくなったのを見計らって、箱からライフル銃をとりだして「銀行強盗だ！」と宣言。ところが三人目のロビーは怖じ気づいて、「すまない、やっぱりやめる」と逃げてしまいます。

　仕方なくソニーとサルの二人で支店長と年老いた守衛、女性行員たちに銃を突きつけて強盗を続行。ところが現金は輸送されたばかりで金庫は空、出納書類をゴミ箱で燃やして通行人の不審を買うなどうまく運ばない。それどころか、いつのまに通報されていて、たちまち警察隊に包囲されてしまいます。指揮をとるのはモレッティ部長刑事（チャールズ・ダニング）。

　ソニーとサルは銀行員たちを人質にとって、銀行に立て籠もります。銀行は数百人の武装警官で固められ、ＦＢＩやマスコミ、騒ぎを聞きつけた野次馬も続々と集まってきます。

　ソニーはそうした警官隊やマスコミの前に姿をさらして、声高に挑発したり、さまざまな主張をするようになります。モレッティが相手をするのですが、うっかりソニーに手が出せません。ソニーがいうところの「何をしでかすか分からない」サルが、行内でマシンガンを人質に突きつけているから。

　ソニーはだんだん図に乗り、刑務所暴動で官憲による鎮圧事件を意味する「アッティカ！」とアジり、野次馬たちの喝采を浴びたりするようになります。さらにソニーには、女房と二人の子どもに両親もいることも分かり、現場に女房が呼ばれます。そうして現れた〝妻〟は、太っておしゃべりな女房ではなく、精神病院に入院していたゲイの恋人。ソニーの銀行強盗をする動機は、このゲイの恋人の手術費用でした。

　主人公であるソニーの人柄、さらに彼の周囲の人間たち、妻子、両親、ゲイの恋人などが登場することで、彼の人間性は物語の展開につれ明らかになっていきますが、相棒であるサルに関しては、その存在感であり、断片（例えば海外旅行をしたことがない）だけで、むしろ不気味な得体の知れない人物としか描かれません。

　ほかの人物たち、人質になった支店長や女性行員たち、モレッティ刑事やＦＢＩの捜

［狼たちの午後］シークエンス表

［1］		［2］				
①	②	③	④	⑤	⑥	
NYの街　ブルックリンの銀行　車の三人 サル、ソニー、閉店前の銀行に 「強盗だ!」　ロビー離脱	人質を集める、金庫に金がない! 帳簿を燃やして不審がられる ドジばかりのソニー、大丈夫か?	パトカー集結、通報されていた! モレッティ刑事登場、行内混乱	FBIに続いて、マスコミも来た 床屋が警察の拠点、交渉開始 守衛開放　「アティカ!」で群集を煽る	ソニーの実家、両親・TV中継 ソニー、インタビューを中継 「アルジェリアに逃げよう」	スター気取りのソニー 行員の恋人乱入　ソニーの女房と二人の子供	エアコン故障　いらつく行員たち

査官たちも、それぞれの個性を強調する描き方になっている点を注目して下さい。空間限定の特質を活かした群像劇的な人物配置でありながら、徹底的にソニーという主人公の物語で展開させているわけです。

4つの大箱と12のシークエンス

「空間限定型」のポイントについては前講で詳しく述べました。物語として〝地〟をはっきりさせて、できるだけそこから人物（場面）を出さずに話を進めていく。

前講の『ローマの休日』の空間はやや広く、ローマという町でした。メインの話はアン王女が身分を隠して休日を楽しむ一日です。

『千と千尋の物語』の空間は、八百万の神がやってくる湯治場。後半に千尋が列車で移動しますが、一応現実ではない不思議な空間に千尋が迷い込んで出ていくまで。ここに何日間（時間の感覚が違うのだろう）千尋がいたのかは明らかにされませんが、豚にされた両親が食べられそうになるまでの間ですから、それほど長くないと思われます。

前講も述べましたが、物語の構成を練る際に、「天・地・人」がベースになります。

〝地〟としての空間（設定）をひとつに限定するのが「空間限定型」です。『狼たちの午後』の限定空間は、ソニーたちが立て籠もる銀行です。銀行ではないソニーの実家や家族の場面も数シーン出てきますし、エピローグは空港ですが、ほぼ銀行の内外でだけですし、彼らが強盗を働く夕方から、その夜にかけての数時間の物語です。

つまり〝天〟は、字幕で示される1972年の8月22日の夕方から夜まで。回想シーンで過去が出てくることもなく、この時間内だけ。ソニーとサルが銀行に入ってくるところが［起］で、［承］のエピソードが展開していき、クライマックスとしての銀行からの脱出を描く［転］があり、衝撃のラスト［結］で終わります。

ところで、前講で紹介した『映画を書くためにあなたがしなくてはならないこと〜シド・フィールドの脚本術』（フィルムアート社）に、「シークエンスを考える」という講があり、この映画についてこう書かれています。

「フランク・ピアソンは『狼たちの午後』を十二個のシークエンスで書いた。最初は四個であった。プロットポイントが二個と、オー

60		80		100		120
	[3]			[4]		
⑦	⑧	⑨	⑩	⑪	⑫	
裏口で発砲、緊張、食糧の要求 ピザが届いた　ソニー金をまく　また交渉	ソニーの妻、レオン登場！ 二人は結婚式をあげていた 空港にジェットが到着	夜、電気が落ちる　FBIシェルドン中へ 「サルは始末する」　「俺はホモじゃない」 支店長倒れる　医者が呼ばれる ソニー、レオンと話す　互いを気づかう	女房と話す　会話にならない デモ隊「ソニー万才！」 状況を楽しむ行員たち 母親が現れる　　ソニーの遺言 バス到着　　運転手をチェック	人質を盾にバスに乗り込む さあ、空港に向けて出発	空港に到着　外へ…… サル射殺！　エンディング	

プニングとエンディングである。それに八個のシークエンスを加えて、一本の脚本に仕上げたのである」

この最初の4個がどこで、12のシークエンスをピアソンがどう分けているかは本書では述べられていません。おそらくこういう分け方ではないか、という私の推測が図です。多少違うかもしれません。

ともあれシド・フィールドのいうプロットポイントの一つ目は、いつの間にか通報されていてパトカーが集結するところ。二つ目は、ソニーが呼んだのはがさつな女房ではなく、ゲイのレオンと分かる8シークエンス目と見て間違いないでしょう。オープニングの銀行と強盗に来る二人からスタートし、ここで物語が展開、エンディングは銀行から脱出して、空港で事件の終わりを示すまでです。

視点者と主人公は同じとは限らない

もう一作の『カッコーの巣の上で』。

原作はケン・キージーの同名小説。英語の〝Cuckoo〟は鳥の名前だけではなく「気の狂った」という意味もあり〝カッコーの巣〟はまさに精神病院を示すスラングとのこと。

原作は当時の世相とも合致し、反体制の若者たちに支持されて、数百万部のベストセラーになりました。

徹底管理された精神病院で身体的自由どころか、意志や思想の自由までも奪われた患者たちがいて、そこに反逆者である一人の男が現れ、戦いを挑み、彼らに強いメッセージを残していく。この設定、テーマ性はまさにこの時代への告発であり、社会派作品として高い評価を得ました。

ただ、原作が出たのは62年で、最初に映画化権を獲得したのは舞台劇で主人公を演じていたカーク・ダグラスでしたが、精神病院が舞台であることや、その内容から映画会社が二の足を踏み実現しなかった。息子のマイケル・ダグラスが権利を受け継ぎ、名プロデューサーのソール・ゼインツと手を組んで、ついに映画化にこぎつけたとのこと。

監督に起用したミロス・フォアマンは、68年のチェコ動乱時にアメリカに亡命、まさにこの映画を撮るにふさわしい人でした。ただ、単に反体制映画と見なされる論調に反発し、「この作品で私が描きたかったのは、体制告発でも精神病院の恐怖でもない。人間と、その存在の素晴らしさ自体を描きたかっただけ」と述べたそうです。

ちなみに、フォアマンとゼインツのコンビは、この9年後に『アマデウス』を作ります。

さて映画ですが、オレゴン州の精神病院に、手錠をかけられたマクマーフィ（ジャック・ニコルソン）が連れて来られる。彼は刑務所に服役中だったのですが、強制労働を免れるために精神異常を装っていると疑われ、その診断のために強制入院された。

この精神病院では院長の下で、ラチェッド看護婦長（ルイーズ・フレシャー）が絶対権力を持ち、9人の患者たちを支配しています（原作では40人となっているが、映画では総数は17人で、完全認知症の一人を除いて8人に絞り込んでいる）。

この患者たちの中に、インディアン（現在の表記はネイティブアメリカン）の大男、「酋長」を表すチーフ（ウィル・サンプソン）がいます。チーフは聾唖でいつも床をモップで拭いているだけ。

原作はこのチーフの〝わたし〟という一人称で書かれています。中盤で分かるのですが、チーフは実は耳も聞こえるし、話すこともできる。聾唖を装って、この病院内で起こるすべてのことを目撃しているという構造になっています。

もちろん映画でもチーフは重要な役割を果たしますが、主人公はこの精神病院という「空間」にやってくるストレンジャーであるマクマーフィです。

前講述べた「空間限定型」の基本定義を思い出して下さい。

物語の始まりは、限定されたある空間に主人公がやってくるところからです。この空間では何らかの秩序が維持されています。歪んだ体制であったり、問題が内存されていたりします。空間を支配する権力者がいて、誤った秩序であることが多い。

主人公がそこに放り込まれることで、秩序を守ろうとする権力者側と対立します。混乱が生じ、対立は次第にエスカレートします。クライマックスでの最大の対決を経て、誤った秩序は崩れ、ストレンジャーである主人公が去っていくことで物語が終わる。

『狼たちの午後』の空間である銀行の秩序は誤ってはいませんが、ソニーたちが乱入することで混乱が生じて、対立が起き、彼らが去っていくことで物語が終わります。

西部劇の『シェーン』、時代劇の『用心棒』『座頭市』など、ストレンジャーものの多くはほぼこの構造を取ります。

通常はやってくるストレンジャーが主人公となりますが、「巻き込まれ型」の要素を加えると、空間の中の人物を主人公とする場合もあります。『カサブランカ』のハンフリー・ボガート扮するリックは、モロッコの酒場のオーナーとして平穏に暮らしている。そこに来訪者として自分を捨てた元恋人のイルザ（イングリッド・バーグマン）が、男を連れて現れることから、秩序が乱されていく。

『エイリアン』も主人公は宇宙船内にいた飛行士のリプリー（シガニー・ウィーバー）ですが、ここに闖入者としてのエイリアンが飛び込むことで戦うはめになります。

主人公を際立たせる敵役

『カッコーの巣の上で』に戻ると、主人公のマクマーフィは、粗暴なアウトローですが、ルールや秩序を掲げるラチェッド婦長と、ことごとくぶつかっていきます。

婦長の思惑通りに進行するグループミーティングで、歪さを見抜いたマクマーフィは、さまざまな方法（あるいは彼の個人的欲求）

で、じわじわとその権力に逆らいながら、患者たちに自立心を植え付けていく。

その過程をさまざまなエピソード、事件を積み重ねて描いていきます。『狼たちの午後』がわずか数時間の話だったのに対して、こちらは数ヶ月間の出来事です。マクマーフィと患者たちが、バスで病院から外に出て、ボートに乗り釣りに興じるというエピソードもありますが、〝地〟の空間は精神病院でほぼ一貫します。

また、こうしたストレンジャーもの、アウトローものでは、主人公のストレンジャーは、力を秘めていながらも、最初は孤立しています。これに対して空間を支配する敵は、揺るがない権力や地位を有している。この強大な敵にいかに主人公は挑んでいくか?

主人公はマクマーフィですが、圧倒的な存在感と、徹底した体制側の権化であるラチェット婦長を抜きにこの映画は語れません。演じたルイーズ・フレッシャーは主演女優賞のスピーチで、「受賞できたのは、皆さんが私のことを憎んで下さったからです。憎まれるって大好き」と語りました。

物語をおもしろくする最大のポイントはキャラクター造型にあります。

主人公であるマクマーフィは、いわゆる正義感あふれ、理想を掲げるヒーローではありません。未成年者と関係を持ち刑務所に入れられ、強制労働を回避するためにここにやってきた犯罪者。彼が巻き起こすトラブルの数々も、まさに彼の性格が原因となっています。けれども、こういう社会に適応できない男であるがゆえに、この精神病院で保たれている秩序と相容れません。

敵となるラチェット婦長も、徹底憎まれ役として配置されますが、しかし単なる悪人ではない。婦長はこの精神病院の〝平和〟を維持するために、彼女なりの論理で働いているに過ぎません。婦長からすれば、秩序を覆すマクマーフィこそが悪そのものです。

この二人の対立に巻き込まれる患者たちひとり一人、その脇役としての個性の際立たせ方も注目して下さい。なかでもクライマックスのキーを握る二人、きっかけの事件を作る悲劇の青年ビリー（ブラッド・ドゥーリフ）と、マクマーフィの意志を継ぐチーフの描き方は見事です。

マクマーフィの戦いと、次第に患者たちを変えていく過程の描き方。浴室内のコントロールパネルは、権威の象徴であり、マクマーフィとチーフの行動は、この作品のテーマである〝人間の尊厳〟をも表しています。

彼らの戦いは最終的に悲劇を招きますが、別のカタチで勝利を掴むのです。アンハッピィエンドでありながらも、深い感動と希望を与えるラストシーンは、アカデミー賞に相応しいといえるでしょう。

カッコーの巣の上で

ブルーレイ　¥2,500（税抜）
DVD　¥1,500（税込）
ワーナー・ホーム・ビデオ

脚本：ローレンス・ハウベン
　　　ボー・ゴールドマン
原作：ケン・ケーシー
監督：ミロス・フォアマン
制作：マイケル・ダグラス
　　　ソウル・ゼインツ

出演：ジャック・ニコルソン
　　　ルイーズ・フィッシャー
　　　ウィル・サンプソン

8

一人称的作劇法の特徴と長所

教材作品

『卒業』（40回監督賞）

『あの頃ペニー・レインと』（73回脚本賞）

人物の「視点」から構成を考える

今講から視点を変えて、映画の構造をまさに「視点」から分析していきます。

映画（シナリオ）の構成は「起承転結」であったり、「ハリウッド型三幕構成」や日本古来の「序破急」というように、全体を大きなブロックで分けて考えるのが主流です。

脚本家は構成を考える時に、まず全体を俯瞰で観る手段として、こうした土台をもとにシーン配分、ストーリーの大まかな流れを作っていきます。

もうひとつ「人物の視点」から、全体の構成を考える方法があると思います。ただし、こちらのアプローチ法はあまり一般的ではなく、むしろ展開させる際のテクニックのひとつとみた方が正しいかもしれません。

実際に数多く出されているシナリオの入門書にも、この「視点」について言及したものはあまりありませんし、ましてや構成の手法として取りあげた本はないと思います（拙著『シナリオの書き方』では、詳しく述べています）。

こうしたこともあって、シナリオを書く際に、「誰の視点で物語を展開させるか？」ということに、留意する人はあまりいない気がします。特に新人のシナリオは、この人物の視点の重要性を理解していない（別のいい方をすると、主人公を機能させていない）ために、誰の物語かが分からない、人物に感情移入できない、といった顕著な欠点を持つ作品が多いのです。

これに対して、プロの脚本家は「誰の視点か？」をあえて留意しなくても、「主人公を中心に物語を運ぶ」という大原則を、シナリオを書きながら無意識のうちに踏まえていますので、そうしたミスはまず犯しません。それでもストーリー展開ばかり追いかけるような失敗作では、視点の処理がうまく行っていない場合も少なくないのです。

ちなみに小説手法においては、この「視点」

は必ずといっていいほど問題とされます。

小説ではまず、〝私が〟〝僕は〟といった主人公の「一人称」で書くか、〝青豆は〟〝美智子は〟といった「三人称」で進めるか、を作者が決めることで執筆が始まります。

さらに小説で「三人称」で書く場合、（厳密ではありませんが）「三人称一視点」という原則があって、同じセンテンスの中で、複数の人物の視点を混在させるべきでないとされています。こうした視点の捉え方、基本は小説の入門書では必ず触れられていますので、興味のある方は読んで下さい。

『ローマの休日』は二人視点で展開する

これに対してシナリオは、設計図的な役割があって、人物の動きやセリフ指定をするために、常に三人称で書かれます。

シナリオのト書では、人物指定をしてその動きを書いていき、行を変えることで別の人物の行動や出入りを書いていく。

ですので、今回手法としての「視点」は、こうしたト書の書き方ではなく、物語を展開させる際の、視点者の据え方から分析していこうというアプローチです。これを理解するために今講は、主人公がほぼ全編出っぱなし、主人公の動きを追うことで物語が展開する「一人称的」映画の分析をします。

もうひとつちなみにですが、カメラが人物の視点そのものになって動く「一人称映画」や手法は昔からあります。

また、手持ちカメラを持つ登場人物が、体験をそのカメラ目線で追っていくドキュメンタリー風同視点型では、『ブレア・ウィッチ・プロジェクト』や『クローバー・フィールド／HAKAISYA』、スペイン映画のホラー『REC』などがあります。こうした手法はむしろカメラを意識させ、動きが激しくなったりして観客の疲労感を増加させることもあって一般的ではなく、特殊な例外的手法といっていいでしょう。

前置きが長くなりましたが、人物の「視点」は物語の展開に欠かせない要素になります。

例えば、以前取りあげた『ローマの休日』で「視点」を復習してみると、冒頭のニュース映像で、主人公であるアン王女のローマ表敬訪問という情報を与えた上で、アンが王女としての公務をこなす姿を描きます。退屈しきったアンが眠れずに睡眠薬を与えられ、大使館から秘かに抜け出し、ローマの夜の街を彷徨います。

ここまではアンの視点で物語が展開します。アンが街に入ってから、場面はビルの一室でポーカーゲームに興じる男たちに変わり、そこから抜け出すブラッドリー記者の視点になります。ブラッドリーは睡眠薬が効いて眠りこんでいるアンを見つけ、いきがかり上自分のアパートに連れ帰ります。

ブラッドリーはこの時点では、酔っぱらい（と思いこんでいる）女が王女だと知りません。支局の編集長とのやりとりでその事実を知って、特ダネをものにするために自身の身分を隠して、アンに接近しようとします。

一方アンは王女であることを隠して美容院で髪を切ったりして、休日を楽しみます。二人が再会して、ローマ観光するところからは、ほぼ二人の視点で展開します。ほぼというのは、この二人のいない場面として、アン失踪を知った大使館の対応も挿入されるから。

つまり、『ローマの休日』は、主人公であるアンの視点から始まって、途中でもう一人の主人公のブラッドリーに視点が移行して、中盤以降はほぼ二人の視点で運ぶわけです。

卒業

ブルーレイ　¥1,980（税込）
DVD　¥1,500（税込）
ジェネオン・ユニバーサル・エンターテイメント

脚本：バック・ヘンリー
カルダー・ウィリンガム
原作：チャールズ・ウェッブ
監督：マイク・ニコルズ
製作：ローレンス・ターマン

出演：ダスティン・ホフマン
キャサリン・ロス
アン・バンクロフト
マーレイ・ハミルトン
ウイリアム・ダニエルズ
リチャード・ドレイファス

通常の映画では、このように主人公の視点や行動を中心に、適宜脇の人物の視点（場面）を入れていきつつ物語を運びます。ストーリー展開ばかりにとらわれると、主人公が途中で消えてしまって、誰の話か分からなくなってしまいます。

徹底一人称的な名作『卒業』

さて、今回取りあげるのは、視点がほぼ一人に固定して展開する「一人称的」映画で、教材とするのは、誰もが知っている名作青春映画の『卒業』と、同じく青春映画の佳作『あの頃ペニー・レインと』の二作です。

『卒業』は、以前「空間限定型」として取りあげた作品賞、脚本賞の『夜の大捜査線』と同じ1967年、第40回の監督賞をマイク・ニコルズが獲得しています。

作品、主演女優、主演男優、脚色といった主要5部門にノミネートされましたが、多くをオーソドックなおもしろさの『夜の大捜査線』にもっていかれています。

この年はもう一本『俺たちに明日はない』（9部門候補となったが受賞は撮影と助演女優の2部門のみ）が封切られていて、『卒業』とともに、以後に起きる「アメリカン・ニューシネマ」の記念的な年とされています。

さて『卒業』ですが、改めて内容を紹介する必要もないかもしれません。特にラストシーンは有名で、結婚式に元カレないし元カノが乱入して、花嫁ないし花婿を略奪していくというシチュエーションが、未だにパロディや下敷きとして使われます。

このラストシーンが象徴するように、『卒業』はそれまでの恋愛、青春物のイメージを一変させるエポック的な映画となりました。サイモン&ガーファンクルの音楽も画期的でしたし、もちろん前半のコメディタッチから、生き方や恋に悩む青年の心情をシャープに切り取ってみせたマイク・ニコルズの演出力は監督賞に相応しい。

そうしたことはともかく、ここでは「視点」について。トップシーンは飛行機でカルフォルニアに帰郷したベンジャミン（ダスティン・ホフマン）の無表情な顔を延々と映します。

ベンジャミンはアメリカの恵まれた高中産階級の家の一人息子で、東部の大学を勉学もスポーツでも優秀な成績を納め、卒業をしたばかり。両親はそんな息子を周囲のセレブたちに自慢するためのパーティを開きます。

そうした狂騒の中で、ベンジャミンの心は晴れません。親の敷いたレールに乗っかって生きてきて、卒業はしたものの自身の生き方も夢も見出せないからです。

このベンジャミンの鬱々たる心に悪魔のように入り込むのが、年上女性の魅力を漂わせるミセスロビンソン（アン・バンクロフト）。

彼女に翻弄され、ベンジャミンはあっさりとロストヴァージンを果たし、鬱々としながらも、欲望の赴くまま人妻との夏の情事の日々を送ります。

　前半はベンジャミンの青春期特有の悩みを、ミセスロビンソンとのやりとりを中心にユーモラスに描きます。そしてロビンソン家の娘エレイン（キャサリン・ロス）の登場から、一気に物語は恋愛色を強めていきます。

　エレインに恋をするきっかけと、一転拒絶される展開（秘密の暴露です）、さらに今ならばストーカーとしか見えない一途なベンジャミンの求愛、そしてあのラストに突っ走るまでの運びは、まさに「見れば分かる」ですね。

　で、こうした展開で息もつかせずに見せていくのですが、よくよく考えるととてもシンプルな物語だということも言えます。

　大学を卒業して生き方を見出せないという贅沢な悩みの青年が、魅力的な人妻との性愛の日々に溺れる。顔見知りだった人妻の娘と再会し恋に落ちるが、人妻との関係により決裂。しかし娘が忘れられず、自分の恋を貫くためにとても無茶な手段に打って出る……

　いかにもセレブ社会に転がっていきそうなゴシップかもしれず、描きようによってはただのセックススキャンダルです。

　しかし『卒業』は素晴らしく、感動に満ちあふれた青春映画に仕上がっています。その理由はもちろんひとつではありません。なによりベンジャミン、ミセスロビンソン、エレインの3人の人物造型と、演じた役者たちの素晴らしさ。

　特に主演女優賞にノミネートされたアン・バンクロフトの果たした役割は抜きにできません。ミセスロビンソンはまさにもう一人のこの物語の主人公ともいえるでしょう。

　同時にやはりこの映画がおもしろく、主人公に感情移入できたのは、ダスティン・ホフマン演じるベンジャミンの造型と、彼の一視点で物語を展開させた点にあると思うのです。

　一人称的表現では、いやおうなく観客はその人物の心情に同化させますし、彼の見たものを同じ印象で捉えていくのです。

　金持ちのボンボンで大学でも優等生で、卒業祝いにアルファロメオのスポーツカーを買ってもらえるような鼻持ちならない若造の悩みは、親の言いなりだったり将来への展望が見えないこと。しかも人妻との情事に溺れ、その娘に横恋慕する。

　通常ならば、こんな主人公にはとても感情移入できません。ではどうすれば観客に受け入れてもらえるか？

　一番てっとり早いのが彼の一人称で描くことなのです。

『卒業』は最初から最後まで、主人公ベン

あの頃ペニー・レインと

ブルーレイ　¥2,500（税込）
DVD　¥1,480（税込）
ソニー・ピクチャーズ エンタテインメント

脚本・監督：キャメロン・クロウ
製作：キャメロン・クロウ
　　　イアン・ブライス

出演：パトリック・フュジット
　　　ケイト・ハドソン
　　　ビリー・クラダップ

ジャミンの行動と目線で物語が展開します。一見すると気づかないその一人称的手法をもう一度確かめて下さい。

青春物は一人称に限る？

さて、もう一本は2000年、第73回の脚本賞をとった『あの頃ペニー・レインと』。脚本と監督はキャメロン・クロウ。

『卒業』はさすがにどなたもご覧になっているでしょうが、こちらは見逃している方が多いかもしれません。『卒業』を見直すのと合わせてぜひご覧下さい。やはりこちらも優れた瑞々しい青春映画です。

ちなみにキャメロン・クロウは、この講座の第3講目に教材とした『アパートの鍵貸します』（この傑作もそれまでの恋愛物を一変させたエポック的映画です）で、参考としたビリー・ワイルダーへのインタビュー本『ワイルダーならどうする？』（キネマ旬報社）の著者兼インタビューアです。

実際に1973年に、わずか15歳でロックの評論雑誌ローリングストーンのライターとなったクロウ自身の自伝的映画です。

まさに映画も73年の当時を描いているのですが、67年製作の『卒業』より6年後で、サイモン＆ガーファンクルはもちろん、ドアーズ、ザ・フー、レッド・ツェッペリン、ローリング・ストーンズ、デヴォット・ボウイ、ボブ・ディランといったロックを中心としたミュージシャンが活躍した時代で、クロウはライターとして関わったということ。

15歳の高校生ウィリアム（パトリック・フュジット）は、家出した姉の影響からロックに魅入られ、自身の書いた文がロック雑誌に認められます。フランシス・マクドーマンド扮する教師の母エレイン（『卒業』のヒロインと同名なのは偶然でしょう）の反対を振り切り、スティルウォーターというロックバンドの同行取材をすることに。

ウィリアムはバンドの追っかけをしているグルーピー少女たちと仲良くなりますが、その中でひときわ輝くペニー・レインと名乗る美少女（ケイト・ハドソン）に恋心を抱きます。でもペニーはスティルウォーターのギタリスト、ラッセル（ビリー・クラダップ）のツアー中限定の恋人です。

ウィリアムや主要人物たちの紹介と、ツアーに同行するようになるまでが第一幕。中盤の第二幕は、バンドメンバーやグルーピーたちとのロードムービーとなります。ペニーとの恋の決着と、飛行機での衝撃の告白劇を経てツアーが終わるまで。第三幕はライターとして記事を仕上げ、その後が描かれます。

そうした過程はじっくりと観ていただくとして、この映画もほぼ主人公ウィリアムの行動と視点を追いかける、一人称的な展開法になっています。これによって主人公の心の揺れや成長する姿を、観客は素直に受け入れていけるのです。

ただし、15歳の少年の危なっかしい行動にブレーキをかける役割として、母エレインが効果的に配置されている点も注目して下さい。「ロック＝ドラッグ、セックス」と心配する母との電話が、要所要所に折り込まれていることでアクセントとなっています。

さらに『卒業』と異なる「視点」の描き方が終盤に用意されています。それまでウィリアムの視点で徹底していたのに、最後だけまったく別の人物の視点に転換するのです。これによって、起承転結の［転］が、盛り上がるだけでなく、意外性としての逆転の効果を与えています。

物語の「視点」の役割を理解するのに格好の教材的映画でもあるのです。

9 一人称変則＋時間軸移動型

教材作品『エターナル・サンシャイン』（77回脚本賞）

一人称的表現の長所と短所

人物の視点から物語の展開、構成を分析しています。

前講は青春映画の名作二本、主人公の視点（行動）だけで運ぶ一視点型の典型的作品として『卒業』と、ほぼ一視点ながら終盤だけ主人公ではない他人物視点に変わることで効果を上げている『あの頃ペニー・レインと』を教材としました。

この一視点型で展開させる脚本は、けっして多くありません。小説ならば、長編小説を全編〝私〟といった一人称で展開させることになるわけです。一人称は長所としては、主人公に読者（映画の場合は観客）に感情移入をさせやすい。主人公の見たものや、感じたことをそのまま受け入れるわけですから、同化しやすくなります。主人公の行動を追体験して、感情も共感できます。

欠点としては、主人公以外の人物の感情や心理が伝えにくくなります。あくまでも主人公がその人物と会話を交わしたり、行動を共にしたりすることで知っていったり、「こうだろう」と推測するしかありません。

また、一人称に徹する場合は、主人公のいない場面が書けないために、物語の背景や情報、他人物にまつわる状況や情報が伝えにくくなります。

脚本は一人称で書きませんし、映像表現の特性として、場面をひんぱんに移動させることができます。これによって主人公の物語だとしても、主人公のいない場面を作ることでさまざまなことを伝えられるわけです。

意図的に一人称的とするのは、こうした便利なやり方を封印するわけですから、描き方としては難しくなります。一人称的映画が少数なのはこうした特性、理由からです。

分かりやすい『卒業』を例にとると、主人公のベンジャミンは、愛するエレインの大学のある町に住むようになります。エレインもベンジャミンの求愛に揺れますが、突然姿を消してしまいます。つき合っていた恋人との結婚を決めたからです。

エレインがその選択を決意する過程、あるいは母であるロビンソン夫人や父親と、どういうやりとりがあったかは描かれていません。ベンジャミンはエレインがいなくなった理由を大学に行ったり、恋人の仲間たちに聞き込みをしたりして、ようやく結婚式があることを知ります。観客もベンジャミンの行動を通して理解していきます。

主人公の一視点に徹底しないならば、例えば、エレインが恋人のプロポーズにOKする場面を入れても問題はありません。あるいは、ベンジャミンの両親のシーンを挿入して、大学院に戻らない息子を彼らがどう思っているかを描いても構わないことになります。

『マルコヴィッチの穴』の秀逸さ

そうした描き方をするかどうかは脚本家が選択します。『あの頃ペニー・レインと』の場合は、ほぼ主人公のウィリアムの視点（途中母親とグルーピーが電話で会話する場面があるが）で展開して、最後のシークエンスだけ、ウィリアムが知らない別人物の行動を追う構成になっています。

さて、一人称的の場合はそうした難しさ、欠点もありますが、主人公を決めたら、その人物の行動を追うことで物語を展開させていけばいいので、ある意味描きやすくなります。

『卒業』も『あの頃ペニー・レインと』も青春の日々を追うという主旨から、過去の場面などが回想シーンとして出てきません。主人公が経験することを、時系列を追うことで綴っていくわけです。

ちなみに「回想」がまったくダメということではありませんが、安易な説明のためなら入れるべきではありません。

そこで今講教材とする作品は、安易な回想ではなく、物語の構成として時間軸や場所（空間）を移動させている『エターナル・サンシャイン』です。２００４年の第77回の脚本賞をとっています。

複雑で実に緻密な脚本を書いたのは、チャーリー・カウフマン。原案として監督のミシェル・ゴンドリーと、アーティストのピエール・ビスマスの名前もクレジットされています。

チャーリー・カウフマンはテレビの脚本家から、１９９９年のスパイク・ジョーンズ監督作『マルコヴィッチの穴』の脚本で、いきなりアカデミー脚本賞にノミネートされました。この時は受賞には至りませんでした。しかしこの頃から「天才、鬼才」といった冠がつくようになりました。

実際、『マルコヴィッチの穴』という作品も意表をつくおもしろさです。売れない人形師のグレイグ（ジョン・キューザック）が、就職したのは7 1/2階にあって天井が低い変な会社。その一室の壁に、実在する個性派俳優のジョン・マルコヴィッチの脳内に、15分だけ入っていける穴があるのを見つけて、それを使って商売を始めるが……

他人の脳内に入っていったら何が見えるのだろう？　という誰もが一度や二度は想像することを、巧みなストーリーとしてカウフマンが構築していました。

その流れで『エターナル・サンシャイン』で描かれるのは〝記憶〟です。これも人間の脳に残されていながら、とらえどころのないものでしょう。

原題は『Eternal Sunshine of the Spotless Mind』という長いタイトルで、「一点の汚れもなき心の永遠の陽光」という意味だとか。これは劇中で、記憶を消す会社の受付嬢のメアリー（キルスティン・ダンスト）が引用する18世紀の英国詩人アレキサンダー・ホープの恋愛書簡詩「エロイーザからアベラールへ」の一節。12世紀に実在した神学者のアベラールと弟子のエロイーザの恋愛がモチーフになっていて、愛し合いながらもかみ合わない男女の心がテーマとのこと。

ちなみに『マルコヴィッチの穴』で、主人公のグレイグが人形劇で演じているのがこの物語でした。

ハリウッド定型の否定から始める

カウフマンはハリウッド映画の「定型」を、ニューヨークの映画学校で学んだ後、その定型に逆らうことを出発点として、脚本を書き始めるそうです。その試みはまさに、この『エターナル・サンシャイン』でうかがい知ることができます。

実は私もそうだったのですが、以前この映画をご覧になった方でも「おもしろい映画だった」「感動した」という感想だったり、断片的なシーン（例えばケイト・ウィンスレットの髪の色がコロコロ変わっていたというような）の記憶は残されていても、細かい展開だったり実際にどういう物語だったかは、的確に語れないのではないでしょうか。

もう一度改めてじっくりと見ることで、次第に思い出しながら、見事な伏線であったり展開の妙に驚嘆し、再度感動しました。

ですので、初めてご覧になる方は、途中でメールチェックをしたり、トイレに行ったり、食事をしたりといった中断は絶対にせずに、最初から最後まで集中して観てほしい。

そうして観た後でも、あの場面はいつの時間なのだろう？　あの伏線はどう繋がっていたのだろう？　などなど考えれば考えるほどこんがらがるかもしれません。しかし、よくたどっていくと、すべての場面が密接に繋がっていて、巧みに時間軸を交差させながら組まれていることが分かるはず。

時間軸を移動させる、現在や過去を入れ替えることで物語を重層的に描くという手法は、最近の流行りとなっていて、さまざまに使われています。今後もこうした作品の構造を分析していきますが、安易に手を出すと展開がゴチャゴチャになったり、観客を混乱させたりして失敗します。とても高度なテクニックで、この手法を成功させるためには、徹底的な脚本の直しが必要となります。

それが見事に成功している『エターナル・サンシャイン』ですが、実は基本構成と視点から見ると、ある意味分析しやすい作品でもあります。

ひとつは以前でも取り上げた「ハリウッド型三幕構成」です。ハリウッド定型を否定することから脚本作りをスタートさせるカウフマンが、これを踏まえたかどうかは分かりません。けれども、ストーリー性と合わせて検証すると、ベーシックなところで踏まえていることが分かります。

トップシーンは主人公のジョエル（ジム・キャリー）が自分の部屋で目覚める場面から。さえない表情のジュエルは、ナオミという恋人と別れたばかりらしい。出勤の途中で駐車場を通ると、自分の車のドアに大きな傷がついているのを見つけます。

駅のホームで電車を待っていたジョエルは、突然の衝動にかられて反対側の電車に飛び乗り、ニューヨークのロング・アイランドの終点モントークまで行きます。冬の寒々とした海辺で、ジョエルはオレンジ色のパーカーで髪を青く染めたクレメンタイン（ケイト・ウィンスレット）と出会います。

帰りの電車で名乗りあった後、「氷上のハネムーンをしましょう」というクレメンタインの申し出で、ボストンのチャールズ川までデートをします。凍った川の上に寝転んで空を見上げるラブシーンが印象的です。

そしてある朝、クレメンタインを待つジョエルのクルマのガラスを青年パトリック（イライジャ・ウッド）がノックします。

ここまでの長い「出会い」のシークエンスを経てからフェイドアウト、アバンタイトルが始まります。

脳内世界と現実が交差していく

ハリウッド三幕構成の基本「1対2対1」にはなっていませんが、ここまでが導入としての第1幕と見ることができるでしょう。第2幕につながるプロットポイントは、謎の青年パトリックの登場です。

タイトル後は、またしても失意のジョエル。クレメンタインと出会ってからかなりの時間が経っているらしい。今度はそのクレメンタインから告げられた突然の別れ。続いてラクーナ社から「クレメンタインはジョエルの記憶を全て消し去りました」という通知が届きます。どうやら彼女に新しい男（パトリック？）ができたらしい。

失望したジョエルは立ち直るため、ラクーナ社でクレメンタインと同じことをしようとします。ラクーナ社はミュージワック博士（トム・ウィルキンソン）が開発した装置で、依頼人が望む記憶だけを選んで、すべて消去するサービスを行っている会社でした。

第2幕は、ジョエルの脳の中の記憶が断片的に現れては消されていく過程を追います。記憶の中に現れるクレメンタインの髪は、みかん色だったり緑だったり。

そして、ジョエルの部屋で、装置を使って記憶の消去を行うのがラクーナ社の技師スタン（マーク・ラファロ）で、パートナーがパトリックでした。

スタンは受付嬢のメアリーと恋仲で、パトリックがいない間に、ベッドで眠るジョエルの横でいちゃついています。

ジョエルは装置で、不確かな記憶の世界をさまよいます。けれどもクレメンタインとの美しい思い出まで消えてしまうことが、我慢できなくなって抵抗を始めます。そのせいか「記憶が生焼け」状態に陥り、スタンの手に負えなくなり博士に助けを求めます。

この現実の施術中のメアリーたちと、ジョエルの最近から幼児期に至るまでの記憶、さらにクレメンタインがそこに入りこむ夢的な世界が交互に展開していきます。そして、メアリーの側にも、記憶消去を巡る別の物語があったことが次第に分かってきます。

ジョエルが巡らせる記憶の世界で、もうひとつの「出会い」があったことも分かり、「モントークで会いましょう」というクレメンタインのセリフで、ジョエルの脳から彼女に関する記憶が全て消えてしまいます。

朝、ジョエルの頭から装置を外すスタン。ここまでが長い2幕です。第3幕につながるプロットポイントは、ジョエルの「愛している」とクレメンタインのセリフ。

短いエピローグとしての3幕で、ジョエルの本当の新しい出会いが描かれて、メアリーのもうひとつの出発も加えられます。

全部で107分の尺ですが、1幕が約16分、2幕が75分、3幕が16分（タイトルバック含め）となっています。この長い2幕は現実と夢（記憶）が混じり合いますし、時間軸も前後していたりします。

記憶消去から せつないラブストーリーに

時間軸の移動であったり、記憶の中に入り込んだりするために、かなり複雑な構成になっている気がしますが、じっくりと分析するととてもシンプルな構造ということも理解できるはず。

そのキーが「視点」です。

この物語は冒頭から、主人公ジュエルの視点で展開していきます。ジュエルの朝から始まって、クレメンタインとの出会いがあって、この髪の色を思いつきで変える奔放な女に振りまわされる恋が描かれます。

そしてクレメンタインにまつわる記憶を消すために、ベッドでラクーナ社の装置をつけるのですが、ここからジュエルの記憶を描きながら、その傍らで技師のスタンとパトリック、メアリー、そしてミュージワック博士の現実の物語が進行する。

彼らの物語にはジュエルの視点は入りません（眠っているので）。けれども、それまでの前半における会社での彼らの姿は、ジュエルの視点から描かれていますし、ジュエルの記憶や夢と交差する現実は、常にジュエルの家と周辺だけで展開する一夜だけの物語になっています。つまり、ここでメアリーたちの過去が回想で入らないのです。

それから2幕の終わりから3幕にかけては、メアリーの視点もまぜながら、ジュエルの新しい出会いと謎解きが示されるのです。

つまり、この物語も実は、ほぼ一視点型と見ることもできるのです。ただ、『卒業』や『あの頃ペニー・レインと』は、時間軸の進行と合わせて、主人公の行動、成長を描いています。

これに対して、『エターナル・サンシャイン』は、主人公ジョエルとクレメンタインとの恋の進行と別れ、さらなる出会いを中心に、時間軸を移動させながら、記憶（脳）の中の場面が進行していきます。さらに後半のジョエルのいる空間で、脇の人物4人のもうひとつの物語を加えているわけです。

カウフマンは「時間軸に沿ったジョエルの記憶の地図を作って、居場所を確認しながら書いていった」と述べています。

時間軸移動の目安となっているのがクレメンタインの髪の色です。さらにスケッチブックの使い方もバツグンにうまい。

また、出会った時にクレメンタインは「名前をジョークにしないでね」と言います。この名前で思い出されるのは、ジョン・フォード監督の名作西部劇『荒野の決闘』ですが、ここで言われているのは、かつて全米で人気を博していたテレビアニメの『珍犬ハックル』で、ハックルが「いとしのクレメンタイン」を歌いながら登場することを踏まえてい

エターナル・サンシャイン
スマイルBEST エターナル・サンシャイン DTSスペシャルエディション
¥1,980（税込）
発売元：ギャガ
販売元：ハピネット

原案・脚本：チャーリー・カウフマン
原案・監督：ミシェル・ゴンドリー
原案：ピエール・ビスマス
製作：アンソニー・ブレグマン
スティーヴ・ゴリン

出演：ジム・キャリー
ケイト・ウィンスレット
キルステン・ダンスト
マーク・ラファロ
イライジャ・ウッド
トム・ウリルキンソン

ます。この名前にまつわるセリフのやりとりも伏線となっています。

カウフマンは、脚本の完成までに3年の月日を費やしたとのこと。アイデアのとっかかりは、ゴンドリー監督が友人のアーティストのビスマスと食事中、嫌いになりかけているガールフレンドの話題になり、「もし彼女の記憶を消せたらなあ」という一言。

そこからこの「記憶を消去する」というアイデアで何人かの書き手に振ると、おもしろがって乗ってくれたが、誰もが月並みなSFサスペンスのプロットを書いてきた。その中でカウフマンは「男と女の関係にしたい」と言い、そこから二人の共同作業としての脚本作りが始まったとのこと。地図を持たずに物語に入る観客が、どこまでついてこれるか、をカウフマンとゴンドリーは何度も話し合いながら作っていったそうです。

「失恋相手の記憶を消す」というアイデアから、緻密に計算されたシナリオで、せつない恋の物語をファンタジックかつミステリアスに描く。シナリオの構造だけでなく、発想から定型を越える新しさが生まれる過程も探ってみて下さい。

○コラム1

ワイルダーの名スピーチ

第6講で取り上げた『アパートの鍵貸します』で作品、監督、脚本の3賞を独占したビリー・ワイルダーは、1987年に名誉賞であるアーヴィング・G・サールバーグ賞を受賞しています。この時トロフィーを手渡した人こそジャック・レモンでした。

この時のワイルダーのスピーチは、アカデミー史上最も感動的で語り継がれています。多くファンに感謝するという言葉の後で、「とりわけウィル・ロジャースに似たアメリカ人に感謝したい。彼がいなければ私はここにいなかった」と述べ、ワイルダーは自身の物語を語りました。

1943年のこと、ユダヤ系ポーランド人でドイツ映画の脚本家だったワイルダーは、ナチスドイツの台頭でアメリカに亡命しようとしました。メキシコまでたどりついたのですが、アメリカに入るためには領事館に出頭して、ビザを貰わなくてはならず、ビザが手に入らないと、ドイツに送り返されてしまう。ワイルダーの母がアウシュビッツの収容所で死んだように、送還は死を意味しました。

担当の役人から「君は何の仕事をするつもりか?」と尋ねられ、ワイルダーは「映画の脚本を書きます」と答えました。目の前にいる若者の脚本家としての実績なんて誰も知らず、役人はワイルダーを見つめた後、「いい映画を書いてくれ」と入国許可書をくれた。

「それ以来、私はいい作品を書くようにしてきた。あの名前も知らないアメリカ人のおかげで今の私がいる。彼に感謝したい」

スピーチの締めくくりにワイルダーは、親友で長年の相棒だったI・A・Lダイヤモンドに語りかけます。ダイヤモンドは癌で入院していました。「君がこのテレビを見ていることを願っている。I・A・L、この賞の半分は君のものだからね。早くよくなってくれ」と。

ダイヤモンドはこの言葉を聞いたのか聞けなかったのか? この授賞式の10日後に亡くなったそうです。

ワイルダーはその15年後に95歳で死去。ハリウッド伝説の映画人となりました。

10 多視点・多人物平行型

教材作品『トラフィック』（73回脚色賞・監督賞）

主人公を中心に主要人物を配分する

主人公の一視点的な作品から離れて、今講からさまざまな登場人物の視点、物語が交差する多視点型の映画を分析しています。

前講までに述べましたが、本来物語は主人公を中心に展開させるべきです。

誰の物語なのか？　主人公は誰でどこに行こうとするのか？

これをはっきりとさせて、主人公の造型をしっかりと固めた上で、その主人公の成長物語なり、目的（目標）に向かって進む姿を描いていきます。

主人公に一番多くからんで、共に（場合によっては敵対しつつ）目的に向かう人物が副主人公であり、その重要度に比例して脇の人物たちを配分していきます。

恋愛ものやバディ（相棒）ものは、主人公を中心に恋の相手や、旅をするパートナーとして副主人公を配置することもあれば、二人の役割を均等にして、二人を主人公して展開させる場合もあります。

これまで教材とした『手錠のままの脱獄』の黒人のカレン（シドニー・ポアチエ）と、白人のジャクソン（トニー・カーティス）、『テルマ&ルイーズ』も、旅をするヒロイン二人とも主人公です。

あるいは『ローマの休日』のアン王女（オードリー・ヘップバーン）とブラッドリー記者（グレゴリー・ペック）も二人が主人公。

『レインマン』の主人公は弟のチャーリー（トム・クルーズ）で、彼の視点を中心に運びますが、共に旅をする兄のレイモンド（ダスティン・ホフマン）は、主人公とほぼ同列の副主人公です。

ですが『アパートの鍵貸します』は、バクスター（ジャック・レモン）が主人公で、恋の相手となるフラン（シャリー・マクレーン）は副主人公的配置です。三番手として重要な役割を果たす脇役が部長（フレッド・マクマレー）。さらに隣の医者や部長秘書、バーで知り合う人妻というように、個性を強調した脇役がバクスターの周囲を固めていて、物語を進行させているわけです。

　このように据え方の差はあっても、フランを演じたシャリー・マクレーンは主演女優賞にノミネートされ、レイモンドのダスティン・ホフマンは主演男優賞を獲得しています。主人公ではなくても、主演としての扱いになっているからです。

　ちなみに、第1講目に三幕構成の例として取り上げた『リトル・ミス・サンシャイン』は、キーとなる中心人物は、ミスコンに出る末娘のオリーヴですが、彼女を含めて一緒に旅をする6人の家族全員の物語ということができます。ホームドラマは、このようにひとつの家族のそれぞれを描いていく、群像劇的な造りとすることもあるわけです。

　これらの作品を見ると、主人公の据え方や、主人公を中心とした人物の配分、その描き方、扱い方の差がお分かりいただけるはず。

　初心者のシナリオの欠点に、主人公が誰か分からないまま、ストーリーだけがめまぐるしく展開する。あるいは主人公と思われる人物が途中から出てこなくなって、別の人物の話になってしまうというシナリオがあります。

　そうした作品の狙いとして、作者は「群像劇」が頭にあるのかもしれません。これも何度も述べていますが、「群像劇」は最も難しいジャンルです。登場させる人物が多ければ多いほど、その描き分けが難しくなりますし、観客は無意識のうちに登場人物の誰かに感情移入したがっていますから、群像劇のように重要人物がたくさん出てくればくるほどそれが難しくなるからです。

　まずは初心者は主人公をきっちりと据えた物語を書くべきです。そこで主人公を魅力的に描けるようになってから、そうした人物たちが織りなす群像劇にチャレンジする。

　この講座で、まず主人公の一視点的な作品を教材としたのは、物語における主人公の大切さを認識してもらいたかったからです。

“麻薬”で繋がる三つのストーリー

　さて、群像劇的な描き方が効果を発揮するのは、『グランド・ホテル』形式ということも述べました。多い人物たちをひとつのところに集めて、そのからみで描いていく。空間や場所を限定することで、出入りする人物たちを拡散させずに描くことができます。

　そうした空間を限定せずに、人物の視点やフィールドを転換させ、しかもそれを交互に平行させながら、巧みに交差させていく手法が近年増えてきています。

　今講取りあげる『トラフィック』は、まさにそうした「多視点、多人物平行型」といえる複雑な構造を持っています。2000年にアカデミー賞の監督賞をスティーブン・ソダーバーグが、脚色賞をスティーブン・ギャガンがとっています。

　ソダーバーグは当たり年で、もう一作『エリン・ブロコビッチ』でも監督賞と作品賞にノミネートされました。作品賞は『グラディエーター』にもっていかれましたが。

　『トラフィック』はかなり玄人好みで、高度なパズルのような創りになっています。初心者は下手にマネをすると、錯綜するだけで失敗するでしょう。ただ、この複雑さを解き明かすと、実は物語は登場人物一人一人をしっかり創りこむことが重要で、そうやって造型した人物のドラマのどこを切り取ってどう提示するか、だと分かります。

　つまりここで描かれる人物たちの物語が

平行しながら進むのですが、ある人物だけを引っ張り出しても、ひとつの物語として語れるだけの密度を備えています。そうした人物たちを巧みに配置して、何らかの接点を持たせて展開した手法なわけです。

『トラフィック』は、おおよそ三組の物語が平行します。三つをつなぐキーが〝麻薬〟。アメリカ社会に浸透し、蝕んでいるドラッグをめぐる戦いが、重層的に描かれます。

麻薬を扱った映画は『フレンチ・コネクション』のようなポリスアクションだったり、ドラック中毒者たちを描く『トレインスポティング』や『バスケットボール・ダイヤリーズ』のような青春・ヒューマンドラマも数多く作られています。

『トラフィック』はそれらと大きく違って、麻薬という共通項を掲げながら、原産地側の貧困や社会構造であったり、政治的なアプローチだったり、取り締まる警官たちのドラマであり、家族の戦いであったりと、まさに重層構造として捉えています。これは麻薬がアメリカ社会に、限りなく深く浸透している現実を踏まえているわけです。

大きく括ると社会派ドラマといえますが、ポリスものでもあり、ホームドラマとしての要素も多分に含んでいます。

63Pの図は三つのストーリーの流れをおおまかに並べたものです。ついている番号は、DVDディスクについているチャプター番号とそのタイトルです。

場面が三つのパーツを行き来して、かなり複雑に進行しますが、どこかを観客に分からせるために、ソダーバーグ監督はキャメラにフィルターをかけるなどして、画質の色で区別できるように工夫をしています。

実際のシナリオがどのように書かれていたかは分かりません。この映画はアカデミーの編集賞も受賞していますが、まさに複雑な場面転換は、編集作業の果たした役割も大きかったはず。

ですので、この図は当初のシナリオとはかなり違っているでしょう。実際にDVDの特典に未公開シーンが収録されていますが、重要と思われる場面がカットされていることも分かります。

暗い題材、テーマながら〝希望〟を与える

ともかく、簡単に解説をすると、ざらつき画面の（A）は、メキシコで繰り広げられる麻薬戦争。このパーツの主人公は州警察のロドリゲス刑事（ベネチオ・デル・トロ＝助演男優賞を受賞）。相棒のサンチェス（ヤコブ・バーガス）と共に、麻薬を供給するギャング組織と戦うのですが、組織と裏で結びついている軍警察のサラサール将軍との協力と

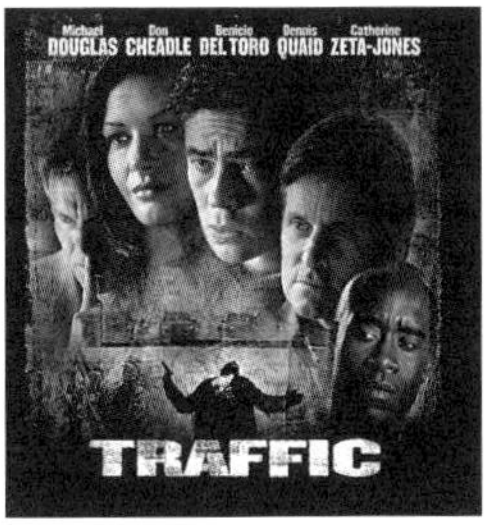

トラフィック（2枚組）　DVD発売中
¥6,300（税込）
発売元：角川映画
販売元：東宝

脚本：スティーブン・ギャガン
監督：スティーブン・ソダーバーグ
製作：ローラ・ビックフォード
マーシャル・ハースコヴィッツ
エドワード・ズウィック

出演：マイケル・ダグラス
キャサリン・ゼタ・ジョーンズ
ドン・チードル
ベニシオ・デル・トロ
ルイス・ガスマン
エイミー・アービング

対立、サンチェス自身の不正や彼の妻との関わりなどが描かれます。

ブルー画面の（B）は、ワシントンDCを中心に政治的に麻薬壊滅を謀る判事と、その家族の物語です。ここの主人公は最高裁判事から、麻薬対策本部長として手腕を振るおうとしているウェークフィールド（マイケル・ダグラス）で、もう一人、彼の16歳の娘キャロライン（エリカ・クリスティンセン）が、ボーイフレンドにそそのかされたことから、麻薬に溺れていく物語も進行していきます。

スタンダード色画面の（C）は、メキシコと国境の町カルフォルニア州サンディエゴを中心に、ビジネスとして麻薬取り引きを行う実業家夫妻と、その犯罪を暴こうと奮闘する黒人とエスパニック系刑事コンビの物語。

主人公は実業家の妻へレーナ（キャサリン・ゼタ・ジョーンズ）ですが、二人の刑事、黒人のゴードン（ドン・チードル）と、エスパニック系のレイ（ルイス・ガスマン）の物語も平行して描かれていきます。

これらのそれぞれのパーツでの主要人物の物語を進めながら、さまざまな人物たちがからみあって進行しますので、観客もちょっと油断しているとついていけなくなります。ですが、じっくり見ると、どの人物たちのドラマも濃密に描かれていて、それらが次第にからみあっていく展開は見事。

それをいちいち解説していたら枚数がいくらあっても足りませんが、例えば（B）パーツの政治的野心を燃やすウェークフィールドの姿と、恵まれているがゆえに麻薬に溺れてしまうキャロライン。間に入って苦悩する妻であり母でもあるバーバラ（エイミー・アービング）の家族の崩壊と再生。このエリート家族にも浸透している麻薬の怖さ。

また、（C）の夫の実態を知らぬままに、いきなり犯罪者の妻とされたヘレーナが、何も知らないセレブ妻から、夫を越えるほどの麻薬ビジネスで頭角を現していく。刑事たちの友情も胸を打ちます。

そして、（A）のロドリゲス刑事は、不正が当たり前の警察署内に身を置きながら、その板挟みの中で理想を貫こうとする姿。トップシーンがロドリゲス刑事で、明日への希望を示すラストシーンも彼のなしとげた業績で終わりますので、最も印象に残ります。

ところでこの図を見ると、三つのパーツが平行して進行しながら、互いにからまないように思えるかもしれませんがそうではありません。最初は別々に進んでいきますが、例えば17のゲイバーに現れるのはロドリゲス刑事で、この後にメキシコに場面が飛びます。

また、ヘレーナが暗殺を依頼するのは、19で拷問されるフランキーです。29の国際視察で、ウェークフィールド判事がメキシコにやってきて将軍と会談します。

三つのパーツの主人公たちが密接に関わるわけではありませんが、それでいて〝麻薬〟で結びついているのだ、というテーマも潜ませているわけです。

もうひとつ強調したいのは、この三つのパーツの主要人物たちは、善悪といった単純な色分けがされていないという点です。一番顕著な人物はセレブな実業家妻のヘレーナでしょう。いきなり夫が逮捕され、子供を抱えてしかも妊娠もしている。収入が絶たれるだけでなく借金も負わされ、組織に脅迫もされる。ヘレーナは自身の生活と家族を守るために、ある意味彼女しかできない戦いを始め、たくましく成長します。

そうしたアメリカの病根をシリアスに重層的に描きながら、でもしかし三つのパーツそれぞれを、ハッピィエンド的に収束させる手法もくみ取って下さい。

「トラフィック」構成表（DVD チャプターナンバー）

パーツ／分	(A) メキシコ	(B) ワシントン D.C.	(C) サンディエゴ
	1. ティアナの南東 32 キロ		
	2. サラサール将軍		
		3. 最高裁判所	
			4. 潜入捜査
10			5. 追究
		6. クラック	
			7. マダムの昼下がり
		8. 主席補佐官	
		9. 二通の手紙	
20	10. 警官の鏡		
		11. ジョージタウン	
			12. 取り引き
			13. 突然の逮捕
	14. 特別任務		
		15. 家族の食卓	
30			
			16. 顧問弁護士
			17. ゲイバー
		18. 過剰摂取	
	19. 拷問		
			20. リビングルームの密談
40			
		21. 優等生	
		22. 家族会議	
	23. 懐柔術		
			24. 保釈審理
		25. 専門家	
50			26. 幼なじみ
	27. ワインは真実を導く		
	28. 政府の公式発表		
	29. 国際視察		
			30. 面会
60		31. 310 号室	
			32. 日だまりの水辺で
	33. アナ		
		34. 情報センター	
		35. 機内にて	
			36. 誘惑
70			

パーツ／分	(A) メキシコ	(B) ワシントン D.C.	(C) サンディエゴ
	37. サソリ		
		38. 夫として妻として	
		39. 暴言	
	40. 助け合い精神		
			41. レモネード
80			
		42. 更生施設	
			43. コロネル
	44. 麻薬撲滅王		
			45. 証言者たち
90			
			46. 殺し屋
		47. 脱走	
	48. 不吉な予感		
		49. 売人	
			50. 時間稼ぎ
100			51. 狙われた男
	52. 2つの墓穴		
		53. 眠れぬ夜	
	54. 訃報		
110	55. ドジなジャック		
			56. 正しい裏切り
			57. 葬儀
		58. 社会見学	
	59. 男の約束		
120			
		60. 中年男	
			61. ルームサービス
	62. 一斉検挙		
		63. 就任記者会見	
130			
			64. 制裁
			65. 乱入者
		66. 決意新たに	
140	67. ナイトゲーム		
	68. エンドクレジット		

11 多視点・多人物交差型

教材作品 『クラッシュ』（78回脚本賞・作品賞）

オムニバスの亜流としての多人物

前講は、「多視点、多人物平行型」と名付けた複雑な構造を持つ『トラフィック』を教材としました。簡単におさらいと補足を。

この社会派映画は、〝麻薬〟というキーワードで、メキシコ、サンディエゴ、ワシントンDCという三つの異なる場所で展開する物語が、それぞれ順ぐりに展開していきます。それぞれのパーツに、物語を展開させる主人公的な人物が配されているのですが、この主要人物たちが直接関わらない、というかなり珍しい構成をとっていました。

もともと何らかの共通項を設定した上で、独立した短い物語を集めて構成する「オムニバス」映画はたくさんありました。オムニバス形式は、狂言廻し的な人物を配する場合はありますが、基本的に短編集的な構造なので、各話は独立しています。

ところがこの『トラフィック』は、三つのパーツが別々に進行していくのですが、オムニバスではないので、それぞれの物語のシーンがバラバラで進行していく。

当たり前ですが、ドラマは人物同士の対立や葛藤から生まれます。通常は主要人物たちが同じ場面で対立をしたり愛し合ったりすることで、ストーリーが進行していきます。しかし、『トラフィック』は、オムニバスとは違う三重構造でありながら、主要人物たちがからまない。「多視点・多人物平行型」と付けたのはそうした意味合いからでした。

けれども、各パーツだけでも一本の映画として成立しそうなくらいの密度を備えていました。これは想像ですが、おそらくそれぞれのパーツのシナリオを独立させて書きあげた上で並べ、メキシコパーツはここを、サンティエゴパーツはここをクローズアップ、ワシントンDCパーツはこことここ、というようにチョイスしていき、全体を組み立てていったのではないか。

珍しい手法ですが、じっくりと構造を解

体してみると、ドラマとしての要素はそれぞれのパーツで抑えてあり、けっして破綻していないことが見えてきたはず。

さて、この『トラフィック』と一見すると同じように複雑で、似ているようでありながら、かなり違う社会派ヒューマンドラマの『クラッシュ』を今講は分析していきます。

影響を与えている『アモーレス・ペレス』

『クラッシュ』は2005年にアカデミー賞の6部門にノミネートされ、作品と脚本、編集の3部門で受賞を果たしました。脚本を手がけたのは、監督もやったポール・バギスと、ボビー・モレスコ。

この二人は製作者にも名前を連ね、前年に作品賞や監督賞をとった『ミリオンダラー・ベイビー』の脚本コンビです。この年はノミネートながら賞を逸しましたが、もう翌年に雪辱を果たしました。

『トラフィック』も監督賞や脚色賞の他に、編集賞をとったことは述べました。複雑な場面転換を、的確な編集によってたるみなくつないで、さらに完成度を高めていました。『クラッシュ』も、緻密にからみあう人物たちの物語を、巧みな編集でまとめ上げ評価されたわけです。

『トラフィック』は〝麻薬〟というキーワードで、バラバラの三組の物語が交差していましたが、『クラッシュ』で全編を通すキーワードは〝人種差別〟です。アメリカ合衆国という国自体、さまざまな人種で構成され、その差別の歴史が綿々と続いています。この映画の舞台となっているロサンゼルスも同じ。

それもかつては白人と黒人という差別構造が大半だったのが、今はエスパニック系やアジア系、さらには911以降には、アラブ系人種への偏見や差別が入り交じり、より問題を難しくしているようです。

『クラッシュ』は、そのまま〝衝突〟という意味ですが、ハイウェイで起きた交通事故をきっかけに、さまざま人種のさまざまな人間たちが交差していきます。単にそれぞれの人間たちの利害や感情がぶつかるというだけでなく、人物たちの人生観であったり、人種への思想やアイデンティティーが衝突によって露わになり、重なっていく。

しかも最初と最後が繋がっていく、いわば「連環型」ともいえる構造も持っています。独立する物語を、オムニバスのようにはっきりと区切るのではなく、巧みに交差させたり、時間軸を前後させたりしながら展開させる形式が増えてくるようになりました。

その記念碑的な映画こそが、1994年に脚本賞をとったクェンティン・タランティーノ監督の『パルプ・フィクション』でしょう。この作品は個人的にも大好きですし、脚本の構造としても興味深いので、次講で取り上げたいと思います。「連環型」以外にも、人物の視点が変わって、交差していくという造りで、『クラッシュ』も影響を受けているとみていいでしょう。

もう一作、大きな影響を与えたと思われる99年製作のメキシコ映画があります。アレハンドロ・ゴンサレス・イニャリトゥ監督の初長編作『アモーレス・ペレス』です。

この映画はメキシコシティを舞台に、闘犬で金を稼ぎつつ、不幸な義姉との愛を貫こうとする若者、不倫愛を勝ち取ったものの事故によって足を切断するスーパーモデル、世捨て人ながら殺し屋稼業をしている老人が人生を変えようとする話、というまったく異なる三つの階級の人物たちの物語が、ある自動車事故によって交差していく物語。

イニャリトゥ監督は、脚本家ギジェルモ・アリアガ・ホルダンが書いたオリジナルストーリーに衝撃を受け、ホルダンと共に3年の歳月を掛けて推敲を36回も重ねたとか。

「はじめは三つの独立したストーリーだったものを相互作用を持たせたいと考えたんだ。まったく接点のなかった人たちが、本人の知らないうちに出会っていたり、その人生に決定的な影響を与え合ってしまうということが現実にはよくあることだしね」

とイニャリトゥ監督は語っています。その着想から、三つの物語を見事な力強さで描いた『アモーレス・ペレス』は、世界各国に衝撃を与え、映画祭でさまざまな賞を獲得しました。アカデミー賞でも外国語映画賞にノミネートされました（受賞したのは作品賞とダブルノミネートされたアン・リー監督の『グリーン・ディスティニー』）。

ちなみに、イニャリトゥ監督は06年に『バベル』を撮り、この別々の人物たちの人生が交差するというスタイルをさらに拡げました。

7組の人物たちが複雑に交差する

さて、『クラッシュ』ですが、作劇上の手法だけでなく、この『アモーレス・ペレス』のテーマ性を明らかに引き継いでいます。新たに「人種差別」というキーワードを根底に据えていますが。

ただし、『パルプ・フィクション』や『アモーレス・ペレス』のように、時間軸が複雑に前後するという構成ではありません。冒頭のエピソードからタイトルバックを経て、「昨日」というテロップで一日前に戻り、終盤でこの冒頭のシーンに戻る、という流れになっています。

時間としては、ロスのクリスマスを控えたほぼ丸一日の物語。この一日で7組の人物たちの物語がクロスしながら展開する。その間、彼らの姿、行動を追いますが、回想シーンで過去の場面に戻ったり、彼らのここまでの人生が挿入されたりしません。

で、何よりもこの映画が群像劇映画としても優れているのは、まさに7組の人物たちの物語を平行させせつつ、巧みに交差させ、しかも破綻させずに、それぞれのドラマを造りこんでいる点です。

『トラフィック』も実は登場人物は多い。それぞれのパーツの主役級が2～4人ずつ据えられていて、さらに彼らの周辺に重要な脇たちが配されていました。

『クラッシュ』は7組ですが、各パーツの主要人物が2人ずついて、さらにこの2人にからむ重要な脇が1～3人います。で、この各人物が、他のパーツの人物たちと関わったり、衝突したり、微妙に人生を左右したりしていく。この7組以外にも、特にパーツに入らずに動き廻る脇キャラもいます。

タイトルバックを入れて112分の映画ですが、この尺でそれぞれの人物のドラマを、波が繰り返すようにつないでいます。

69ページの表は、その7組の人物たちの進行と、関わりを大まかに書き出したものです。前回の『トラフィック』はDVDのチャプター番号で並べていきましたが、今回はDVDのチャプターがシーンや人物をまたいでいますので、場面ごとのおおよその順番です。同じ番号は（3と、3というように）、別の組の人物たちが関わるという意味です。

ちなみに、05年の受賞作でありながら、DVDはすでに廃盤とのこと。レンタルビデオで探してご覧下さい。『トラフィック』もそうですが、複雑な構成で進行しますので、気を抜かずに観てほしい。

私も改めてDVDで二度続けて観ましたが、一回目で気づかないような伏線を発見したり、人物の心情がより深く理解できます。観れば観るほど、脚本家が何度も推敲を重ねて創り上げていった緻密さの片鱗に触れることができます。初めてご覧になる方は、まずは（でも気は抜かずに）観客として楽しんで、さらにもう一度、表を参考にしつつ人物と場面転換のさせ方に注目すると、ドラマ構成が勉強できるでしょう。

　人物たちの背景や履歴を創り上げて、この一日に至るまでの彼らの人生を、どう描くと浮き彫りにできるか？　そうやって造型した人物たちを、どのように動かし交差させて、感情の揺れや変化を伝えられるか？

　脚本を書くことは、ストーリーのために適当な人物を設定して、それを動かせばできてしまう、といった単純な作業ではないことが、こういう作品を観ると分かるはずです。

物語は「奇跡」を描くもの

　簡単にポイントを述べておきます。

　7組の人物たちの括りがⒶからⒼで、ほぼこの順で描かれます。人物の頭のマークは（不遜ですが）人種を表しています。

　トップシーンは追突事故を起こされたⒶの二人。同僚で恋人同士のグラハム（ドン・チードル）とリア（ジェニファー・エスポジト）両刑事。●は黒人を表します。リアは白人の○ですが、実はメキシコ人であることが16で語られます。この追突事故を起こした中国人女性は終盤の47に登場します。

　リアが急停車したのは、ここが殺人事件の現場で封鎖されていたから。現場に足を踏み入れたグラハムが何かを発見して、ティロップが出て「昨日」に戻ります。

　Ⓑは銃砲店で護身用の銃を購入する雑貨商店主のファマド（ショーン・トープ）と娘のドリ（バハー・スーメク）。△は他人種の意味で、ファマド父娘はペルシャ人なのですが、911後で銃砲店主から「アラブ人」と露骨な嫌悪感を示される。ドリは医師です。

　Ⓒは黒人のチンピラ、アンソニー（クリス・ブリッジス）とピーター（ラレンツ・テイト）。白人からの視線を常に敵意ととらえ、強盗を繰り返している。

　たまたま被害者となるセレブ夫婦がⒹの地方検事のリック（ブレンダン・フレイザー）とジーン（サンドラ・ブロック）で、乗っていたクルマを奪われてしまいます。

　リックとジーンは自宅の鍵を取り替えるのですが、鍵屋として来ているのがⒼのダニエル（マイケル・ペニャ）。この▲はヒスパニック系という意味です。ダニエル家が出てくるのは10ですが、ペアとなる人物は5歳の娘ララです。

　何ごとにもイライラしている神経症の上に、黒人の強盗に会ったショックが重なったジーンは、ヒスパニックのダニエルや、夫の秘書のカレンが黒人であるのも構わずに、露骨に有色人種への嫌悪を吐きまくります。

　Ⓔはパトロール巡査のライアン（マット・

クラッシュ

2004年　アメリカ映画
脚本：ポール・ハギス
　　　ボビー・モレスコ
監督：ポール・ハギス
製作総指揮：
　　　アンドリュー・ライマー
　　　トム・ヌナン
　　　ジャン・コルベリン
　　　マリーナ・グラシック
製作：ポール・ハギス
　　　ドン・チードル
　　　ボビー・モレスコ
　　　ギャシー・シュルマン
　　　ボブ・ヤーリ

出演：サンドラ・ブロック
　　　ドン・チードル
　　　マット・ディロン
　　　ジェニファー・エスポジート
　　　ウィリアム・フィクトナー

ディロン）とハンセン（ライアン・フィリップ）。ライアンは父親を介護していて、カフェから病院に苦情の電話をかけるのですが、相手の担当者シャニクアはアフリカ系の黒人。ライアンは露骨な差別発言をぶつけます。このカフェで中国人の男とすれ違いますが、以後、この中国人はⒷのファマドたちと関わります。

ライアンは典型的な人種差別主義者で、リベラルな後輩のハンセンは批判的。

憤懣やるかたないライアンは、Ⓕのキャメロン（テレンス・ハワード）とクリスティン（サンディ・ニュートン）夫妻のクルマを停車させ、因縁をつけてクリスティンにセクハラまがいの取り調べを行います。

クリスティンは黒人なのですが、色が白めで白人にも見えます。キャメロンは有能なテレビディレクターで、二人は裕福な階級ですが、ライアンに侮辱されたことがきっかけで夫婦仲に亀裂が入ってしまいます。

ライアン巡査を演じたマット・ディロンはこの役で助演男優賞にノミネートされましたが、まさに表裏一体の白人警官を好演しました。

この映画で一番印象的で感動を呼ぶのは、このライアンとクリスティンがもう一度関わる33のシーン。それとⒷのファマドと、Ⓖのダニエルと娘ララが〝衝突〟する39のシーンでしょう。

ところで、物語は時として「奇跡」を描こうとすることで成立します。

現実では、あり得ないと思えるようなことが実際に起きて、それこそが「奇跡」と称されます。物語でそうした奇跡的な出来事を、同じように描いたとしても、まずデタラメなリアリティのない嘘、ホラ話とされてしまうでしょう。〝事実は小説よりも奇なり〟といわれるゆえんです。

けれども、そこに至るまでの過程をしっかりと描いて、リアリティを与えることで、「あるかもしれない」「すごい」と観客を感動させる「奇跡」が描けると、物語は最高の完成度に近づくのです。

そういう意味で『クラッシュ』で描かれるこの二つの奇跡と、いくつもの小さな奇跡や悲劇は、どれも胸に迫ります。

ライアンだけでなくもう一人のハンセンも、警官としての職務を、身体を張って果たすことで一人の男を救う。けれども小さな偶然から、まったく正反対の過ちを犯してしまいます。

ハンセンだけでなく、グラハムもファマドもアンソニーやジーンも、人との関わりやある偶然から、人生や感情を変えていきます。

まさに『アモーレス・ペレス』のイニャリトゥ監督がいう「まったく接点のなかった人たちが、本人の知らないうちに出会っていたり、その人生に決定的な影響を与え合ってしまう」という小さな奇跡を、『クラッシュ』は7組の人物+行き来する人物たちで描いた作品なのです。

ハギス監督は、脚本を書いた『ミリオンダラー・ベイビー』がそうであったように、過酷な現実や悲劇性を見せつける一方で、最後に希望を持たせる展開に持っていきます。

ハギス監督のコメントで締めます。

「僕は楽観的な皮肉屋なんだ。希望を抱くことができなければ、前に進むことができないよ。『クラッシュ』のエンディングの雪は、まさに希望の象徴なんだ、ロサンジェルスで雪なんてめったに降らない。雪が降れば、それだけミラクルなんだ、砂漠の街ロサンジェルスに雪が降るなら、どんな人間の心だって変わることができる、そんな思いをあの雪に託したんだよ」

「クラッシュ」構成表（シーンナンバー）

パーツ／分	Ⓐ●グラハムと○リア（刑事の同僚で恋人）	Ⓑ△ファマドとドリ（雑貨商の父と娘）	Ⓒ●アンソニーとピーター（街のチンピラ）	Ⓓ○リックとジーン（検事と妻）	Ⓔ○ライアンとハンセン（パトロール巡査）	Ⓕ●キャメロンとクリスティン（TV ディレクターと妻）	Ⓖ▲ダニエルとララ（鍵屋の父と娘）
	1　事故現場 中国人女						
		2　「昨日」 銃砲店の差別	3　ギャングに見えるか？　強盗	3’　Ⓒに襲われる			
	4　被害者は黒人刑事			5　鍵を替える 差別発言			5’　Ⓓ家で仕事
10							
					6　病院に苦情電話　中国人男 7　Ⓕを職質		
						7’　Ⓔからセクハラ　屈辱と亀裂	
		8　ドアが故障					
20							
						9　夫婦喧嘩	
							10　透明マント
			11　中国人男を轢く				
30					12　相棒を替えてくれ		
			13　病院に放置				
		14　ドアは直せない!					14’　Ⓑで仕事
			15　車を売りに				
40	16　愛し合う 母から電話				17　父の介護		
		18　朝　強盗に入られた	20　コソ泥だぞ 22　バスなんか乗るか	19　検事の仕事 21　メキシコ人のメイド	24　担当者と喧嘩	23　撮り直し	
		25　銃はどこに?					
50	26　弟は見つかった?					27　仲直りできない	
					28　コンビ解消		
	30　ベンツの札束	29　保険が下りない 32　ゴミの中に			33　事故　ライアンの職務 危機一髪!	31　失意 33’　クリスティンの危機	
60							
	34　汚職と取り引き			34’　片腕の根回し			
70		36　Ⓖ家を見つけた		35　記者会見			
			37　Ⓕを襲う 離れる二人		38　ハンセンの職務	37’　開き直り	
			38’　何があったんだ			38’　自分を貶めている	39　発砲! すごいマント
80	40　眠る母		42　ヒッチハイク	41　階段から転落	43　ライアンの心		
			44’　ハンセンの車に		44　ハンセンが拾った 発砲!		
90	45　冒頭・ 死体は…		46　バスに乗る 中国人の車 47　中国人とその妻 48　密入国者たち				
	49　母の拒絶　ドリ	50　天使が守った		51　メイドは親友	52　車を燃やす 53　父の介護	55　燃える車　雪 愛してる	54　感謝の心
100							
	56　弟の魔よけ		57　自由の国だ 58　エンディング				
110							

12 多視点・時間軸連環型

教材作品

『パルプ・フィクション』

（67回脚本賞）

リスペクトしながら新しい作品とする

前講申し上げた通り、今講教材として取り上げるのはクエンティン・タランティーノ脚本・監督の『パルプ・フィクション』です。

その前講は、ロサンジェルスを舞台にほぼ丸一日の間、7組の人物たちの人生が交差する『クラッシュ』でした。さらに前々講は、3つの場所で展開する3組の人物たちの麻薬を巡るドラマが、ほとんど交差せずに平行して描かれる『トラフィック』でした。

で、『クラッシュ』は、今講の『パルプ・フィクション』や、メキシコ映画の『アモーレス・ペレス』に強い影響を受けていると述べました。

また、第9講で教材としたほぼ一視点的ながら、時間軸を連環させていた『エターナル・サンシャイン』も『パルプ・フィクション』と共通する構成をとっています。

製作年代順に並べてみると、『パルプ・フィクション』（1994）、『アモーレス・ペレス』（1999）、『トラフィック』（2000）、『エターナル・サンシャイン』（2004）、そして『クラッシュ』（2005）という順になります。

『トラフィック』が前年の『アモーレス・ペレス』の影響を受けているとはまず思えませんが、三者三様の物語が進行するという構造は、偶然にも一致しています。また『クラッシュ』が前年の『エターナル・サンシャイン』に影響を受けているとも言い難いのですが、冒頭のシークエンスが、後半に繋がる円環型という点では一致しています。

つまり、『アモーレス・ペレス』以降のこれらの作品に、一番大きな影響を与えたとみていい映画こそが『パルプ・フィクション』なのです。

『パルプ・フィクション』は、3つのほぼ独立した物語が進行していき、交差したりしなかったりで、『アモーレス・ペレス』や『トラフィック』の基本構造と同じです。また連環してトップシーンが後半と結びつくという点で『エターナル・サンシャイン』と『クラッシュ』に踏襲されています。それ以外でも、さまざま影響が見てとれます。

これらの作品を続けてご覧になると、作家たちが名作をリスペクトしつつ、触発され、新たな作品を生みだしていることが分かるはず。しかも、影響されながらも、それぞれまったく違う映画になっています。これこそが、優れた作家の創作法であり、新しい作品を生み出す秘訣でもあるのです。

時代の寵児となった〝映画オタク〟

さて、以後のクリエーターたちに種をまいたタランティーノですが、彼がこれらの手法を、まるっきり初めて発明発見したというわけではありません。回想形式ならば、それこそ黒澤明の『羅生門』であったり、オーソン・ウエルズの『市民ケーン』などで、すでに効果的に使われています。彼自身も過去の作品から多くを学びとっているのです。

それゆえにタランティーノは、いわば〝映画オタク〟の王様のように語られます。ビデオ店員のアルバイトをしながら、古今東西の映画（特に名作古典よりもB級テイストのアクションやホラー）を見まくったという経験から、そう称されるのでしょう。

『パルプ・フィクション』は、まさにタランティーノという稀で特異なクリエーターを象徴する記念碑的映画なのです。

むしろ『パルプ・フィクション』ではなく、監督第一作の『レザボア・ドックス』が原点という見方もあって、その意見に意義を唱えるつもりもありません。

簡単にクエンティン・タランティーノについて振り返っておくと、1963年生まれ。そもそもは俳優志望で、演技の勉強をしつつ、テレビシリーズや舞台の経験を5年ほど積んでいた。

それだけでは食えずにレンタルビデオ店で働きながら脚本を書くようになり、まず認められたのがトニー・スコットが監督した『トゥルー・ロマンス』。続いて『ナチュラル・キラー・ボーンズ』も買い上げられて、オリバー・ストーン監督で映画になりました。

90年に16ミリで自主映画として撮ろうとしていたのが『レザボア・ドックス』ですが、資金集めの流れから、サンダンス・インスティテュートに認められ、入学が許可されてここで映画製作の実際を学びます。

そして『レザボア・ドックス』は、35ミリの劇映画として彼自身の監督デビュー作となりました。低予算ながらこの映画のおもしろさ、新しさは今も色褪せていません。拙著『エンタテイメントの書き方1』で、「大胆な省略、飛躍、伏線と意外性」といったテクニックの例として取り上げていますので、合わせてお読みいただければ幸いです。

この初監督作で大いに注目され、3年後に撮ったのが『パルプ・フィクション』。カンヌ映画祭で、グランプリに当たるパルムドールを受賞して一気にメジャー監督に駆け上がりました。

アカデミー賞でも作品、監督、主演男優（ジョン・トラボルタ）、助演女優（ユマ・サーマン）など7部門にノミネートされ、脚本賞（タランティーノとロジャー・エイバリーの共著）を受賞しました。

以後、『ジャッキー・ブラウン』『キル・ビル』1と2、『デス・プルーフin　グラインド・ハウス』『イングロリアス・バスターズ』などを監督。また、脚本を提供したり、製作者として新人監督をバックアップするなど、B

級テイスト娯楽ジャンルのリーダーとして、世界に認められるようになっています。

映画文法を逸脱した新手法

『パルプ・フィクション』とは、30〜40年代にアメリカで流行していた大衆犯罪小説誌を指しています。

こうした雑誌には、ひとつの話の主人公が、別の小説では脇役として登場したりしていたとか。これにヒントを得て、タランティーノは映画でそれをやってみようと思いついた。三つのメインになる物語を作って、時間の流れや人間関係をバラバラにし、再構築して展開する。それが最終的に連環して、ひとつの世界が構築される。

こう書くとなるほどですが、それまでの映画や物語の文法を逸脱しているわけで、まったく新しい試みと言っていいでしょう。

述べたように時間軸を移動させるという試みならば、さほど新しくありません。実際、タランティーノも『レザボア・ドックス』で、男たちがどこか行き、いきなり負傷した二人がアジトに戻ってきて、といった手法をとっていました。

余談ですが、タランティーノがもうひとつ定石を大きく壊したのは、セリフの技法でしょうか。

シナリオの基本では、フライタークが唱えた「セリフの機能と条件」というのがあって、「事実を知らせる」「人物の心理、感情を表す」「ストーリーを進展させる」であったり、「物語の進展方向に進むべき」「簡単明瞭であるべき」といったセリフの作法、心得が暗黙のうちに守られていました。

というのは我々の日常会話は、無駄話だったり内容が脱線したりします。物語上では、人間が喋るようなセリフにするのは当然としても、日常会話そのままのように書いていたら、枚数がいくらあっても足りませんし、観客を混乱させてしまいます。

ところが、タランティーノの『レザボア・ドックス』の冒頭のカフェでの会話がそうであったように、物語の本筋とは関係ない無駄話が交わされたりします。

『パルプ・フィクション』も冒頭で、ビンセント(ジョン・トラボルタ)とジュールス(サミュエル・L・ジャクソン)の二人が、アムステルダムのハンバーガーについて語っていたりします。

こうしたやりとりはしかし、彼ら登場人物のキャラクター表現であり、それこそフィクションを成立させるためのリアリティだったりします。一見無駄話のようなセリフは、タランティーノ独特の話法（いわば饒舌体）として定着しています。その分、映画の尺が長くなってたりするのですが、このセリフが彼の味わいとなっているのです。

もちろんこれはひとつの個性ですが、それが成立するのは自身で監督をするから。通常はなかなか認められません。

『パルプ・フィクション』の構成に戻すと、展開する三つの話というのは、

(1)ギャングの下っ端ビンセントが、ボスのマーセルス(ビング・ライムス)に妻ミア(ユマ・サーマン）のお供を命じられたことから、麻薬を巡るトラブルに見舞われる話。

(2)盛りを過ぎたボクサーのブッチ（ブルース・ウィリス）は、マーセルスから八百長試合をもちかけられるが、恋人のファビアン(マリア・デ・メディロス）との新生活のために裏切って逃げようとする話。

(3)ビンセントと相棒のジュールスは、ボスの命令で騙しとられたスーツケースを取り

戻しに行くが、銃の暴発で仲間を死なせてしまい、死体処理に右往左往する話。

この三つにさらにレストランで強盗をするカップル、パンプキン（ティム・ロス）とハニー・バニー（アマンダ・プラマー）のエピソードがプロローグとエピローグに、またそれぞれの物語に個性的な脇役がからんで、群像劇としても興味深い造りになっています。

5つの大バコと12のシークエンス

こうした人物たちの物語がバラバラに絡み合って進行していくわけですが、さらに特異なのは、これらのエピソードが時間軸を行き来する点でしょう。

観客は画面で進行している物語を追いかけますが、通常回想シーンを挿入する場合などは、ここから過去の時間の逸話ですよ、と分かるように作ることが求められます。ところが本作は、今進行している場面がいつかは示されておらず、見ているうちに次第に分かってくる描かれ方をしています。

こうした手法ゆえに、『パルプ・フィクション』は章立てになっています。75Pの構成表はその流れを簡単に書いたものです。

【プロローグ】と【エピローグ】はタイトルで出ませんが、[起]と[結]が同じ場所になっている「サンドイッチ型」で、間に1章として【ビンセント・ベガとマーセル・ウォレスの妻】、2章【金時計】、3章【ボニーの一件】という3つの物語が展開します。つまり、大きく5つのブロック（大バコ）でできていますが、その中でもシークエンス（中バコ）が分かれています。

全部で12のシークエンスに分けられると思うのですが、これは私の解釈であることをお断りしておきます。

右側の数字とタイトルも便宜上つけたものですが、本来の時間の流れを示しています。つまり【プロローグ】のコーヒーショップの強盗カップルは、時系列としては4番目に起こるという意味です。

本来の一番最初の出来事は、次の「早朝の仕事」でジュールスとビンセントが若者3人のアパートに行くところです。

この後で3章の【ボニーの一件】になり、マグナムの銃弾が当たらないという奇跡と、その後の銃の暴発で密告屋の仲間を殺してしまい、二人が死体処理をする羽目になります。ここで登場するのが、友人のジミー（タランティーノ自身）と、掃除屋ウルフ（ハーベイ・カイテル）。

血まみれのスーツを捨てTシャツに替えたジュールスとビンセントが、コーヒー

パルプ・フィクション
¥1,500（税込）
ワーナー・ホーム・ビデオ

脚本：クエンティン・タランティーノ
　　　ロジャー・エイヴァリー
監督：クエンティン・タランティーノ
製作総指揮：
　　　ダニー・デヴィート
　　　マイケル・シャンバーグ
　　　ステイシー・シェーア
製作：ローレンス・ベンダー

出演：ブルース・ウィリス
　　　ジョン・トラボルタ
　　　サミュエル・L・ジャクソン
　　　ユマ・サーマン
　　　ハーベイ・カイテル
　　　ティム・ロス
　　　アマンダ・プラマー
　　　マリア・デ・メディロス

ショップに朝食をとりに行くと、強盗カップルに遭遇する【プロローグ】、さらに【エピローグ】になります。

本来の時間軸は、このラストシーンでカップルを諭した後、コーヒーショップを出た二人が、1章のボスのアジトであるナイトクラブに戻って、ボクサーのブッチと会う⑥「八百長指令」になり、それからビンセントとミアの⑦「デートでツイスト」と⑧「危機一髪」になります。

『パルプ・フィクション』写真協力　公益財団法人川喜多記念映画文化財団

そして、ブッチの物語に移行して、彼の⑨「少年時代のトラウマ」の夢を経て、（時計を届けにきた大尉はクリストファー・ウォーケン）で、2章の【金時計】となって、ここからブッチの逃亡のための闘いとトラブル、ビンセントの死（中盤で主演が死んでしまう！）、彼とボスのマーセルスの受難となります。

本来の物語としての一番最後は⑫「殺人質屋と出発」事件を経て、ブッチが恋人と旅に出るところです。こうした人物たちによるほぼ2日間の物語。

つまり最後のエピソードである2章のブッチの逸話が、真ん中に置かれている。なんと変則的な構成でしょうか。

そうした特殊な構成をとりながらも、観客はそれぞれの物語を、けっして退屈せず楽しめるようになっています。

実は3人の男の人生を描いている

通常の物語の構造は、ストーリーを運ぶ主人公がいて、彼ないし彼女にからむ副主人公や敵役、脇役がいて、ある目的に向かって進む姿を追います。観客は導入部で主人公に感情移入したら、物語の最終ポイントに向かう姿、感情の変化を追体験するわけです。

例えば第2講で取り上げた『JUNO／ジュノ』ならば、高校生でありながら妊娠してしまった主人公のジュノが、無事に赤ちゃんを産んで、一番大切なものを見つける姿を描く。ジュノの妊娠が発覚するところから物語が始まって、そこから噴出する問題に立ち向かう中盤を経て、出産というクライマックスと解決を示して物語が終わる。

群像劇であっても、第1講の『リトル・ミス・サンシャイン』のように、6人の家族が一緒にオンボロバスに乗って旅をするため、観客を混乱させません。

「パルプ・フィクション」構成表（ハコと本来の時系列）

分	章立てシークエンス	時系列とポイント
	・パルプの定義 ◎コーヒーショップ（朝） ・パンプキンとハニー・バニー （メインタイトル）	【プロローグ】 ④「強盗カップル」 愛してる、強盗だ
10 20	◎クルマ～アパート ・ジュールスとビンセント（スーツ姿） アムステルダムのハンバーガー ミアのお守りを頼まれた ３人の若者（白人２人と黒人） アタッシュケースを回収 ジュールス、一人を射殺 聖書の一節を唱える 銃をぶっぱなす	①「早朝の仕事」 ケースの回収 ボスの女は怖い 二人の仕事
	【ビンセント・ベガとマーセルスの妻】 ◎ナイトクラブ（マーセルスのアジト） ・ブッチ、八百長を承諾 ５ラウンドでダウンする	⑥「八百長指令」 ビンセントとブッチ遭遇
30 40	◎ランスの家 ・ピアスだらけのジョディと売人ランス ビンセント、麻薬を購入 ◎マーセルスの家 ・ビンセントとミア ◎クルマ～カーカフェ ・二人、クライスラーの席へ モンローやエルヴィスがいる セリフにあったジョーク ５ドルのシェイクの味 ・ミア、トイレで麻薬 ４階から落とされた？ ・ツイストコンテスト あのトロフィーがほしいの 二人の見事なダンス	⑦「デートでツイスト」 高質麻薬 楽しいデート 惹かれ合う二人
50 60	◎マーセルスの家 ・トロフィーを手に帰宅 ・ビンセント、トイレで自問 ・ミア、麻薬を発見、昏倒！ ◎クルマ～ランスの家 ・ビンセント、ミアを搬送 ・パニック アドレナリンだ！ ミアの心臓に注射！ ◎マーセルスの家 ・二人帰宅 お互いに秘密に	⑧「危機一髪」 好きになってはいけない 死ぬな、ミア！ すごいトリップだった トマトのジョーク
	◎ブッチの少年時代（夢） ・父の親友クーンズ大尉 尻に隠された大事な時計	⑨「少年時代のトラウマ」 遺品の金時計
70 80	【金時計】 ◎ロッカー室～クラブ～タクシー ・ブッチ、相手を死なせて逃亡 ・マーセルス、地の果てまで追え ・女ドライバー、エスメラルダ ◎電話ボックス～モーテル ・恋人フィビアンとの夜	⑩「裏切りと災難」 一世一代の勝負 ビンセント、ミア再会 殺した気分は？ 見つかったら殺される
	◎モーテル（朝） ・11時の列車に乗る ブルーベリーパイを食べたい 俺の時計はどこだ？	新しい人生を
90	◎クルマ～ブッチの家～道路 ・ブッチ、時計を取りに戻る 誰もいない？ トーストとマシンガン トイレから出たビンセントを射殺 ・クルマで逃走、マーセルスと遭遇！	⑪「運はどっちに？」 ビンセントの死
100	◎道路～質屋 ・負傷した二人の追いかけっこ ・怪しい店主に拘束される 店主と警官とマスク男 どっちを先に？ ・ブッチ、縄をほどいて反撃 マーセルスの怒り ◎オートバイ～モーテル ・ブッチ、ファビアンと出発	⑫「殺人質屋と出発」 一転、大ピンチ マーセルスの受難 形勢逆転 チャラだ、消えろ パンケーキは食べたか？
110	【ボニーの一件】 ◎アパート ・もう一人がマグナムを乱射 ジュールスとビンセント無傷 ◎クルマ ・二人と密告屋を乗せて 銃が暴発、血まみれに	②「二つのハプニング」 奇跡が起きた！ 神の力、足を洗うぜ 事故が起きた！
120 130	◎ジミーの家 ・二人、死体を運び込む 女房（ボニー）が帰る前に マーセルスに助けを求める ・ウルフ（掃除屋）登場 プロフェッショナルな仕事 血だらけの服からＴシャツに ◎モンスタージョーの店 ・タクシーで朝めしを食いに	③「死体処理」 何とかしてくれ！ ウルフに頼もう さあ、片づけだ 未来が見える
140 150	◎コーヒーショップ ・Ｔシャツの二人 神について意見の相違 ・ビンセント、トイレに ・パンプキンとハニー・バニー ・ジュールスが形勢逆転 ビンセント乱入 二人を逃がす	【エピローグ】 ⑤「奇跡はあるか？」 強盗だ！ 聖書を読むか？ 俺たちも引き上げだ
	エンドクレジット	

また、前講オムニバス映画について述べましたが、『パルプ・フィクション』もそうした構成で描く方法もあったかもしれません。プロローグとエピローグだけ、強盗カップルとして、間は1章でビンセント、2章でブッチ、3章でジュールスというように。

ですが分かりやすくなるかもしれませんが、やはりありきたりです。パズル的なおもしろさだけでなく、犯罪に関わりながらも、それぞれの生き方をする人間たちが重層的にからむ、もうひとつのテーマが弱くなったのではないか。

ともかく、三つの話をひとつの中で絡ませるという構造によって、この映画は特に3人の人物像とそのドラマが、ほぼ同じ重さで観客の心に刻まれるようになっているのです。

その3人とは、ミアとデートをして、ツイストを踊り彼女の死を救いながらも、自身は撃ち殺されるビンセント。新しい人生を若い恋人と始めるために、幸運をもたらす金時計を取りにいくボクサーのブッチ。そして、聖書の一節を唱えながら平気で人を殺していたが、ある奇跡から生き方を変えようとするジュールス。

彼らと関わるミアや、強盗カップル、ボスのマーセルス、ヤクの売人夫婦、大尉、ブッチの恋人フィビアン、ジュールスの友人ジミー、掃除人ウルフ、タクシードライバーのエスメラルダといった脇の人物たちも、それぞれ個性を発揮しますが、中心にいて物語を動かしながら、変わっていくのはこの3人の男です。

三文小説にある真実

この3人の男の、人生なり時間が微妙に関わり合うことで、そこに「奇跡」が生まれる。そうした定義づけはかなり大げさに見えますし、タランティーノの性格からして、この映画に大層なテーマを据えることには賛同しない気もします。

けれども、前講の『クラッシュ』が二つの大きな奇跡と、いくつもの小さな奇跡を描くための7組の人物たちだったように、この『パルプ・フィクション』もそうした、人生を変える（一人は死んでしまいますが）出来事を描いていて、これを描くためにこうした構成をとったとも思えるのです。

ともあれ『パルプ・フィクション』は、クエンティン・タランティーノという世界中のB級映画を愛するオタクが創った映画です。その後も彼が手がけた多くの作品は、血塗られた暴力や殺人を好んで題材、ジャンルとしています。

その中でこの映画は、単にアクションや暴力のインパクトだけではないおもしろさ、味わいに満ちているのは、実は人物を徹底的に掘り下げて描いているからではないか。

『パルプ・フィクション』というと、時間軸や視点を複雑に交錯させた造りに注目され、その構造を語られることが多いのですが、実は個性的な男たちの物語であるゆえに観客の心に響いたのです。

ギャング映画ともいえる『パルプ・フィクション』が、格調高い芸術作品が評価されやすいメジャーなカンヌやアカデミーで賞を獲得したのは、それまでの娯楽作品とは違う新しさなり、ドラマとしての凄みがあったからでしょう。

この映画の3人の男の物語が、深い印象を与えるのは、三文小説の中にこそ人間やその真実がある、ということかもしれません。

13 時間軸交差(クロスオーバー)型

教材作品

『イングリッシュ・ペイシェント』(69回作品賞・監督賞)

『スラムドッグ$ミリオネア』(81回脚色賞・作品賞・監督賞)

安易に使うべきではない手法

ここのところ、いくつかの物語、数名の人物たちのエピソードが複雑に交差したり、時間軸が、過去、現在と移動したりする作品を取り上げてきました。その手法の記念碑的な作品こそ、前講取り上げたクエンティン・タランティーノ脚本・監督の『パルプ・フィクション』でした。その後、こうした構成、手法で展開する作品が、当たり前のように創られるようになってきました。

こうした交差型や連環型に、観客もかなり慣れてきた感がありますが、安易に使うといかにも説明になったり、テンポを悪くする危険性をはらんでいます。特に、最近の邦画やテレビドラマに著しい時間軸のひんぱんな移動は、多くが単なる「回想シーンの多様」に過ぎず、ひどく退屈な説明過多作品に堕しています。こうした手法は実は難しく、徹底的かつ綿密なシナリオの計算によってのみ成功するのだ、ということを、創り手たちは肝に銘じるべきでしょう。

今講取り上げる2作は、人物の〝現在〟と〝過去〟が交差しながら展開していくのですが、綿密に練られたシナリオと、この意図をくみとった演出ゆえに、その手法がドラマ的効果を高めています。アカデミー受賞はけっしてフロックではありません。

1作目は『パルプ・フィクション』の2年後に、作品賞、監督賞(アンソニー・ミンゲラ)、助演女優賞(ジュリエット・ピノシュ)など9部門を受賞した『イングリッシュ・ペイシェント』で、2作目はまだ記憶に新しい2008年に作品賞、監督賞(ダニー・ボイル)、脚色賞(サイモン・ビューフォイ)など8部門を受賞した『スラムドッグ$ミリオネア』です。この2作には、これから述べる作劇上の手法が似ているということだけではなく、いくつもの共通点があります。

ひとつはアカデミー賞をとりながらも、ハリウッド系メジャー映画ではなく、インディペンデント系として製作されたということ。『イングリッシュ・ペイシェント』は、監督のミンゲラ以下、主な出演者も、謎の諜報員を演じたアメリカ出身のウィレム・デフォーと、フランス人のピノシュを除いて、イギリス出身者で占められています。物語の舞台もアメリカはまったく出てこずに、イタリアとアフリカです。

『スラムドッグ$ミリオネア』も、ボイル監督以下、スタッフはほぼイギリス人で、出演者は全員が無名のインド人俳優たち。それは全編がインドの都市内外で展開する物語だからですが、ともかくオーソドックスなアメリカ映画ではない作品が、共に9部門、8部門と、その年の最多受賞をモノにしたという点でも特筆されるわけです。

大作色を持つインディペンデント映画

まず『イングリッシュ・ペイシェント』ですが、スリランカ出身でイギリスを経てカナダで小説家となったマイケル・オンダーチェが92年に発表、イギリスの権威あるブッカー賞に輝いた『イギリス人の患者』を原作としています。

脚色は劇作家でもあったミンゲラ監督自身が手がけています。脚色賞にノミネートされましたが、受賞には至らず（受賞はビリー・ボブ・ソーントン脚色・監督の『スリング・ブレイド』）。製作総指揮は以前とりあげた『カッコーの巣の上で』や、同じくミロス・フォアマン監督と組んだ『アマデウス』で、作品賞をとっていたソウル・ゼインツ。

砂漠の美しさを見事にキャメラで捉えて、撮影賞をとった撮影監督は、オーストラリア出身で、『刑事ジョン・ブック／目撃者』（第20講）などピーター・ウィアー監督の主な作品、また『レインマン』（第5講）も手がけているジョン・シール。繊細かつ叙情的な音楽で音楽賞をとったのは、ベイルート出身で、『ベティ・ブルー／愛と激情の日々』や『愛人／ラ・マン』などフランス映画で知られたガブリエル・ヤール。まさに錚々たる映画人たちが、この作品に集結しています。

ちなみに、主演男優のレイフ・ファインズも（受賞は『シャイン』のジェフリー・ラッシュ）、主演女優のクリスティン・スコット＝トーマス（受賞は『ファーゴ』のフランシス・マクドーマンド）もノミネートされました。

映画の内容も第二次大戦の開戦前と終戦期を背景としていますし、述べたようにアフリカとヨーロッパをまたぐ壮大なスケール感に満ちていて、ハリウッド大作といった色合いを備えています。

しかし、ゼインツのような実績のある製作者が指揮をとりながらも、この作品はメジャー系の会社から製作中止を言い渡された

イングリッシュ・ペイシェント
DVD発売中
¥1,500（税込）
ワーナー・ホーム・ビデオ

脚本：アンソニー・ミンゲラ
原作：マイケル・オンダーチェ
監督：アンソニー・ミンゲラ
製作総指揮：ソウル・ゼインツ

出演：レイフ・ファインズ
ジュリエット・ビノシュ
クリスティン・スコット・トーマス
ウィレム・デフォー
コリン・ファース

そうです。その理由は、売れっ子女優を起用しなかったから。クリスティン・スコット＝トーマスも、フランスで人気を博していたジュリエット・ピノシュも、客を呼べないと判断されたわけです。その後、この手の映画製作に積極的なミラマックスが名乗りを上げて、ようやく撮影に入ることができたとか。製作者側の情熱とインディ系が、勝負をかけて見事に華を咲かせた映画なわけです。

もうひとつ余談ですが、アンソニー・ミンゲラは2008年に、54歳という若さで病死しています。最後の脚本が10年に日本公開されたロブ・マーシャル監督のミュージカルの『NINE』で、この映画は彼に捧げられていました。

戦争を挟んで描かれる〝現在〟と〝過去〟

さて、内容と物語の手法について述べていきます。

トップシーンは、筆によって描かれる線（絵）からで、そのまま砂漠の上を飛ぶ複葉機にオーバーラップします。前の座席には女がいて、眠っているように見えます。男が操縦する複葉機は、地上から銃撃されて墜落炎上。場面は一転して、負傷兵を乗せた列車内で、かいがいしく働く従軍看護師のハナ（ピノシュ）の姿。ここから、ひどい火傷を負いながら運ばれる操縦士の男（ファインズ）と、戦場で恋人の死を知った失意のハナの〝現在〟が、カットバックで綴られます。ここまでがプロローグとしての［起の1］です。

「1944年10月」というタイトルで、イタリアの野戦病院に、自分の名前さえ覚えていないという重傷者の男が送られてきて、ハナが看護を担当します。ハナは移動の途中で親友を地雷でなくし、爆発物処理班のインド人キップ少尉（ナヴィーン・アンドリュース）と出会います。恋人だけでなく親友までも失った傷心のハナは、トラックでの移動に苦しむ男を、廃墟と化した修道院に降ろし、ここで彼を看取ることにします。

男はヘロドトスの本だけを持っていて、そこには写真や文字の書かれた包装紙などが挟んであります。

ここまでが［起の2］。この〝現在〟のパーツが固定するまでがおおよそ20分。この映画は約160分ですから、全体の8分の1で人物と状況設定を紹介しているわけです。

この現在から、男の回想が挟まれていきます。男の名はアルマシー伯爵。ハンガリー人の貴族で、アフリカを旅する冒険家。開戦前にイギリスの地理学協会の探検隊の一員として、砂漠の地図作りに参加していました。

そこで出会ったのが、英国諜報部の仕事をしていたジェフリー（コリン・ファース）の妻キャサリン（トーマス）です。

ここからイタリア片田舎の僧院での〝現在〟と、アルマシーの回想によって語られる〝過去〟の物語が、交互に描かれていきます。こうした〝現在〟と〝過去〟のエピソードがほぼ均等に、同じボリュームで展開していく手法を、私は「クロスオーバー型」と名付けています。このシーン展開をいつものようにハコに起こそうかと思いましたが、『スラムドッグ$ミリオネア』も同様に、あまりにひんぱんに行き来するので断念しました。フラッシュで過去の記憶が挿入されたり、カットバックで現在と過去が交差したりします。

〝過去〟の部分で描かれるのは、次第に戦争に向けてきな臭くなる北アフリカで、アルマシーと人妻キャサリンが、道ならぬ恋に落ちていく過程です。地図作りの途中彼らは、砂漠奥地の岩山の洞窟で壁画を発見。冒頭の筆で描かれていたのは、ここにあった「泳ぐ人」の模写であったことも分かります。

〝現在〟では、アルマシーとハナだけの生活に、謎のカナダ人カラヴァッジョ（デュフォー）が加わりますし、キップ少尉とその部下も庭のテントで過ごし始めます。

カラヴァッジョは記憶喪失というアルマシーを、あることを確認し復讐をするために追ってきていました。アルマシーは開戦前後に何をしたのか？ 冒頭の複葉機に乗っていたキャサリンと何があったのか？

ハナはアルマシーを看護しながら、次第に彼の物語を知っていきます。親しい人を死なせてしまう呪いの女だと、心を閉ざしていたハナは、キップ少尉の人柄に触れ、次第に惹かれていきます。

こうして〝過去〟での、アルマシーとキャサリンの運命的な愛にからめて、キャサリンの夫ジェフリーの嫉妬、次第に戦争に突入し翻弄される彼らの物語。さらに〝現在〟での、ハナとキップの恋や、カラヴァッジョの変化、戦争の悲劇や集結に至る物語。

二組の男女だけでなく、脇であってもそれぞれの人物の物語が、行き来する過程で過不足なく描かれていきます。

そうした構成の妙だけでなく、ラブシーンとしての場面の作り、さらには磨かれたセリフをじっくりと読みとって下さい。アルマシーたちが親しくなるきっかけの砂嵐、初めて結ばれるホテルの場面。ハナの心を開くキップの演出と求愛の方法など。

セリフも「ハートは炎と燃える器官だから」。「君の幸せな時は？」「今よ」「不幸な時は？」「それも今」。「あなたは私を風の宮殿に抱いていく」などなど。

猥雑さと勢いが魅力となるボイル作品

さて、もう一本の『スラムドッグ$ミリオネア』です。

原作はインド生まれのヴァカス・スワラップの『ぼくと1ルピーの神様』。スワラップはインド外務省所属の外交官で、トルコやアメリカ、イギリスに赴任し、この処女小説を書いたとのこと。

これを脚色してオスカーに輝いたのは『フル・モンティ』でノミネート、さらに『マイ・スウィート・シェフィールド』といった優れたイギリス映画の脚本を書いたサイモン・ビューフォイ。彼は本作の脚色に挑むにあたりこう述べています。「原作は、まるで短編小説が12個あるような感じ。中には、他とあまりつながらないようなストーリーや、主人公にはあまり関係のないエピソードが交じっていたりする。小説を脚色するのは、受け取ったスーツケースの中身を整理するようなもの。それは僕のスーツケースではなく誰かのものだが、なんとかして、自分のものになるようにしなければならない」

一番大きな脚色ポイントは、主人公ジャマール（青年期デーヴ・パテル）の兄としてサリーム（青年期マドゥル・ミッタル）を造型配置したことでしょう。原作では、ジャマールはまったくの孤児とされています。映画をご覧になると分かりますが、ジャマールの成長や愛を貫く姿と、兄弟愛が大きな軸となっています。サリームを加えることで、人間ドラマとしての陰影を増しているのです。

このビューフォイの脚本を元に、エネルギッシュ、パワフルな映像を作ったのがダニー・ボイル監督。テレビでの演出家を経て、92年の『シャロウ・グレイブ』で映画監督としてデビュー。なんといっても96年の『トレインスポッティング』でしょう。ロンドンの薬物中毒の若者たちの姿を、斬新かつリアルに活写して世界に衝撃を与えました。

その後の『普通じゃない』も、一風変わった犯罪青春映画で、ボイルタッチ健在を示しましたが、以後のメジャー系作品は低迷していた感があります。

『トレインスポッティング』がそうであったように、ボイル監督が本領を発揮するのは、さまざまな条件が課せられるメジャー製作ではなく、猥雑で混沌とした現場をキャメラを担いで、ひたすら走り回って撮るスタイルだということがよく分かります。まさに本作は水を得た魚だったのでしょう。

この映画もそもそもはインディペンデント系として製作がスタートし、公開される予定だった。その配給会社が閉鎖され、劇場公開の道が閉ざされかけた時に、この連載でも取り上げた『リトル・ミス・サンシャイン』や『JUNO／ジュノ』を配給したフォックスサーチライトが名乗りをあげたとか。

インド人しか出ない、インドが舞台のなじみの薄いこの作品は、トロント国際映画祭で上映されるや評判となり、10館から公開がスタート、やがて全米600館に拡大、ゴールデン・グローブ賞、そしてアカデミーの最多8部門に輝きました。ちなみにこの年の外国語映画賞こそが『おくりびと』です。

撮影賞は『ジュリアン』や『ラストキング・オブ・スコットランド』のアンソニー・ドッド・マントル。音楽賞は『ムトゥ　踊るマハラジャ』や『ボンベイ』など、数多くのインド映画を手がけているA・R・ラフマーン。

スラムドッグ$ミリオネア
DVD&ブルーレイ発売中
ブルーレイ　¥4,935（税込）
DVD　¥3,990（税込）
メディアファクトリー

脚本：サイモン・ビューフォイ
原作：ヴォカス・アワラップ
監督：ダニー・ボイル
製作総指揮：ポール・スミス
テッサ・ロス

出演：デーヴ・パテル
マドゥル・ミッタル
フリーダ・ピント
アニル・カプール
イルファン・カーン

で、ボイル監督はビューフォイと共に、ムンバイを何度も訪れて脚本づくりをし、気心の知れた小チームで現地に乗り込んでいき、撮影を進めたとか。

ムンバイの世界最大というスラム街、インドという、さまざまな宗教や人種がまさにるつぼとなって渦巻いているエネルギーこそ、この映画の最大の魅力かもしれません。

ジャンルは違うが テーマは同じ

この物語も〝現在〟と〝過去〟が、まさにめまぐるしく交差し展開する「クロスオーバー型」といえます。

トップシーンは、取り調べ室で太った警察官に拷問されているジャマール。彼は日本でもおなじみのテレビ番組「クイズ$ミリオネア」で正解を続けて、あと一問で2000万ルピーを手にするところまできていました。

それまで勝ち残った出場者は、番組のホストをしているプレーム（アニル・カプール）しかいません。

19歳のジャマールは、満足に学校も行っていなかったスラム育ちで、携帯電話会社のお茶くみ係。そんな青年が勝ち残れるはずはない、インチキをしていると決めつけたブレームが警察に逮捕させたのです。

この冒頭で、「Aインチキした　Bツイていた　C天才だった　D運命だった」という4つの選択肢が示されます。このクイズが4択から正解を答えるという形式だから。

こうして主人公ジャマールが、番組で出されるクイズに正解を出していく姿と、取り調べをする警部（イルファーン・カーン）に、どうして正解できたのかを語っていく〝現在〟。これに自身の生い立ちが、回想として描かれる〝過去〟が、交互に描かれていきます。

この［起］での、物語の設定を分からせた後、ジャマールと兄のサリームの少年時代へ一気になだれ込みます。

警官に追われて、兄弟たちがスラム街を逃げ回る導入部。さらに便所から抜け出し、スターのサインをもらうジャマールのエピソードは、猥雑さと混沌の極地であるムンバイの街、そこでたくましく生き抜く主人公と、兄サリームの強烈なキャラクター紹介です。

この場面とカットバック的に、警察での取り調べと、クイズ番組でのブレームとの丁々発止のやりとりが描かれます。ジャマールが生きていく過程で知り得た知識が、クイズの問題として次々と出されていく。

民族衝突事件に母が巻き込まれて死に、その騒ぎの中でジャマールは、ラティカ（青年時フリーダ・ピント）という少女と、運命的な出会いをします。

美しく成長したラティカが、ホームに佇む姿がフラッシュ的にインサートされ、ジャマールは彼女のためにムンバイの街を疾走し、生きようとし、クイズにも挑戦したことが分かってきます。

〝現在〟のクイズ番組と取り調べ室を起点として、〝過去〟のジャマールとサリーム、そしてラティカ三人の幼年期から少年時代を経て、青年時代に至るまでの物語が交差する。

クイズ番組にブレームとの駆け引きを経ながら勝ち進んでいくというスリルや、どうしてジャマールは答えられるのか、といった興味も〝現在〟の物語としてのおもしろさです。

けれども、メインとして描かれ、観客の心を引っ張るのは、少年ジャマールのたくましく生き抜いていく姿、兄との愛憎や葛藤、ラティカとの愛を貫こうとする〝過去〟から〝現在〟を通す物語でしょう。

ジャマールがクイズの答えに出会う過程であったり、兄の関わり方、さらには最後に至る展開など、都合よく運び過ぎるという否定的な見方もあったようです。けれども、主人公ジャマールの前向きな姿であったり、ムンバイの街そのもののようなエネルギッシュな場面転換が、そうした欠点を補って余りあると思います。売れる要素の少ないインディペンデント映画が、多くの人々の心をとらえ、喝采を浴び、最高の賞まで獲得したことがそれを証明しているでしょう。

『イングリッシュ・ペイシェント』と『スラムドッグ$ミリオネア』は、前述したような製作過程の共通点はあるものの、まったくカラーもジャンルも違う映画です。けれども〝現在〟と〝過去〟が、頻繁にクロスしていくという作劇上の手法は同じです。

こうした手法は、下手をすると観客を混乱させます。けれどもこの両作とも、今どの時間軸なのかが、すぐに分かるように描かれています。

さらにもうひとつ共通点があるとすると、物語を貫くテーマとして「運命的な愛」が据えられていること。これが揺るがないために、〝現在〟と〝過去〟が複雑に交錯しながらも、人間ドラマとして感動的なのです。

14 ジャンル別①大河ドラマ〜伝記風フィクション

教材作品

『風と共に去りぬ』

（12回脚色賞・作品賞・監督賞）

映画史上に燦然と輝く超大作

今講からジャンルごとに代表的なアカデミーの受賞作を取り上げて分析し、その構造やジャンル特有のポイントなどを考察していきたいと思います。

その最初に取り上げるのは「大河ドラマ〜伝記風フィクション」で、これ以外ない名作『風と共に去りぬ』です。製作年は1939年ですので、すでに70年以上も前の作品ですから古典と呼べるでしょうが、あまり古いという感じがしません。やはり映画史上に燦然と輝く名作として、人々の記憶に刻まれているからでしょうか。

実際にたびたびリバイバル上映されてきましたし、舞台でも上演されたり、原作小説が愛読され続けており、それだけ親しまれている名作ということもあるのでしょう。ビデオがまだ完全に普及していない前世紀の後半くらいまでは、「世界中で『風と共に去りぬ』が上映されない日はない」と称された映画です。

今ではDVDで楽しめるのですが、さすがに230分強という長尺ですし、腰を据えて鑑賞しなくてはいけません。もしかしたら、まだ未見という人がいるかもしれませんが、物語の創作者たらんと思う人、脚本家志望者、映画やドラマの作りを志す人ならば、〝見ておくべき映画〟〝見ているのが当たり前〟の名作であることは間違いありません。

ところでアカデミー賞は、映画界の最高峰の賞とされていますが、人が選ぶものですし、時代の影響が反映されたり、偏った評価がされることもあります。

またジャンルでいうと、『風と共に去りぬ』に代表されるような、大作、話題作が下馬評通りに主要部門を独占してしまう、といった年もあります。こうした製作費をかけた大作、特に歴史スペクタクルのような作品が評価され、大動員を果たすといった傾向は、ハリウッド映画全盛時に多く見られました。

今回は「大河ドラマ」的な映画の代表と

して本作を取り上げましたが、同系列作品といえるのは、59年作品賞以下11部門を独占した『ベン・ハー』、62年7部門の『アラビアのロレンス』、87年の9部門の『ラスト・エンペラー』、95年5部門の『ブレイブハート』、2000年5部門の『グラディエーター』などでしょうか。

　こうした大河ドラマ、歴史スペクタクルとはやや違いますが、97年に11部門を独占した『タイタニック』も大作で、スペクタクルを売りにしているという点では同系列と見ることができます。

　この他にもスペクタクルを売りにしつつ、歴史上の実在の人物を描いた「伝記物」というジャンルの作品群もあります。上記の『アラビアのロレンス』や『ラスト・エンペラー』はその代表です。『ブレイブハート』の主人公ウィリアム・ウォレルは実在とされていますが、伝説として語り継がれた人物ですので、伝記物とは言えないかもしれません。

　この伝記物では、82年の『ガンジー』（8部門受賞）といった作品もあります。アカデミー賞では、ある人物の激動の人生を描いた伝記物も、高い評価を得やすいジャンルといえます。このジャンルに関しては次講で取り上げます。

伝記風フィクションとは

　さて『風と共に去りぬ』ですが、人物の激動の人生を描くという点では、上記のような伝記物と同じ構造です。ただし大きな違いは、描かれる人物が実在ではなく架空である点です。『ベン・ハー』や『グラディエーター』も、共に古代ローマ帝国時代を舞台にしていますが、元豪族、元将軍だったという人物として設定されています。『風と共に去りぬ』はアメリカの南北戦争に翻弄される南部の農園の娘の生涯ですが、やはりフィクションとして造形された人物です。

　人物伝記物といった場合は、作者がフィクションの要素を多少なりとも加えるのですが、それでも当然ながら、実在の人物の事実を踏まえた上で物語を構築することが求められるわけです。

　これに対して「伝記風フィクション」の場合は、歴史的な事件や事実を背景にしつつ、造形した人物が巻き込まれ、活躍する物語として描きます。

　歴史に名を残すほどの人物の伝記物の場合は、描かれる人物自身（有名か無名かでもアプローチが違ってきますが）が、おおむねドラマチックであったり、魅力的であったりします。フィクションの人物を描こうとする場合は、まさにその時代に生きていただろうというリアリティを与えた上で、その人物をいかに魅力的に造形し、描くかが大きなポイ

風と共に去りぬ
DVD発売中
¥1,429（税抜）
ワーナー・ホーム・ビデオ

脚本：シドニー・ハワード
原作：マーガレット・ミッチェル
監督：ヴィクター・フレミング
プロデューサー：
　デイヴィッド・オ・セルズニック

出演：クラーク・ゲーブル
　ヴィヴィアン・リー
　レスリー・ハワード
　オリヴィア・デ・ハヴィランド

『風と共に去りぬ』写真協力　公益財団法人川喜多記念映画文化財団

ントになるわけです。

ご存知にように『風と共に去りぬ』の場合は、原作がマーガレット・ミッチェルによる大ベストセラー小説です。ミッチェルが造形したヒロインのスカーレット・オハラが、強烈な個性と魅力に溢れた人物でした。スカーレットを取り巻く主要人物たちも同じです。波乱万丈のストーリーのおもしろさだけでなく、この物語が世界中の人々の心をつかんだ理由こそ、スカーレットという主人公の魅力ゆえでしょう。

1936年6月に出版されてピューリッツアー賞を受け、世界中に翻訳されました。ハリウッドの名プロデューサー、デビッド・O・セルズニックが映画化権を獲得し、3年以上の歳月をかけて、当時としては破格の数千万ドルという製作費をかけて完成させました。

この映画に関しては、伝説のようにいくつもの逸話が残されています。最大の関心事はスカーレット・オハラを誰が演じるか？　セルズニックは世界中を探し回り、面接した候補者だけで1400人、スクリーンテストした女優は90人にも及んだのですが、イメージに合わなかった。ついに主演女優が決まらないままクラインク・イン。

その頃、『嵐が丘』の撮影のためにハリウッドに来ていたイギリスの名優ローレンス・オリビエを追いかけてきたのが、恋人で新人女優のヴィビアン・リー。オリビエのエージェントをしていたセルズニックの兄が、アトランタ炎上の撮影現場（ＭＧＭスタジオにセットが組まれた）に連れてきて、セルズニックが一目見て抜擢したというシンデレラストーリーは有名です。

第12回のアカデミー賞で作品賞、監督賞、脚色賞、主演女優賞など主要部門だけでなく10個のオスカーを得ました。メイドのマミーを演じたハティ・マクダニエルが黒人俳優として初の助演女優賞を獲得し、歴史に名を残しました。

『風と共に去りぬ』が席巻した39年ですが、ジョン・フォード監督の『駅馬車』、フランク・キャプラ監督『スミス都へ行く』、エルンスト・ルビッチ監督『ニノチカ』、ウィリアム・ワイラー監督『嵐が丘』、ビクター・フレミング監督『オズの魔法使い』といった名作の数々もノミネートされていて、まさにハリウッド映画の黄金時代といえます。

ただし監督賞を得たのはビクター・フレミングでしたが、実際は最初メガホンをとったのはジョージ・キューカー（代表作『マイ・フェア・レディ』）でした。

キューカーはクラーク・ゲイブルの意向に合わずに途中で降ろされて、『オズの魔法使い』を撮り終えたフレミング監督に代わり、そのフレミングも心労がひどく、最後はサム・ウッド（代表作『誰が為に鐘は鳴る』）が起用されたということ。

脚本もシドニー・ハワードの名が残っていますが、完璧主義のセルズニックは何度も書き直しをさせて、18人ものライターが参加したそうです。つまり、脚本からキャスティング、演出までセルズニックが指揮し、セルズニックの思うままに作り上げられたといえる超大作でした。

決め手こそヒロイン像

そうした裏話はともかくとして、この映画は原作のエッセンスを見事に抽出して、実におもしろく感動的な人間ドラマになっています。4時間弱という長さですが、まったく退屈しません。

アトランタ炎上といったスペクタクルシーンの迫力も見せ場には違いありませんが、や

1幕

20

・タラの大地（タイトル）
・ヒロインＳ　メイドのマミー
・園遊会　ＡとＭの婚約　Ｒとの出会い
・Ａへの告白　Ｒに聞かれる
・開戦　腹いせでＡの兄チャールズと結婚
・チャールズの戦死　たちまち未亡人

2幕の1

40

・アトランタのＭの家に　喪服のＳ
・Ｒとのダンス　キスの仕方　かけひき
・クリスマスの夜　Ａの出兵　約束「Ｍを頼む」
・ＳとＭ、負傷兵の看護　混乱の街
・Ｒと再会「俺たちは似た者同士」

60

・戦火の下　Ｍの出産が迫る「残るわ」
・包囲攻撃　駅にあふれる負傷兵
・Ｒに助けを　Ｍの出産「タラに帰りたい」
・炎上のアトランタをＭの馬車で脱出

80

・Ｒとの情熱のキス　別れ「死ねばいい！」
・Ｓ、女だけで敵中突破、荒れたオークス屋敷
・タラに戻った！　錯乱の父　母の遺体
・荒廃のタラ　土を手に「神よ負けません！」

100

・（インターミッション）
・Ｓ、家族を率いて奮闘　脱走兵を殺害

『風と共に去りぬ』構成表　Ｓ（スカーレット）、Ｒ（レット・バトラー）、Ａ（アシュレー）、Ｍ（メラニー）

はり前述したスカーレット・オハラ（ヴィビアン・リー）の魅力、激動の時代を生き抜いていく姿に心揺さぶられるからです。

もちろん、スカーレットを巡る人物たち、特に愛憎をぶつけ合うレット・バトラー（クラーク・ゲイブル）、さらにアシュレー・ウィルクス（レスリー・ハワード）とメラニー・ハミルトン（オリヴィア・デ・ハヴィランド）の主要人物が絶妙なアンサンブルを奏でていることも欠かせません。

おおまかな構成は下記の表にしました。全体のシーン展開はともかくとして、この映画で最も学ぶべき点は、繰り返し述べているように絶妙な4人のキャラクター造形と人物配置です。

まずは主人公のスカーレット。南部の豊かな農園の長女で、華やかな美貌で男たちの視線を集めながら、勝ち気で目的のためなら手段を選ばない強い女です。悪くいえば独善的でわがまま、人の気持ちなど平気で踏みにじる炎の女。しかし、その一途さや強引さゆえに、しばしばどん底に落とされひどく傷つきますが、たちまち立ち上がるアグレッシブさを備えています。

このスカーレットが、最初から最後まで思いを寄せるのが大地主の御曹司アシュレー。しかしアシュレーは、強すぎるスカーレットの愛を受け止めようとしない。アシュレーはインテリの繊細な貴公子タイプです。

アシュレーが結婚相手として選んだのがいとこのメラニー。彼女は野性的なスカーレットとは真逆、裏表がなく誰にでも優しい善意の人。

そして「君は僕と似ている」と求愛しつづけるレット・バトラー。スカーレットの激しさ、情熱を受け止められるのは粗野で男性的なレットしかいないのですが、あまりに強い性格同士であるために、スカーレットは惹かれながらもレットに反発します。レットもスカーレットに惹かれながらもぶつかってしまう。

スカーレットの激しさは、生涯関わりつづける正反対のメラニーによってより強調されますし、アシュレーを思い続けることで、本来納まるべきであるレットとはぶつかり続ける。

この4人の人物像と配分が激動の時代で絡み合う。彼らの関係や心理、感情は交差しぶつかり合うのですが、それぞれの性格設定は最後まで変わりません。

120　140　160

2幕の2

・南軍の敗北　北部の悪徳政治家たち
・Aの帰還「他人の旦那さまです」
・税金の300ドル　父の事故死
・アトランタへ　闊歩するヤンキーと黒人
・監房のRと再会　悪態のつき合い
・金のため妹の恋人フランクを欺いて結婚
・やり手の女主人で金儲け　二人組に襲われる
・夫たちの焼き討ち計画　Rに救われる夫の死
・Mとベル　喪服のS、Rのプロポーズを受ける

180　200　220

3幕

・ニューオリンズのハネムーン
・タラの屋敷を取り戻す
・Rとの子、ボニー誕生　Aの写真
・夫婦のすれ違い　ボニーを溺愛するR
・Aとの仲を疑われる　変わらないM
・Rとの情熱の夜　R、娘を連れてロンドンへ
・S、階段から転落、流産
・修復の可能性　ボニーの事故死
・失意のSとR　Mの慰め、倒れる
・Mの臨終「Rに優しく、Aを支えて」
・R「別れよう」S「初めて分かった、愛している」
・去るR　S「どうすれば？　私にはタラがある！」
・エンディング

物語上の人物設定の基本がここにあります。ストーリーを運ぶために、都合よく人物の性格を変えてはいけません。ただし、事件や人物同士のやりとりによって、感情は変化します。この感情の変化こそがドラマを生むのです。

スカーレットが生涯にわたって思い続けるのはアシュレーで、その妻となるメラニーを当初は憎みながらも、戦時下の生き死にに関わる極限の体験から、彼女を助け友情さえも芽生えていく。

強引なレットの求愛を拒みながらも次第に惹かれていく。最後にようやくその愛に気づくのですが、レットの感情の変化ゆえにすれ違ってしまう。

スカーレットというヒロイン像が、未だに我々の心をとらえて離さないのは、美しさや強さだけでなく、性格ゆえに招く受難であったり、その欠点が人間らしさになっているからでしょう。スカーレットは生きるためには手段を選びません。妹の婚約者を騙して奪い取ることも厭わない。二人の夫の死を悲しむよりも（愛していないので）、喪服で過ごすことを嫌がる。

そしてどんな困難にあっても立ち上がる圧倒的な生命力。物語の主人公としての魅力、この前向きさこそが観客、読者の心をとらえて離さない最大の理由です。

名セリフ「明日は明日の風が吹く」

この個性的な人物たちが、アメリカ最大の内戦、南北戦争で翻弄されるわけですが、大河ドラマとして描くには、こうした時代のうねりが欠かせません。それもこの『風と共に去りぬ』は、敗者となる南部の側から描いている点も、物語をおもしろくしている要素でしょう。

南北戦争はアメリカが統一され、奴隷解放という新しい時代に移行するための戦争として歴史の必然であったのかもしれません。ただ、南部は南部の論理があり、この映画でも描かれているように、農園主と黒人奴隷たちとの深い絆があったのも事実のようです。戦争の結果、大農園主たちは没落し、黒人たちは開放されたものの生きる方法を失ったということもあるでしょう。

そうした歴史の考察はともかくとして、『風と共に去りぬ』のモチーフは「故郷としてのタラの地」です。

スカーレットは父のオハラから「タラこそお前だ」と言われ、愛を告白したアシュレーからも「君が僕より愛しているのはタラだ」と諭されます。ラストシーン、レットに去られて絶望しても「私にはタラがある」と立ち上がる。

スカーレットという美しくも強い女はタラの大地そのもので、それこそが南部の地が生んだヒロインといえます。

そうした壮大な歴史背景と時代のうねり、地としての保守的なアメリカ南部の空間で展開するヒロインの生き方でありながら、メロドラマ、恋愛ものとしての人物関係、配置、展開もやはり見本となる映画です。

「大河ドラマ」の代表として取り上げましたが、「恋愛もの」のジャンルとしても学ぶべき要素の多い欠かせない名作です。スカーレットとレット・バトラーの炎のカップルの悲恋は、演じた二人の名優と共に語り継がれます。

ところで、この映画のラスト、スカーレットの有名なセリフは「Tomorrow is the another day」ですが、やはり公開当時の「明日は明日の風が吹く」という訳こそがふさわしいと思います。

15 ジャンル別②大河ドラマ〜伝記スペクタクル

教材作品
『アラビアのロレンス』（35回作品賞・監督賞）
『ラストエンペラー』（60回脚色賞・作品賞・監督賞）

大画面で観るべきスペクタクル巨編

ジャンル別アカデミー受賞作の2講目は、前回の「大河ドラマ〜伝記風フィクション」の代表作『風と共に去りぬ』を継いで、実在の人物の伝記、それも映画ならではのスペクタクルを売りとした2作、『アラビアのロレンス』と『ラストエンペラー』です。

『アラビアのロレンス』の製作年は1962年で、『ラストエンペラー』は87年ですから25年のインタバルがあります。実在の人物の生涯を描いた評伝物であり、大資本を投入して歴史スペクタクルを見せ場にしているという点で共通しています。

もちろん描く手法であったり構成は大きく違いますが、『ラストエンペラー』は映画史に残る傑作『アラビアのロレンス』の影響も、多少ながら受けているような気がします。そうした解釈はともかくとして、共にアカデミー賞の主要部門を独占したこの二作を鑑賞すると、人物評伝の手法のポイントが見えてくるのではと思い並べることにしました。

前講教材とした『風と共に去りぬ』は2３０分強という長尺でしたが、『アラビアのロレンス』も公開当時は２０２分、89年に公開された完全版は２２７分でした。好評を得た「午前十時の映画祭」でも再公開され、全国各地の映画館で鑑賞することができました。

これも２２７分の完全版ですが、長さはまったく感じません。この映画こそスタンリー・キューブリック監督の『２００１年宇宙の旅』と並んで、映画館の大きなスクリーンで観るべきベストの名作と言っていい。ちなみに『ラストエンペラー』も劇場公開作は１６３分ですが、ノーカット版の２１９分のＤＶＤも出ているようです。

まさに「奇跡」の映画

さて、『アラビアのロレンス』は35回のアカデミー賞で、作品賞とデビッド・リーンが監督賞、以下モーリス・ジャールの作曲賞、フレディ・A・ヤングのカラー撮影賞など7部門を獲得しました。

新人ながら最高の演技を見せたロレンス役のピーター・オトゥール（受賞は『アラバマ物語』のグレゴリー・ペック）と、アラブ人の族長アリを演じた助演男優のオマー・シャリフもノミネートされましたが、受賞に至りませんでした。特にオトゥールは、以後8回もノミネートされながらついに選ばれず（2003年に名誉賞）、アカデミー史上の無冠の演技派として有名です。

製作のサム・スピーゲルとデビット・リーンのコンビは、第30回の『戦場にかける橋』ですでに作品賞と監督賞を獲っていました。この戦争映画の傑作も、7部門を受賞しています。

脚本はイギリスの劇作家のロバート・ボルトで、ノミネートされましたが受賞にいたらず（受賞は『アラバマ物語』のホートン・フート）。しかし、3年後のやはりリーン監督の『ドクトル・ジバコ』で脚本（脚色）賞を得ています。ちなみに、赤狩りの影響で名前を消されていたマイケル・ウィルソン（代表作『陽のあたる場所』『戦場にかける橋』『猿の惑星』）も『アラビアのロレンス』の脚本に加わっていて、完全版で名誉回復されクレジットされています。

原作は学者であり、第1次大戦後にアラビア半島にイギリスの軍人として赴任、当地を統治していたトルコ帝国への対ゲリラ活動を指揮、英雄として祭り上げられたT・E・ロレンス本人が書いたアラビア体験記『7つの知恵の柱』や、『砂漠の反乱』です。

現地のアラビア半島や北アフリカのモロッコで、数年にまたがるロケやセットを組んで撮影を敢行し完成させました。スティーブン・スピルバーグはこの映画を「奇跡の映画」と絶賛しました。また、スピルバーグは自身の映画のクランクイン前に、黒澤明監督の『七人の侍』、フランク・キャプラ監督の『素晴らしき哉、人生』、ジョン・フォード監督の『捜索者』、そしてこの『アラビアのロレンス』を観ると述べています。

ちなみに、リーン監督も『アラビアのロレンス』の製作前に『捜索者』を繰り返し観て、モニュメント・バレーの光景を撮影するカメラワークを学んだという逸話も残されています。

実際『アラビアのロレンス』はストーリー展開や、一人の男の生き様といったおもしろさはもちろん、戦闘シーンの迫力などスペクタクルシーンも大きな見せ場には違いありません。そして何よりも砂漠の美しさ、そこを行くラクダのロレンスたちの姿が、圧倒的なリアルさでスクリーンに写し出されます。こ

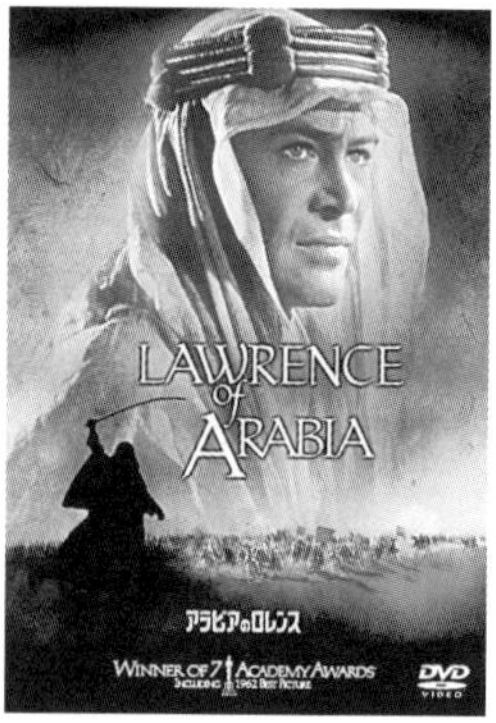

アラビアのロレンス
DVD発売中
¥1,480（税込）
ソニー・ピクチャーズエンタテインメント

脚本：ロバート・ボルト
　　　マイケル・ウイルソン
監督：デヴィッド・リーン
製作：サム・スピーゲル

出演：ピーター・オトゥール
　　　アレック・ギネス
　　　アンソニー・クイン
　　　オマー・シャリフ
　　　ホセ・ファーラー

の砂漠の中の人間たち、またアラブのラクダ部隊がアカバの町を攻撃する模様を、遠景でとらえたキャメラの素晴らしさには息を呑みます。

当たり前ですが、この時代にはＣＧ合成は行われていません。すべて現地で実際の役者たちとエキストラで撮られていて、まさに「奇跡」の冠を掲げていい作り方です。ついでながら『七人の侍』にも同じことが言えるでしょう。

『アラビアのロレンス』写真協力　公益財団法人川喜多記念脚本文化財団

切り取られたロレンスの2年間

そうした演出的な素晴らしさは置いておいて、『アラビアのロレンス』の作劇上のポイントです。この映画については多くの方が評論していますが、あくまでも私なりの分析です。

実在の人物を取り上げて数時間の映画（シナリオ）とする場合に、当然ながら脚色者によってさまざまな切り方、アプローチがあります。

その人物のどこに焦点を当てて、どこを描こうとするのか？　歴史を創ったり翻弄されたり、歴史の大きな事件に関わる人物の場合は、その事件の進行と共に描くのがオーソドックスな手法でしょう。それにしても事件をメインにするのと、人物の側から事件を一部として描くのでは違ってきます。

『アラビアのロレンス』の場合は、当然ロレンスという人物が最も有名となり、彼が英雄として祭り上げられたアラビア時代（１９１６年からほぼ2年間）となります。実際に原作もこの時期の活動をメインに回顧したものです。

ただ、ロレンスという人物の年譜をみると、アラブ軍を指揮する前の考古学者としての活動はともかく、アラビアから帰還して以後も偽名でイギリス空軍に入隊して除隊させられたり、インドに赴任したり、高速モーターボートの開発に従事したりと、それなりに波乱に満ちた生涯を歩んでいます。亡くなったのは35年で、享年47歳。

ご存知のようにこの映画は、砂漠での活躍の物語でありながら、トップシーンはイギリスでのオートバイ死亡事故で意表をつきました。

教会での葬儀にロレンスを知る多くの人が集まり、彼を英雄と讃える元軍人から、怪しい策士だったと悪口を吐く人物までいて、そこから16年のエジプトに遡り、イギリス軍でも変人として浮いていたロレンスの物語へと入っていきます。

ここからロレンスがアラブ民族のために戦い、挫折するまでの2年間だけにクローズアップして描かれます。

こうした歴史物を観る場合は、ある程度の時代背景なり知識を得ておいた方がより楽しめるでしょう。

1914年に第1次世界大戦が勃発、その頃アラビアに勢力を拡大していたのがトルコ帝国でドイツと同盟を結び、イギリスと敵対していました。アラビア半島ではさまざまなアラブ民族が割拠していたのですが、トルコの圧政からの解放を画して反乱を起こしていました。

この反乱を利用しようとしたのがイギリス。アラビア情勢に詳しく、アラブ民族に同情していたロレンスを、反乱軍を指導していたファイサル王子（アレック・ギネス）に派遣します。

ここから前半部分では、さまざまな困難を乗り越えて、砂漠に挑み、アラブ人の心をつかんでいくロレンスの活躍が描かれます。名シーンとして語り継がれるアリ（オマー・シャリフ）との砂漠の井戸での出会い。アカバを目指す砂漠横断の進軍で、脱落したガシムを単身探しに引き返し救出するエピソード。砂漠の蛮族を率いるアウダ・アヴ・タイ（アンソニー・クイン）の強烈さ。

その過程でせっかく助けたガシムを処刑。そして不可能とされていた砂漠を抜けてのアカバの攻略。

このあたりまでのロレンスは、苦難を乗り越えて戦うヒーローのサクセスストーリーにほかなりません。

アカバ攻略後も、従者とした少年の死があり、イギリス軍の同僚たちからも讃えられる姿があるものの、次第に英雄としての姿に影が差し始めます。

後半は自らの理想と現実とのギャップ。結局政治に翻弄され裏切られ、人格さえも大きく変えていくロレンスの姿が描かれます。中でもトルコ軍の将軍（ホセ・ファーラー）に捕まり、辱めを受けるという事件がエポック的なエピソードとして配されています。

この映画には、セリフのある女性は一人も登場しません（それだけでも画期的ですが）。けれどもロレンス自身の中にあった女性性を、巧みに匂わせている点も、この脚本の周到さといえるでしょう。

『アラビアのロレンス』という映画の脚本の緻密さ、創り手側の立ち位置がこうした描き方に見えてきます。アラブを解放して英雄と讃えられた白人男は、単なるヒーローではなく、その過程で大きく変わり、結局歴史の駒として利用された男の挫折の物語だということなのです。

これはその後のこの地の歴史、イギリスの「三枚舌外交」といわれる三つの協定が、今日までの中東問題の根っ子となっていることからも分かります。

アラブ民族解放を目指して、砂漠を縦横に駆け回りゲリラ戦を行った白人ヒーロー、という描き方でも壮大な戦争エンタテイメント作品になったでしょう。

けれども描きやすい明の部分よりも、むしろ秘められていた負、陰を浮き彫りにすることで、『アラビアのロレンス』は映画史に残る傑作になった。残酷なまでに美しい砂漠のスペクタクルはもちろんですが、ロレンスという人物のドラマの部分もしっかりと観て下さい。

多国籍化で描いた中国人の生涯

さて、もう一本、87年にノミネートされた9部門の全部を獲得した『ラストエンペラー』。

監督賞と脚色賞（マーク・ペプローが共著）

はベルナルド・ベルドルッチ。作品賞を得たプロデューサーはジェレミー・トーマス。ほかヴィットリオ・ストラーロの撮影賞や、坂本龍一ら3人が作曲賞なども獲得しました。

ただしキャストは、青年から老年までの溥儀《ふぎ》を見事に演じたジョン・ローンも、イギリス人家庭教師レジナルド・ジョンストンのピーター・オトゥール、甘粕《あまかす》大尉の坂本龍一もノミネートされませんでした。

さて、この映画でまず特筆されるのは多国籍化で創られたということでしょう。イギリス人であるトーマスプロデューサーによるイギリス資本の映画ですが、ベルドルッチ監督など主なスタッフはイタリア人です。これにアメリカ、日本、中国のスタッフキャストが集結、ロケ地は実際の舞台となった中国で実施されました。

ラストエンペラー
1987年イタリア、中国、イギリス合作

脚本：ベルナルド・ベルトルッチ
　　　マーク・ペプロー
監督：ベルナルド・ベルトルッチ
製作：ジェレミー・トーマス

出演：ジョン・ローン
　　　ジョアン・チュン
　　　ピーター・オトゥール
　　　坂本龍一

ちなみにジェレミー・トーマスは世界を股に駆ける国際派の製作者で、イギリス人監督のニコラス・ローグ（『アラビアのロレンス』で撮影監督として参加している）と『地球に落ちてきた男』『ジェラシー』『マリリンとアインシュタイン』を、カナダ人のデヴィット・クローネンバーグ監督の『裸のランチ』を、そして大島渚監督の『戦場のメリークリスマス』、北野武監督『BROTHER』、三池崇史監督の『十三人の刺客』にも製作者として手腕を発揮しています。

ベルドルッチ監督とは、この後にまさに北アフリカの砂漠を舞台とした『シェリタリング・スカイ』と、さらに96年の『魅せられて』でも組んでいます。

『ラストエンペラー』も、原作となった溥儀自身による『わが半生』の脚本化から始まり、実際に数年をかけて中国へのリサーチから政府の協力を取り付け、一大ロケを敢行した歴史スペクタクル巨編です。

3歳の溥儀が即位する紫禁城のシーンでは、中国政府協力により観光客を数週間シャットアウトして撮影されたといいます。参加したエキストラは約2万人にも及ぶといいますから、まさに圧倒的な物量作戦です。むろん『アラビアのロレンス』同様に、まだ今の映画で使われるようなCGでの仮想エキストラ動員は計れません。

余談ですが、昨今のスペクタクル場面はCGの進化によって、こうしたシーンも遜色なく創ることができるようになりました。それは映像作品の可能性を広げましたし、今後もさらに加速することは間違いありません。

ただ不思議なことに、質感としての厚み、重さは、こうした実際の場であったり、人員を惜しみなく使ったこの時代の映画には到底叶わないように思えます。

回想形式で生涯を辿る

それはともかく、『ラストエンペラー』の作劇ですが、同じ人物伝とはいえ『アラビアのロレンス』とは構成が大きく違っています。

『ラストエンペラー』のトップシーンも、メインではなく中年となった溥儀から始まります。

１９５０年の満州、ソ連の収容所にいた溥儀が戦犯として裁かれるために中国政府に引き渡されるところから。ここでの拘置所生活を基点として、溥儀の生涯が回想形式で辿られていく。

わずか3歳にして、清朝の皇帝として実質敵権力者の西太后に迎えられる場面となります。溥儀は西太后の弟の子供でした。幼い溥儀は、何も分からないまま実母と引き離され、乳母と共に西太后の元に連れてこられます。

この紫禁城での即位シーン。皇帝の色である黄色の布を、幼い溥儀が分けると、その下の広場に数百名の重臣たちが低頭する圧倒的な場面は、まず最初のスペクタクルシーンです。

この後、「戦犯管理センター」で尋問される40歳台の溥儀の場面にたびたび戻りながらも、紫禁城での幼年時代から少年時代へ、城の外に出ることが許されない皇帝の日常が綴られていきます。

彼に世界への眼を開かせるのが、イギリス人家庭教師のジョンストンです。この少年時代までで溥儀が望むのは、赤い門の向こう、「外に出たい!」という欲求です。

皇后と妃の二人の妻との結婚と蜜月があり、青年となった溥儀は、古い伝統、慣習の象徴の宦官と対立します。

しかし、24年に軍人によるクーデターが起き、あれほど出たかった紫禁城をあっさり追放されてしまう。

ここから大陸へのさらなる侵略を計る日本陸軍によって、満州国の傀儡皇帝として祭り上げられていく過程。終戦に至っての甘粕大尉の死、溥儀がソ連軍に逮捕されるまでが回想されます。

そして10年に渡る戦犯調査と獄中生活を経て、皇帝から一市民となることを認めて釈放。庭師として生きる日々の中で、毛沢東による文化大革命の残酷さを目の当たりにする。そこからかつての栄光の場であった紫禁城を訪れるラストまで。

このラストに登場する壺の中のコオロギは、溥儀自身でありテーマ性を象徴していて心に残ります。

主人公を美化せず、人生を凝縮する

『アラビアのロレンス』は、第1次大戦時の複雑なアラブ情勢に翻弄される主人公ロレンスの物語でしたが、ここで活動した実質2年間だけを切り取って描いていました。

これに対して『ラストエンペラー』は、3歳で皇帝として即位し、第2次大戦下に日本軍の思惑に翻弄され、最後は一介の庭師として61歳で生涯を終える溥儀の激動の全人生を辿っています。

ロレンスの人生における激動は、アラブ軍を率いた2年に凝縮されたわけですが、皇帝の血筋として生まれてから亡くなるまでの溥儀の人生は、そのまま激動と見ていいわけです。実在の人物を描く評伝物であっても、このように比べてみるとアプローチの違いがあることが分かります。

ところで、冒頭でベルドリッチ監督は『アラビアのロレンス』の影響を多少なりとも受けてこの映画を撮ったのでは、と述べました。それはロレンスを演じたピーター・オトゥールを溥儀の家庭教師役とした、といったことを根拠とするわけではありません。

私の勝手な解釈ですが、『ラストエンペラー』で描かれる溥儀という人物も、けっして英雄的な捉え方をしていない。その点こそ、『アラビアのロレンス』を踏襲していると思えるのです。

もちろん歴史的にみても、溥儀という人物は、まさに清朝最後の皇帝でありながら、戦争に翻弄され、結局は関東軍が大陸に満州国という植民地を生むための傀儡にされた人物です。溥儀自身は英雄でも何でもなく、むしろ便利に使われた被害者かもしれません。

けれども、そうした溥儀を、彼の自伝を元にしながらも、けっして英雄とも被害者ともせずに、理想を追い求めながらも結局、時代の渦に巻き込まれ挫折する人物として位置づけています。

『ラストエンペラー』写真協力　公益財団法人川喜多記念映画文化財団

実在の人物の激動の人生を描こうとすると、どうしてもその人物を美化し正当化してしまいがちです。脚色者が客観性を持たずに人物べったりになると、逆に薄っぺらいヒーローになる危険性もさらに高くなります。この二人のように、歴史に名を残しながらも、人間臭い一人の男の生き様として描くことで、歴史大作としての風格を保つことができたと思うのです。

もうひとつこれは共通点ともいえませんが、評伝物としての主人公の据え方も同じです。

『アラビアのロレンス』は4時間弱ですが、主人公のロレンスがいないシークエンスは、冒頭の葬儀の場面であったり、中盤のアメリカ人従軍記者が取材をする場面、さらに終盤のファイサル王子と、イギリス軍を率いる将軍やアラブ局長らが、ロレンスの処遇について話し合う場面など数シーンだけです。それ以外はロレンスはほぼ出ずっぱりです。

『ラストエンペラー』もそうです。青年時代からジョン・ローンが演じますので、幼年時代、子供、少年時代と3人の子役で描き分けられますが、ほとんど溥儀の姿、行動を追います。途中にわずかにジョアン・チェン演じる皇后や、女スパイのイースター・ジュエルらだけの場面などもありますが、徹底して主人公の溥儀の生き方を動かさない脚本になっています。これも評伝物で、主人公たる一人の人物を絞り込んで描く有効な手法のひとつです。

そうした脚本上のポイントはともかくとして、『ラストエンペラー』は『アラビアのロレンス』のクオリティには及ばないにしても、やはり歴史を再現したスペクタクル物の迫力とリアリティに満ちています。これこそ映画ならでは味わいであることは間違いありません。

16

ジャンル別③大河ホームドラマ

教材作品

『ゴッドファーザー』（45回脚色賞・作品賞）
『ゴッドファーザー partⅡ』（47回脚色賞・作品賞・監督賞）

大河ホームドラマの定義

アカデミーの受賞作ジャンル別の3講目は、「大河ドラマ」作品ながら、個人の評伝ではなく、ある〝家族〟の物語を綴った「大河ホームドラマ」の代表的傑作シリーズ、『ゴッドファーザー』と2年後に創られた『ゴッドファーザー partⅡ』を取りあげます。

便宜上1972年の第1作『ゴッドファーザー』をパート1、74年製作作品をパート2、さらにアカデミー賞とは無縁でしたが、16年後の90年に製作された完結編をパート3と表記します。

このジャンルの定義ですが、これまで取りあげてきた大河ドラマは、『アラビアのロレンス』や『ラストエンペラー』など、歴史に翻弄されつつ生き抜いていく個人の物語でした。1回目の『風と共に去りぬ』は、主人公のスカーレットの物語でありながら、南北戦争で没落していくオハラ家の運命も描いていて、ホームドラマ的な要素もありましたが。

歴史上の人物を描いた伝記物、評伝物の場合は、当然その人物の家族も描かれたりします。けれども、こうした伝記物の多くは、その人物の生き様にスポットを当てて描かれます。

通常「ホームドラマ」といった場合は、ある家族の問題や変遷、家族それぞれの生き方を描くジャンルです。これが歴史に翻弄されたり、その家族の何代かにまたがる変遷を描くと「大河ホームドラマ」になります。

映画ですと例えば、描かれる年月は2年ほどですが、84年にアカデミー外国語映画賞をとったイングマル・ベルイマン監督の『ファーニーとアレクサンデル』、ミュージカルですが、ユダヤ人一家の運命を描いた『屋根の上のバイオリン弾き』などが「大河ホームドラマ」でしょうか。『地獄に堕ちた勇者ども』などルキノ・ヴィスコンティ監督も得意としたジャンルです。

〝大河〟という冠をつけるほどのスケール

はなくおこがましいのですが、私が脚本を書かせていただいた森田芳光監督『武士の家計簿』も、幕末から明治にかけての下級武士の三代に渡る家族の物語ですので、一応「大河ホームドラマ」の要素を踏まえています。

　そうした定義はともかくとして、三部作として描かれた『ゴッドファーザー』は、スケールはもちろん、ドラマの深み、おもしろさ、格調、あらゆる面からも文句なしの「大河ホームドラマ」の傑作で、このジャンルの筆頭と言ってどなたも否定しないでしょう。

難産の末にオスカーを制覇

ちなみに、『ゴッドファーザー』シリーズは、「年代記物」といっても差し支えありません。

　また、マフィアの抗争が大きな見せ場にもなっていて、「ギャング物」の要素も多分に入っています。ただ、いわゆるギャングの抗争やアクション物とは一線を画していて、それはやはり〝家族〟の変遷を核とした重厚なドラマになっているからです。

　さて、『ゴッドファーザー』のパート1は、45回のアカデミー賞で、8部門のノミネートを受け、圧勝間違いないという下馬評ながら、作品賞と脚色賞、主演男優賞の3部門にとどまりました。

　この年の対抗馬は舞台ミュージカルの映画化『キャバレー』で、10部門で候補となり、作品賞こそ逃したもののボブ・フォッシーが監督、ライザ・ミネリが主演女優、ジョエル・グレーが助演男優（『ゴッドファーザー』からは、アル・パチーノ、ジェームス・カーン、ロバート・デュバルの3人がノミネートされていた）など8部門を獲得し、大番狂わせとなりました。『ゴッドファーザー』は作品賞で面目を保ちましたが、本命と見られていたフランシス・フォード・コッポラは監督賞を逃しました。

　アメリカではたびたび映画関係者による「アメリカ映画ベスト100」といった投票が行われますが、毎回不動の第1位は『市民ケーン』ですが、2位か3位には、必ずこの『ゴッドファーザー』が入ります。『キャバレー』も素晴らしいミュージカル映画には違いありませんが、賞はその年の気分などに左右されることも多々あるという例でしょう。

　コッポラもこのパート1を撮った時は弱冠33歳、監督作品もまだ3作という新鋭で、そうした点で軽く見られたのかもしれません。ただし脚色賞はコッポラ自身と、原作者でもあったマリオ・プーゾの二人が得ています。

　ちなみにコッポラは、2年前の43回に作品賞や監督賞、主演男優賞も合わせてとった『パットン大戦車軍団』で脚本賞を得ていましたが。

ゴッドファーザー PART Ⅰ
デジタル・リストア版　DVD発売中
¥2,625（税込）
パラマウント・ジャパン

脚本：フランシス・フォード・コッポラ
　　　マリオ・プーゾ
原作：マリオ・プーゾ
監督：フランシス・フォード・コッポラ
製作：アルバート・S・ラディ
　　　ロバート・エヴァンス

出演：マーロン・ブランド
　　　アル・パチーノ
　　　ジェームズ・カーン
　　　ジョン・カザール
　　　ダイアン・キートン
　　　ロバート・デュヴァル

「ゴッドファーザー」パート1　ハコ書き

180　160　140　120　100　80　60　40　20

第一幕

◎**コルレオーネ家の結婚式**
・1947年夏　ビドーへの陳情
・末娘コニーの結婚式に集まる一族、敵
　長男ソニー、次男フレド、三男フランクとケイ
　相談役トム　歌手ジョニーの頼み
・娘とダンス　一族の記念写真

第二幕

◎**ビドーの落とし前**
・ハリウッドのプロデューサー、ウォルツ
・トムと決裂　60万ドルの生首

◎**クリスマスの襲撃**
・ソロッツオの反撃　ビドー、狙撃される
　何もできないフレド
　マイケル、新聞で知る
　ソニーの怒り　送られてきた魚

◎**マイケルの機転と抗争**
・入院ビドーの危機を回避「僕がついている」
・手引きの警部とソロッツオの繋がり
・反撃計画「お前にできるか?」

◎**マイケルの決意と家族の結集**
・レストランの会談
・マイケル、ソロッツオと警部を射殺!
・抗争激化を伝える新聞
・タッタリアとの戦争　ドンの退院

◎**マイケルとファミリーの悲劇**
・シチリアのマイケル　アポロニアとの結婚
・ソニー、コニー夫との確執
・ケイの訪問　コニー夫婦の喧嘩
・ソニー暗殺!　傷心のドン　葬儀屋の仕事
・5大ファミリーへの工作
・アポロニア爆死　バルジーニが黒幕だ

第三幕

◎**父と子の絆**
・ケイとの一年ぶりの再会　二代目継承
・ラスベガスのモー・グリーンと対立
・父と子の会話　接近者が裏切り者
・ビドーの死　葬儀　テシオが

◎**二代目ゴッドファーザー誕生**
・教会の洗礼式　神への誓い
　同時進行される敵ドンへの襲撃
　テシオとコニー夫も抹殺
・コニーの怒りとケイの非難
　扉の向こうの二代目ドン

こちらの主演男優賞はもちろん、ゴッドファーザーのドン、ビドー・コルレオーネを圧倒的貫禄で演じたマーロン・ブランド。けれども、ハリウッドの反逆児たるブランドは、賞の受け取りを拒否し、物議をかもしました。

しかしながら2年後に公開されたパート2は、11部門で候補になり、作品、監督、脚色、ロバート・デ・ニーロの助演男優、ニーノ・ロータとカーマイン・コッポラ（監督の父）が作曲賞など6部門を受賞しました。

アカデミー史上初のシリーズ物の作品賞連続受賞という偉業を達成し、製作者でも脚色者でもあったコッポラ自身は作品、監督、脚色と3賞も獲得するという人生最高の授賞式でした。

述べた通り、この『ゴッドファーザー』は脚色も担当したマリオ・プーゾの大ベストセラーの映画化です。パラマウント映画が権利を獲得したのですが、コッポラが完成させるまでにもさまざまなトラブルが伝えられています。

パラマウントはこの前に、やはり大ベストセラーの映画化『ある愛の詩』を大ヒットさせていて、傾きかけていた経営を盛り返していました。当時はアメリカンニューシネマの台頭などで、大作主義のハリウッド映画界が危機的な状況に陥っていました。

さらなるベストセラーの映画化ながら、イタリアマフィアの実態を掘り下げていたり、犯罪組織を美化しているとも見られ、大々的な映像化に会社は消極的だったといいます。実際に何人かのベテラン監督からも断られ、最後に若手ながら抜擢されたのがイタリア系のコッポラ監督でした。

その後も主演を巡って二転三転した末にブランドに決まり、さらにもう一人の重要人物である三男マイケルには、当時まだ『哀しみの街かど』でデビューしたばかりの若手アル・パチーノを大抜擢。長男ソニー役のジェームス・カーンはそれなりに実績はありましたが、次男フレド役のジョン・カザール（7講で取りあげた『狼たちの午後』でパチーノと再競演）もほとんど無名の俳優で、この規模の作品としてはかなりの冒険をしています。

ギャング映画と一線を画すために

脚本化に当たっては、コッポラとプーゾとが、一緒に話し合いながら書くというので

「ゴッドファーザー」パート2　ハコ書き

（目盛：20　40　60　80　100　120　140　160　180　200）

第一幕		・父の椅子のマイケル
第一幕	ビドー①	・1901年　ビドーの生い立ち シチリアの受難　NYに
第一幕	マイケル①	・1958年 ネバダ州湖畔の邸宅でのパーティ ドン、マイケルと家族たち 内外の悩みの種 議員の要求 寝室が銃撃される
第二幕	ビドー②	・1917年NY 若きビドーの貧しい生活と家族 敵のドン、ファヌッチ　新しい仲間
第二幕	マイケル②	・マイケルの闘い マイアミのボス、ロスとの対立 ファミリー、フランクの裏切り ロサト兄弟の反撃 議員をはめる ケイの不満 キューバの会合 大統領に200万ドル キューバ革命から脱出 フレドまで情報を流していた ケイの流産
第二幕	ビドー③	・ビドーの決意 仲間の懸念 復活祭のファヌッチ殺し
第二幕	マイケル③	・マイケルの危機 公聴会　ママへの相談
第二幕	ビドー④	・街の顔役ビドー 大家との話し合い　新事業
第二幕	マイケル④	・マイケルの反撃 公聴会の議員 兄フレドに決別宣言 フランクの翻意 ケイとの別れ
第三幕	ビドー⑤	・シチリアへの帰郷 ドンに復讐を果たす
第三幕	マイケル⑤	・マイケルの非情 ママの葬式 フレドを許すか？ ロス、フランク、フレドの死 思い出のファミリー

はなく、書いたものを交互にやりとりしながら仕上げていったということ。ともあれ、パート1からパート3まで、二人のチームワークで、この壮大なマフィア一家のサーガ（叙事詩）を綴っています。

さて、両作の構造や作劇上のポイントです。パート1は175分、パート2は200分という長尺です。98ページと99ページに両作品のハコ書きを掲載しました。パート1はやや詳し目のハコですが、パート2はざっくりと全体の構造を見るための表となっています。

ともあれパート1ですが、まずコッポラはプーゾの原作を映画とするために、核となる揺るぎないテーマを据えました。それまでたくさんあった「ギャング映画」との差別化を図るために、シェークスピア戯曲を彷彿とさせる「王と三人の息子の話」とし、隠しテーマとしてこの家族を「資本主義の象徴」としたということです。

「ギャング映画」はエンタテイメントとして、30年代を中心に盛んに作られました。禁酒法時代に暗躍した大ボスのアル・カポネをモデルとした『暗黒街の顔役』や、ギャングスター、ジェームス・ギャグニーを主演とする一連の犯罪映画です。日本ならばいわゆる「ヤクザ物」となりますが、これはこれでおもしろいですし、綿々と作られ続けています。

こうしたギャング映画の多くは、敵対する組同士の抗争があって、その中で主人公が命を賭けた戦いをします。人物を巡る愛憎や生き方ももちろん描かれますが、歴史との関わりであったり、社会派的な要素がより加わると、本来の娯楽性は薄くなることもあります。述べたように『ゴッドファーザー』にもそうしたギャング映画の要素なり、見せ場としての銃撃場面は盛り込まれています。

ですが、コッポラは自身の祖父が新天地アメリカに移住してきたイタリア移民であり、アメリカという国が移民によって作られた国であるという歴史を、この物語を通して描こうとしたわけです。

原作はまさにアメリカの陰の政府とも言えるマフィアの一家が、のし上がっていく姿を描いていた。ここから、それまであった「ギャング物」に人間ドラマ、歴史を重ね合わせることで、一線を画そうとした。で、自身が脚本を仕上げて自身で監督することで、見事な成功を収めたわけです。

コルレオーネファミリーの物語を、家長であるビドーを中心に、家族の物語として運んでいきます。

ところでホームドラマで描かれるべきテーマは、親子の対立葛藤であり、親から子へと継承される思いであり愛です。これはどのようなホームドラマでも不可欠な要素と言っていい。実際このパート1で、軸として描かれるのは、父ビドーの偉大さと、それを継いで家長へと成長する三男マイケルの姿です。

家族の〝死〟を乗り越えて成長する

細かい構成上のポイントを簡単に述べておきます。まずパート1から。

約3時間に渡る物語ですが、冒頭の第1幕である「コルレオーネ家の結婚式」だけで30分弱あります。ホームドラマではしばしば有効に使われるのは冠婚葬祭の儀式です。これをもってくることで、主だった人物を一堂に集めることができるからで、このシリーズでも効果的に使われています。

パート1の導入では、一家の末娘コニー（タリア・シャイア）の結婚式で夫は最後までよそ者扱いされるカルロ。この結婚式に、主だった登場人物が集まり、式の進行とともに紹介されていきます。

明るい夏の庭でのパーティと対照的に、ブラインドで遮断された暗い部屋でファミリーのもうひとつの面（むしろこちらが真実）が進行します。マフィアのドンとして組織を束ね、ビジネスを遂行するビドーと側近たち。

トップシーンは、暗い画面に「アメリカはいい国です」という男（葬儀屋）の言葉から始まるのは象徴的です。ビドーは葬儀屋の〝陳情〟を聞き、自らが名付け親となった歌手ジョニーの窮状に耳を傾けます。ちなみに本来の〝ゴッドファーザー〟とは、キリスト教の洗礼時に実親とは別に、名付け親となる人のことを差しています。

こうした儀式の中で、一家を支えてきたママ、剛胆ながら短気な長男ソニー、気が弱く陰の薄い次男フレド、そして軍服を着たマイケルとその恋人のケイ（ダイアン・キートン）、ファミリーの相談役で弁護士のトム（デュバル）らが紹介されていきます。

マイケルは大学を卒業し、ビドーらのマフィアビジネスとは距離をとって、第二次大戦に志願したのです。さらに敵対するファミリーのドンも現れます。

全体の約6分の1の第1幕（【起】）は、壮大な結婚式とパーティの場面とすることで、主な人物と関係性、その役目、実像といったことを描いているわけです。

そして長い第2幕は、いくつかの事件、シークエンスで展開します。まずドンの実力を示す驚愕の場面が、「60万ドルの生首」でしょう。この語り草となったエピソードで観客は度肝を抜かれました。しかしそこから以後はファミリー全体が窮地に立たされます。

物語をおもしろくするポイントとして【起】での人物紹介後では、【承】の1、2あたりでトラブルや事件を起こし、主人公を窮地に追い込む。ここでは家族である彼らが敵のソロッツオの攻撃に遭い、ビドーが狙撃されるという大ピンチがこれにあたります。

ここから、もう一人の主人公であるマイケルの活躍となります。ビドーのさらなる危機を、機転を働かせて救う（マイケルの潜在能力が明らかになる）。さらにこの第2幕中盤の最大の見せ場が、マイケルによるソロッツオと悪徳警部の暗殺シーンです。ここが「三幕構成」で中央に配されるミッドポイントです。

余談ですが、この映画の撮影中、コッポラの演出力に不安を抱いた会社の上層部は、彼を監督から降ろそうとした。コッポラは撮ったばかりのこのレストランの暗殺シーンを編集し、上層部に見せたところ、監督交代案はたちまち引っ込められ、以後いっさい撮影に口は挟まれなかったとか。

　さて以後も、各シークエンスのフックとなっているのは〝死〟です。兄ソニーの壮絶な殺され方であり、マイケルがシチリアで見つけた安らぎも、殺人によって終止符が打たれます。父ビドーとの真の理解を経て、マイケルは家族を守るために二代目を継ぐ決意を固める。そしてついに訪れるビドーの死。

　第3幕はこうした死を配しながら、マイケルの変化、成長を描きます。3人兄弟の中で、ファミリーから距離を置こうとしていた三男こそが、実は最も後継者に相応しかった。父の大きさ、非情さを継ぐ二代目ドンの姿を浮き彫りにする、コッポラスタイルともいうべきクライマックスのカットバック。

　神の前で名付け親としての顔を見せるマイケルと、同時進行で果たされる悪魔的な容赦ない敵の抹殺。単なる善悪を超えたこのクライマックスのカットバックは、映画史に残る名場面です。

同世代の父と子を並行させる

　そしてパート2。高評価作の続編はおおむね失敗作か、それなりのクオリティでも1作目を超えないケースがほとんどです。しかしこのパート2は、パート1のストーリー的な続編であり、そのカラー、タッチをしっかりと踏まえつつも、さらなる感動作となっています。そういう意味でも希有な作品です。

　パート1はプーゾの原作をもとに脚色されましたが、パート2はそこからコッポラとプーゾで新たな物語を作りました。それも単にマイケルがその後の二代目ドンとして戦う姿だけでなく、一代目のビドー（青年時以降はロバート・デ・ニーロ）の若き日を交互に描くという手法です。

　パート2を構想する際にコッポラは、「父と息子それぞれの、同世代時の生き方を描く芸術映画」を目指そうとしたとか。そこから、二つの時代を相互に補完し、並行して描くというパート2の特異な構成が生まれた。

　ちなみに二つの時代、過去と現代を交互に描く「クロスオーバー」型に関しては、13講目で『イングリッシュ・ペイシェント』や『スラムドッグ$ミリオネア』を例として取りあげました。この二作はかなり頻繁に現在と過去が交差しますので、初心者には難しいと述べました。

　それは同じですが、このパート2は99ページの構成表を見て分かるように、比較的分かりやすい交差の仕方になっています。網掛けとなっているところが、若きビドーのパーツ

ゴッドファーザーPART Ⅱ
デジタル・リストア版　DVD発売中
¥2,625（税込）
パラマウント・ジャパン

脚本：フランシス・フォード・コッポラ
　　　マリオ・プーゾ
原作：マリオ・プーゾ
監督：フランシス・フォード・コッポラ
製作：フランシス・フォード・コッポラ
　　　グレイ・フレデリクソン
　　　フレッド・リース

出演：アル・パチーノ
　　　ロバート・デュヴァル
　　　ダイアン・キートン
　　　ロバート・デ・ニーロ
　　　ジョン・カザール
　　　タリア・シャイア

です。

ところでこのパート2では、二つの時間を交互に描くため、ビドーの幼少時の背景を字幕によって解説し、年代や場所も字幕で示されます。けれどもそれも「ビドー2」までです。後はマイケルとビドーを登場させることで、観客にどちらの時代を描いているかを分からせています。

サーガとしての3部作

こうした歴史を背景とした大河ドラマでは、ナレーションや字幕（ティロップ）がごく普通に使われます。ところがパート1では、ナレーションも字幕も一切使われません。またパート1には、いわゆる回想シーンもありません。

コルレオーネファミリーの2年余り、コニーの結婚から妊娠を経て、マイケルが生まれたその子の名付け親になるまで、を時間の進行通りに描いています。進行を妨げる回想シーンを挟まずに密度の濃さを高めているのです。

これに対してパート2は、通常の回想シーンではなく（ラストにマイケルが抱く感慨としての回想はあるが）、構成として二つの時代を交互に運んでいます。

さてパート1から5年後が描かれるパート2です。トップシーンこそパート1のラストを継ぐマイケルの顔から入りますが、すぐに1901年のシチリア、少年ビドーの生い立ち、受難が描かれます。

このシークエンスはわずか10分ほどですが、ここだけでアクション映画1本ほどの濃厚さと手際よさです。少年ビドーの家族が敵対するファミリーのドンに殺され、単身で逃げ移民に混じってニューヨークにやってくるまで。

そしてマイケルの現在として、パート1を踏襲しファミリー主催のパーティがもうひとつの【起】です。コルレオーネ家のドンとして君臨するマイケルは、ラスベガスでの賭博業で財を増やし、ネバダ州のタホー湖畔の豪邸で、息子アントニーの正餐式パーティを開いている。

ここでパート1と同じママや妻ケイ、妹コニー、そして兄のフレド、相談役のトムといった家族や腹心たち、さらにマイケルに圧力をかける議員が登場します。そして、堅固に守られていたはずのこの家の寝室が、銃撃されるという危機までが第1幕。

パート1同様に長い第2幕から、同じ年代の若きビドーとマイケルの奮闘が交互に描かれていきます。配分として見ると、現代の側のマイケルの戦いのパーツの方が多いのですが、ビドーの成り上がっていくエピソードの凝縮されたドラマ性が印象として残ります。

特に「ビドー3」の、仲間の懸念をよそにビドーが立ち上がり、住民を搾取していたファヌッチを銃殺する場面はインパクトに満ちています。

パート1を記憶に留めている観客は、若きマイケルがレストランで、ソロッツオと悪徳警部を射殺する場面と重ねるかもしれません。まさにパート2はパート1と重層的に繋がっているわけです。

ビドーパーツの重さは、「ビドー5」で冒頭の「ビドー1」と結びつき、決着させていることもあるでしょう。けれどもマイケルのパーツでも、パート1のクライマックスと同じコッポラスタイルを踏襲し、敵ロスへの、あるいは裏切り者への非情なまでの報復のカットバックで、やはり善悪を超えた悲劇として結実していく。それゆえにラストの思い出としての回想シーンが胸に迫ります。

さて一応触れますが、コッポラとプーゾは3部作として20年後のファミリーを描きました。このパート3は、1や2ほどの高評価は得られませんでした。老境に至ったマイケルと、成長した娘メアリー（ソフィア・コッポラ）、三代目となる兄ソニーの子ビンセント（アンディ・ガルシア）の三人を中心に、別れた妻のケイや、ファミリーの中でゴッドマザー的位置になったコニーのドラマが描かれる。そしてマイケルの敵となる勢力は、何とキリスト教の総本山たるバチカンです。

『ゴッド・ファーザー』写真協力　公益財団法人川喜多記念映画文化財団

　この敵対する勢力や組織との駆け引きが分かりにくいのと、結末のさらなる悲劇性などが、不評となった最たる要因でしょうか。

　けれども、このパート3も改めて見るとそれなりに楽しめます。特に3部作を通してじっくりと見ると、まさにイタリア系マフィアという特異な〝家族〟を通して、20世紀のアメリカの裏の歴史を、明暗や善悪といった分かりやすい価値観ではなく辿ることができます。

　実はコッポラはパート4を作る構想も持っていたといいますが、プーゾの99年の死去で断念したとか。それはそれで残念な気もします。けれども『ゴッドファーザー』シリーズは、以後のマフィアやギャングを描いた映画だけでなく、さまざまな映画に影響を及ぼしています。何度見ても新しい何かが発見できる傑作です。

17 ジャンル別④戦争映画

教材作品

『戦場のピアニスト』（75回脚色賞・監督賞）

『ハート・ロッカー』（82回脚本賞・作品賞・監督賞）

単純でなくなった戦争映画

アカデミー受賞作の分析、ジャンル別の4講目は「戦争映画」です。ここで取りあげる作品の選択に若干悩みました。「戦争映画」とひとくくりにしても、描き方や切り口、関わる人物によってさらにジャンルは細分化されます。

ジャンル別の1講目の『風と共に去りぬ』も背景となっているのが、南北戦争でした。伝記スペクタクルとした『アラビアのロレンス』は第一次大戦下の中東での物語ですし、同じく『ラスト・エンペラー』も日華事変から太平洋戦争といった20世紀前半の戦争に翻弄される男の生涯であり、戦争映画の一ジャンルと言っても差し支えないでしょう。

映画はスペクタクルも大きな売りになりますので、戦争を扱った作品は頻繁に作り続けられています。そうした大がかりな戦闘シーンがなくとも、戦争が人物の生き方や精神に大きな影響を与える、といったヒューマンな面から描かれる小品もたくさんあります。

通常「戦争映画」というと、第一次大戦以後の近代戦争を扱ったものを差すようです。古代や歴史上の戦争は「歴史物」「史劇」といったくくりになります。

また、例えば、栄えあるアカデミー賞第1回目の受賞作『つばさ』も戦争映画ですが、メロドラマの要素を加えた「航空機もの」となりますし、『眼下の敵』や『Uボート』は「潜水艦もの」になります。『特効大作戦』のような「戦争アクション」もあれば、『大脱走』や『第十七捕虜収容所』は「捕虜収容所もの」もしくは「脱走もの」というようにジャンル分けされます。

さらに戦争による分け方もあります。前記の『つばさ』や、第3回作品賞の『西部戦線異状なし』は第一次大戦を描いています。ハリウッド映画全盛期にスペクタクルを売りにしたり、エンタテイメント作品として扱われた多くは第二次世界大戦を描いていました。大スクリーンに相応しい『空軍大戦略』『史上最大の作戦』『バルジ大作戦』といった戦争大作が盛んに作られました。

また戦争アクションなどの娯楽映画では、ほとんどの作品が勝利した連合国のアメリカ側から描いていましたので、敵側のドイツは容赦なくやっつけられ、兵隊は片っ端から撃ち殺されていました。

それが勝ち戦とは到底いえないベトナム戦争を経験して以来、アメリカ映画の戦争の描かれ方も変わってきました。新しいウエーブとなったアメリカン・ニューシネマは、ベトナム戦争と同時期に起きた反戦活動が色濃く反映されていました。従来のような勝利した連合国側が善で、敗北したドイツや日本側を悪とする単純な描き方では、戦争の本質であったり真実が描けないし、そうした単純な図式を観客も受け入れにくくなりました。

この泥沼のベトナム戦争を経て、対する敵が見えにくい湾岸戦争であったり、大義や終わりがはっきりしないイラク戦争など、複雑な時代背景や様相の現代の戦争は、アプローチの仕方が難しくなってきていて、戦争映画も大きく変わろうとしているわけです。

ドラマがなければ オスカーはとれない

もちろん第二次大戦を描いた作品すべてが、単純な図式で描かれたわけでもありません。例えば第30回で作品賞や監督賞を得た『戦場にかける橋』は、ビルマ国境の橋建設を巡って、日本人将校や英国軍士官の人間としてのぶつかりが描かれていました。

アカデミー受賞作に絞ってみても、第43回『パットン大戦車軍団』、第51回『ディア・ハンター』、第59回『プラトーン』といった作品賞受賞作は、反戦要素を含みつつ戦争映画の範疇に入ります。また、第66回作品賞『シンドラーのリスト』も、戦争映画の中の「ホロコーストもの」の名作です。

こうしたオスカーを受賞する戦争映画をみると、戦争を描きながら、そこに社会性、問題提起や告発であったり、人間ドラマとしての要素をテーマに据えないと評価してもらえないことが分かります。特にベトナム戦争を描いた作品は、そうした色合いが濃いほど、賞に近づくという傾向がありました。

ただし例外もあります。前講の『ゴッドファーザーｐａｒｔ２』を撮ったフランシス・フォード・コッポラが、様々なトラブルを経て次に完成させた『地獄の黙示録』。ベトナム戦争を否定的にとらえた大作で、作品賞や監督賞など8部門の候補となりましたが、撮影と音響賞にとどまりました。3作連続受賞を嫌われたといわれていますが、この作品こそアカデミー賞にふさわしいでしょう

戦場のピアニスト
ＤＶＤ発売中
¥3,990（税込）
発売元：ショウゲート
販売元：アミューズソフトエンタテインメント

脚本：ロナルド・ハーウッド
原作：ウワディスワワ・シュピルマン
監督：ロマン・ポランスキー
製作：ロマン・ポランスキー
ロベール・ベンムッサ
アラン・サルド

出演：エイドリアン・ブロディ
トーマス・トレッチマン
フランク・フィンレイ
モーリン・リップマン
エミリア・フォックス

（ちなみにこの年の作品賞は次講の『クレーマー、クレーマー』）。

前置きが長くなりましたが、こうした多岐にわたる「戦争映画」の中からまだ記憶に新しい二作、やはり「ホロコーストもの」で、第75回の監督と脚色、主演男優賞を得た『戦場のピアニスト』。そして、２０１０年第82回、戦争映画のエポック的な意味を持ち、作品、監督、脚本など8部門を受賞した『ハート・ロッカー』の2作を教材とします。

私としては前記の『戦場にかける橋』『ディア・ハンター』『シンドラーのリスト』といった作品も取りあげたかったのですが、いずれまた。

『戦場のピアニスト』は第二次大戦下ポーランドのワルシャワで、奇跡的に生き延びた著名なピアニストの物語であり、『ハート・ロッカー』は現在まだ進行しているイラク戦争で、爆発物処理に従事する兵士とその仲間の戦いを、ドキュメンタリータッチで描いた作品と、同じ戦争映画でも題材やテーマがかなり違います。

けれども両作品とも、タイムカウントがシークエンスやエピソードの区切りとなっていて、時間軸の移動や回想シーンがなく、直線的な構成になっています。また『戦場のピアニスト』は、それまでの「ホロコーストもの」とはアプローチが若干違っていますし、『ハート・ロッカー』も戦争映画としてだけでなく、映画としても今までになかった手法で作られていて教材としました。

ゲットー経験者のポランスキー監督

まず第75回の『戦場のピアニスト』。その前々年の９１１のテロ後で、しかもイラク攻撃のさなかという厳戒態勢の中、授賞式が行われました。

ミュージカル映画の『シカゴ』が最多の13部門、マーティン・スコセッシ監督の『ギャング・オブ・ニューヨーク』が10部門、バージニア・ウルフを軸にして3つの時代の女性を描く『めぐりあう時間たち』が9部門という対抗馬で『戦場のピアニスト』は7部門で候補。作品賞こそ『シカゴ』に持って行かれましたが、監督賞はロマン・ポランスキーが、実在のピアニストの手記をシナリオ化したロナルド・ハーウッドが脚色賞を、そしてジャック・ニコルソン（『アバウト・シュミット』）や、ダニエル・デイ・ルイスといった実力派を退けて、初候補ながらエイドリアン・ブロディが主演男優賞を獲得しました。

なかでもポランスキーは過去のスキャンダル事件で有罪判決をうけながら、ヨーロッパに逃走、入国が果たせないままの異例の受賞でした。監督としての功績を評価した結果で、ハリウッドの精神を示したといえます。

ポーランド人のロマン・ポランスキー自身、幼い頃にクラクフのゲットーで過ごし、ワルシャワの空襲も体験、母を収容所で亡くしていました。スピルバーグが『シンドラーのリスト』の映画化権を得て、まずポランスキーに監督を依頼したのですが、舞台がクラクフで彼自身の体験にあまりに近いという理由で断ったそうです。

それが１９９９年に、シュピルマンによる回顧録『ザ・ピアニスト』を手にして、自身の体験を活かしつつ、客観的に物語を描けるという理由から映画化を決意しました。

「私はポーランドの歴史におけるこの痛ましい一章を、いつかきっと映画化する時が来ると思っていました」と述べつつ、自伝的な作品にするつもりはなかったが、この回顧録ならば、「私の個人的体験に近すぎることが

『戦場のピアニスト』ハコ書き

一幕	①	T「1939／9／23ワルシャワ」モノクロ映像 シュピルマン、放送局が爆破　ドロタと出会う 6人家族　金をどこに隠すか　ドロタとデート ユダヤの腕章　ドイツ兵に殴られる父 ピアノを売る　移住命令
	②	T「1940／10／31」ゲットーへ　ドロタとの別れ 本を売る　二つのゲットー ユダヤ人警官ヘラー　レストランのピアノ弾き 地下活動家イェフーダ一家とマヨレク 殺される少年　向かいの一家の惨殺 弟の逮捕　ヘラーにすがる　悲惨な住民たち 兄をなじる弟　東部へ？　父の雇用証明書
	③	T「1942／3／15」　さらなる移動 弟と妹が選ばれる　質問者は射殺 T「1942／8／16」放置された死体 集められるユダヤ人　戻った弟妹　キャラメル 貨物列車　逃げろ！　家族との別れ
二幕	④	殺されているイェフーダ一家　カフェの店主 ゲットー外での労働　ヤニナを目撃　無差別銃殺 マヨレクの抵抗計画　兵士に折檻される 楽な仕事　芋とパン　袋の中の拳銃 ここから逃げたい　袋を調べられる
	⑤	ヤニナと夫のアパートに　久しぶりの風呂 保護者マレクの家に　銃の隠し場所 電車で移動　壁のこちら側のアパート
	⑥	T「1943／4／19」　ユダヤ人の蜂起 大砲での攻撃　制圧される抵抗者たち T「1943／5／16」抵抗者たちの処刑 保護者たちの危機　隣人に見つかる　逃亡
	⑦	雪の街　妊婦のドロタと再会　パンをくれ チェロを弾くドロタ　新しい隠れ家は敵の隣 心で弾くピアノ　世話人シャウス シャウスの嘘　病気　ドロタと夫が医者を
	⑧	T「1944／8／1」　防衛警察への攻撃 燃える建物　戦車の攻撃　必死の脱出 病院に逃げ込む　焼かれる死体 火炎放射器　危機一髪　廃墟の街へ
三幕	⑨	一軒の邸宅　野菜の缶詰　屋根裏部屋 月光が聞こえる　ドイツ将校に見つかる 「ピアニストでした」「何か弾け」無心のショパン 大尉たち、ドイツ軍の撤退準備 食料を届けに「どうやって？」「神に感謝を」
	⑩	雪のワルシャワ　解放　ドイツ兵に間違えられる 立場逆転　レドニツキと捕虜の大尉が遭遇
	⑪	放送局のシュピルマン　大尉のいた場所 オーケストラでの演奏　その後 エンディング

（目盛：20、40、60、80、100、120、140）

なかったから」と語っています。

ちなみに「ホロコーストもの」は、広義にはナチスドイツによって行われたユダヤ人に対する非人道的政策を描いたもの、狭義には強制収容所を舞台にした作品を差します。毎年手を変え品を変え作られ続けていて、ナチスの非道とユダヤ人の受難を訴え続けています。ハリウッド映画の担い手の多くが、ユダヤ人であることも要因かもしれません。

歴史の目撃者になる主人公

もうひとつ戦争映画は、将校や兵士たちなど軍人を主人公として描く場合と、巻き込まれる市民の側の視点で展開させる二つに大別できます。『ハート・ロッカー』は前者、『戦場のピアニスト』は後者です。「ホロコーストもの」は多くは被害者の側から描かれます。『シンドラーのリスト』は、ユダヤ人を救おうとするドイツ人の実業家が主人公ですので、市民の側ですがやや異色です。

さて『戦場のピアニスト』の作劇上のポイントですが、今回も簡単なハコ書きを載せました。タイトルバックを含めて149分という長尺ですが、三幕構成になっています。冒頭は実際の当時のモノクロフィルムで、「1939年9月23日ワルシャワ」というティロップが出ます。主人公のピアニスト、ウワディクことウワディスワフ・シュピルマンが、放送局でピアノ曲を録音しているさなかに爆撃され、ブースも破壊されてしまう。欧州人には周知ですが、39年の9月1日は、ドイツがポーランドに侵攻した日で、第二次大戦がここから勃発しました。

以後、物語の章立て、歴史的な日時がティロップで示されます。例えばシークエンス2の「1940年10月31日」は、ワルシャワすべてのユダヤ人がゲットーに収容された日です。「1942年8月16日」は、家族が収容所行きの貨物列車に乗せられ（彼らは知らないが死が待っている）、シュピルマンだけが逃げてしまう日です。この事件が一幕から二幕へと運ぶためのプロットポイント。

この一幕では、シュピルマンとその家族がユダヤ人であるがゆえに、苦境に追い込まれていく姿を描いています。まさかそこまで酷くなるとは思わないシュピルマンや家族たち。シュピルマンは美しい娘ドロタとの出会いに、心をときめかせます。そこからユダヤ人を示すダビデの星をつけさせられ、由緒あるピアノも二束三文で売ってしまう。さらに劣悪なゲットーに閉じ込められ、子供や隣人たちが殺されていくのを目撃します。

そうした不安の日々にあって、ユダヤ人の中にも警察隊となってナチスに協力するへラーといった男も現れます。シュピルマンを貨物列車に乗せないようにはかるのもヘラーです。

第2幕は、シュピルマンがさまざまな人の助けを得て、隠れ逃げ続ける2年を辿ります。ユダヤ人たちによる抵抗活動に加わろうとするのですが、著名人でありながら無力な彼は目撃者となります。「1943年4月19日」はワルシャワでゲットーのユダヤ人が蜂起した日、「5月16日」は抵抗が壊滅した日です。

廃墟で奏でるショパン

そうした事件を目撃した後、シュピルマンはかつて胸をときめかせたドロタと再会します。ドロタは結婚し妊娠している。チェロを弾く彼女の姿を見つめ、新しい隠れ家で弾けないピアノを、空で奏でるシーンはせつない。

ドイツ軍の防衛基地と病院の向かいにある隠れ家で、シュピルマンはまた歴史の目撃者になります。「1944年8月1日」はワルシャワの市民が蜂起した日です。この日からシュピルマンは攻撃にさらされ、今度は助けてくれる人もなく廃墟の街へと逃れます。ここまでが2幕。

第3幕はシュピルマンのサバイバル生活と、この映画の白眉となるドイツ将校ホーゼンフェルト大尉との出会いが描かれます。シュピルマンが大尉に命令されてショパンを弾くシーンは、映画史に残る名場面だと思います。

廃墟に残されたピアノで、たった一人の聞き手、それも自分たちをこういう境遇に追いやった敵の将校のために弾く。しかもピアニストであるシュピルマンは、数年にわたって曲を奏でていないのです。弾き終わったら殺されるかもしれません。何も告げずに大尉が去って行き、シュピルマンは慟哭しますが、その彼の心情、涙の理由は観客に預けられています。

大尉はシュピルマンを殺すどころか食べ物を届け、自らのコートまで与えて去っていきます。この映画がドラマとしての深さを得ているのは、人間を画一的な善悪で色分けしていない点でしょう。

もうひとつ、この映画の作劇上のポイントとしては、回想やナレーションは使われず、主人公シュピルマンの行動、視点でほぼ展開している点です。父が路上でドイツ兵に殴られるというシーン、シュピルマンと別れた大尉が撤退計画を進めるシーン、終戦後、友人のバイオリニストと大尉が遭遇するシーンがありますが、それ以外はシュピルマンの体験、目撃した事柄を見せていくという手法になっています。

『アバター』になぜ勝ったのか?

もう一本の『ハート・ロッカー』です。第82回のアカデミー賞で、9部門で候補となり、作品、監督、脚本、編集、音響効果、録音の6部門を獲得しました。

この年から作品賞候補は10作品となりました。本命は3DのSF大作として大ヒットした『アバター』で、元夫婦同士だったジェームス・キャメロンと、キャサリン・ビグローの監督対決というのも注目を集めました。

主要部門は『ハート・ロッカー』が獲得し、

同じく9部門候補となった『アバター』は、撮影、美術、視覚効果の3部門にとどまりました。キャメロンが開発した3Dシステムによる『アバター』が火付け役となり（以後の問題は数々は残しつつですが）、盛んに3D映画が公開され、映画の興行成績を高めたというのはご存じの通り。

加えて、キャメロン自らが持っていた『タイタニック』の世界興収記録を破るというように、『アバター』はまさに映画の新しい時代の到来を告げる記念碑としての役割を果たした作品です。

こちらではなく、『アバター』の20分の1という低予算で撮られた、一見すると地味な『ハート・ロッカー』に、アカデミー会員たちは作品賞や監督賞を与えたわけです。これが後年『地獄の黙示録』に与えなかったことを、間違いだったと振り返るのと同じになるのか？

その答えはまさに後世に出るのでしょう。私見ですが、『アバター』の3D映像は、確かにエポック的な意味を持つほどの技術的な高さで、映像は目を見張るものでした。けれども、物語の構造であったり、先住民に対しての侵略者側の強権行使といったストレートなテーマ性に新味が薄く、作品全体の評価を下げていると思います。

むしろ戦争映画として、オーソドックスなエンタテイメント構造を秘めつつ、まったく新しい語り口でリアルな戦場を見せ、かつこれまでにないヒーロー像を捻出した『ハート・ロッカー』に私も軍配を上げたい。

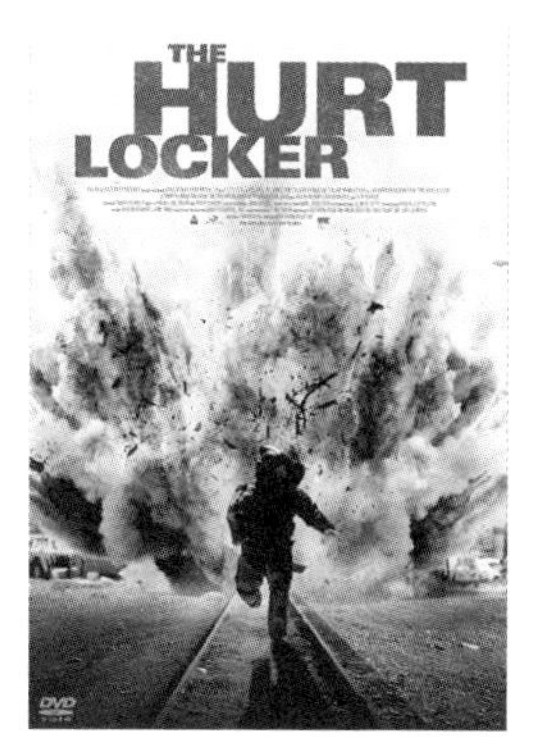

ハート・ロッカー
DVD発売中
¥3,990（税込）
発売元：ブロードメディア・スタジオ
ポニーキャニオン
脚本：マーク・ボール
監督：キャスリン・ビゲロー
製作：キャスリン・ビゲロー
マーク・ボール
ニコラ・シャルティエ
グレッグ・シャピロ
マルコ・ベルトラミ
パック・サンダース
出演：ジェレミー・レナー
アンソニー・マッキー
ブライアン・ジェラティ
ガイ・ピアース
クリスチャン・カマルゴ
レイフ・ファインズ
デヴィッド・モース
エヴァンジュリン・リリー

あえてスター俳優を使わない

キャサリン・ビグローは、『ブルースチール』というジェイミー・リー・カーティス扮する新米婦人警官が犯人を追い詰めるポリスアクション、さらにキアヌ・リーブスとパトリック・スウェイジの犯罪映画『ハートブルー』を撮るなど、女性ながら骨太でキレのある演出で知られていました。ハリソン・フォードとリーアム・ニーソンを主役とした『K—19』は、重厚な味わいの潜水艦映画でしたが、興行的には成功とはいえず、7年ぶりに手がけたのが本作でした。

脚本はノンフィクション作家で、ポール・ハギス監督の『告発のとき』の原案者でもあるマーク・ボール。バグダッドで最も危険で死亡率の高い、爆発物処理班と行動を共にして着想を得たとか。

イラク戦争は徴兵ではなく志願兵が任務に赴きます。その中でも志願でこの任務につく兵士たちの心理に、ボールは興味を抱きます。

「キャラクターの面で言うと、爆発物処理技術者が仕事上で得ていく独特の心理に魅せられた。凄まじい危険に直面し、死と隣り合わせでも冷静でいられるのはどういう人間なのか？　爆発物処理班という題材は、テーマ的にも戦争映画への入り口として期待が持てそうだと思った」と語っています。

　この主旨に賛同したビグロー監督は、「毎日、死の危険のなかで生き続けている彼らの生活は、本質的に緊迫し、偶像的であり、映画に適している。そして比喩的にも、彼らはヒロイズムと戦争の無意味さの両方を体現するように思えた」とこの映画の本質的なテーマについて述べています。

　何度もの改訂を経たのですが、彼らが目指したのはボールの言う「自然で、現実であるかのようなフィクション」スタイルだといいます。この映画で貫かれている手法はまさにここにあります。監督やボール自身が製作者を兼ねて資金集めをしたのですが、商業ベースとは一線を画すインデペンデントとして製作を進めました。

　その一番の表れはキャスティングでしょう。主人公の爆発物処理のエキスパート、ジェームス二等軍曹を演じたのはジェレミー・レナー。演技派ですが、いわゆる客を呼べるスターではありません。ジェレミーとチームを組むサンボーン役のアンソニー・マッキーと、エルドリッジ技術兵役のブライアン・ジェラティもしかり。むしろ、冒頭で登場し、あっさりと爆死してしまう班長役のガイ・ピアーズや、途中で狙撃戦に加わり撃たれる兵士役のレイフ・ファインズの方が、名前も顔も知られている主役クラスの俳優です。

　こうしたキャスティングは、メジャー系の映画ではまず許されません。ビグロー監督は意図して、観客を安心させる有名俳優を避けた。

「スターは映画の終わりまで死なないという約束事があるしょう？　でもそれでは、いつ誰にでも死が訪れる可能性がある戦争を、サスペンス満載で描く予測不可能なこの映画の特質を損なうと考えたの」と語っています。

　この映画には、冒頭から最後まで、緊張感、サスペンスに満ちていますが、まさにこうしたリアルさに徹底した結果と言えるでしょう

7つのシークエンスに法則はない

　こちらも簡単なハコ書きも掲載しました。回想などがいっさいなく、時間軸の進行通りに展開します。こちらは「ブラボー中隊、任務明けまで38日」というティロップで進行し、そこでシークエンスが分けられるというシンプルな構成になっています。プロローグとエピローグに挟まれていますが、これを含めて7つのシークエンスです。

　で、このシークエンスの並びを見ると、いわゆるハリウッドで基本される3幕構成を踏まえていない気がします。そうした構造もまた、脚本家や監督が意図したのかもしれません。

　プロローグは、爆発物処理班であるブラボー隊の危険な仕事ぶりを見せつつ、班長が爆死してしまいます。これを経て、新しい班長としてジェームスが登場しますが、観客は、彼がこの映画の主人公であるとはっきり認識できないでしょう。従来の映画ならば、主人公はそれと分かる登場の仕方をさせます。事件を解決したり、あるいは徹底的にダメさが強調されたり。

　ここからジェームスとチームを組むサンボーン、エルドリッジの三人で、様々な爆発物の処理に当ります。①から⑤までの各シークエンスで、それぞれの事件、エピソードが描かれていくわけですが、まさにドキュメンタリー的に、彼らの仕事ぶりを手持ちキャメ

『ハート・ロッカー』ハコ書き

20　40　60　80　100　120　140

プロローグ	T「戦争は麻薬である」 T「バクダッド2004年」　遠隔ロボット　爆発物発見 トラブル　班長出動　爆発！　班長の棺とサンボーン 新しい班長ジェームス　変人？
①	T「ブラボー中隊、任務明けまで38日」 不穏な街　捨てられた米軍車　爆弾がある ジェームス出動　煙幕　突進タクシー 埋もれた爆弾コード　雷管を抜く　さらなる爆弾 怪しい男　処理終了　勝手な行動をとるな！ TVゲーム　DVD売りのベッカム少年　チームの溝
②	T「ブラボー中隊、任務明けまで37日」 国連施設の車　炎上　鎮火　トランクの爆弾 起爆装置はどこだ？　ビデオを撮る男　尖塔の男 処理完了　無線を外すな！ 上官の賞賛　処理した爆弾873個 ベッカムとサッカー　いらつくエルドリッジ
③	T「ブラボー中隊、任務明けまで23日」 砂漠での爆弾爆破　ヤツを誤爆させるか？ 4人の雇われ兵たち　銃撃される 850m先の敵　銃撃戦の開始 血を拭け！　我慢　ジュースをサンボーンに エルドリッジ、背後の敵を倒す 終わった　チームワークが生まれた キャンプでの高揚　ジェームスの妻子 奇妙なコレクション　防護服のヘルメット
④	T「ブラボー中隊、任務明けまで16日」 不発弾の回収　軍医が同行　廃ビルの中へ 少年（ベッカム？）の死体　腹の中の爆発物 ジェームスの怒り　遺体を運ぶ 軍医爆死！　錯乱のエルドリッジ 少年はどこだ？　妻への電話 キャンプ脱出　少年の家に　教授と妻 基地に戻る　爆破現場に出動 炎上する緩衝地帯　冷静さを欠くジェームス 爆破犯を探すぞ！　エルドリッジ捕まる ジェームスたちが救出　エルドリッジ負傷 軍服のままシャワー　溢れる恐怖心 生きていたベッカム　エルドリッジ帰還
⑤	T「ブラボー中隊、任務明けまで2日」 爆弾男　75m位内に近づくな　爆発！ ジェームス生きていた　凧　サンボーンの告白 男の子がほしい　何で俺はこうなんだ？
エピローグ	アメリカのスーパー　並ぶシリアルの棚 台所の妻　赤ん坊に告白　パパはひとつしかない ヘリの音　戦地に戻ったジェームス　さっそうと T「デルタ中隊、任務明けまで365日」

ラで辿っていきます。

その過程で、ジェームスという男の異常性が明らかになり、サンボーンとエルドリッジとの不協和音もなかなか消えない。真ん中にあるシークエンス③の、砂漠での狙撃戦は、この映画のアクションとしての一番の見せ場かもしれません。

この戦いで、爆発物処理現場とは違うカタチでチームワークが生まれますが、それでもジェームスと二人が、友情や絆で結ばれるといった従来型の造りになっていません。

負傷して帰還するエルドリッジは、ジェームスに「お前のせいだ」と吐き捨てますし、サンボーンも彼との任務でむしろ、より「生きたい」という願望を募らせています。

もちろん、この映画で描こうとするメインテーマは、ジェームスという「戦争という麻薬」にとりつかれた男の精神です。エピローグのスーパーのシリアル売り場で途方に暮れるジェームス。

彼にとって生きる充実を得るのは、平和や家族の温もりよりも、死と隣り合わせの爆発物処理だという病理。これはすなわち世界の紛争に足をつっこみ、抜けられなくなっているアメリカそのものと考えることもできるでしょう。

そうした分かりやすいテーマであったり、敵の顔がはっきりと見えなくなった近代戦争の現状も彼らの戦いを通して描いています。けっしてイラク戦争を反戦や告発としていない点も注目されます。

このように第二次大戦とは違ってきた戦争映画の描き方でありながら、実はこの映画はオーソドックスなエンタテイメント構造も備えています。アクション映画を手がけてきたビグロー監督の手腕が見事に発揮され、ハラハラドキドキさせられます。その証拠にこの映画はおもしろい。監督のいう「ヒロイズムと戦争の無意味さ」を巧みに合致させているわけです。

臨場感を増す巧みな編集、そして銃弾のリアルな金属音を際立たせた音響効果も、賞に値する見事さだったことを付け加えておきます。

まったく手法も構成も題材もテーマも違う両作ですが、片方はピアノ、音楽があったがゆえに生き残ることができた。そしてこちらは爆弾処理という麻薬があるがゆえに、「死なないこと」という共通点があるかもしれません。

18

ジャンル別⑤ホームドラマ

教材作品

『クレイマー、クレイマー』（52回脚色賞・作品賞・監督賞）

『愛と追憶の日々』（56回脚色賞・作品賞・監督賞）

質で勝負のホームドラマ

ジャンル別アカデミー受賞作の分析、今講は「ホームドラマ」。

前々講は「大河ホームドラマ」の代表作として『ゴッドファーザー』のパート1と2を取りあげました。『ゴッドファーザー』は、まさに〝大河〟という冠にふさわしい壮大な家族の物語ですし、その家族（ファミリー、組織）の単位も大きく、しかもマフィアであったために「ギャング映画」でもありました。

それとは違って「ホームドラマ」と限定すると、ひとつの家族をクローズアップして描くために、小品になる場合が多いですし、大がかりなスペクタクルやアクションはあまり入らず、人間ドラマを掘り下げる傾向が強くなります。

アカデミー賞のようなイベント性の高い賞では、どうしても大作や新しさを打ち出す作品が候補になりがちです。それでも長い歴史の中で、ホームドラマも受賞しています。

初期では、第11回作品賞は、アメリカ映画の良心ともいえるフランク・キャプラ監督の『我が家の楽園』。二つの家族が思惑を秘めてぶつかり合うコメディでした。ちなみに第19回で作品賞以下5部門にノミネートされたものの、無冠に終わったキャプラ監督の『素晴らしき哉、人生！』も、ファンタジー色を加えたホームドラマといえるでしょう。当時は評価されなかったものの、今ではアメリカ人がクリスマスの夜に楽しむ国民的な映画となっています。

第14回作品賞ジョン・フォード監督作『わが谷は緑なりき』も、炭坑の町で生きる家族の感動作です。

最近では第72回作品賞サム・メンデス監督『アメリカン・ビューティ』や、この講座の1講目で取りあげた第79回脚本賞の『リトル・ミス・サンシャイン』も典型的なホームドラマです。

その中から今回は1979年製作の『ク

レイマー、クレイマー』と、83年製作の『愛と追憶の日々』を取りあげます。

キャスティングが評価の決め手

70年代後半から80年代にかけて受賞した両作ですが、ホームドラマというだけでなく、受賞の仕方にいくつか共通点があります。

まず『クレイマー、クレイマー』は、8部門で候補となったのですが、助演女優部門で妻役を演じたメリル・ストリープと、友人役を演じたジェーン・アレクサンダーがダブルでノミネートされました。

結果は作品賞以下、監督賞、脚色賞、主演男優賞（ダスティン・ホフマン）、助演女優賞（メリル・ストリープ）の主要5部門を獲得。ロバート・ベントン監督自身が脚本も書いていますので、ダブル受賞でした。

『愛と追憶の日々』は10部門でノミネート。こちらのダブルノミネートは、主演女優の母役のシャリー・マクレーンと、娘役のデブラ・ウィンガーの親子対決。結果は母親にあがりました。さらに助演男優もジャック・ニコルソンとジョン・リスゴーがダブルでノミネート、受賞はジャック・ニコルソン。この主演女優賞と助演男優賞の他、作品賞、監督賞、脚色賞と、こちらも『クレイマー、クレイマー』とほぼ同じ主要5部門を得ました。こちらはジェームス・L・ブルックス監督が、製作にも名を連ね、脚本も手がけていましたのでトリプルの受賞でした。

クレイマー、クレイマー
コレクターズ・エディション
DVD発売中
¥1,480（税込）
ソニー・ピクチャーズエンタテインメント

脚本：ロバート・ベントン
原作：アヴェリー・コーマン
監督：ロバート・ベントン
製作：スタンリー・R・ジャッフェ

出演：ダスティン・ホフマン
メリル・ストリープ
ジャスティン・ヘンリー
ジェーン・アレクサンダー

『クレイマー、クレイマー』のダスティン・ホフマンは、ライバル視された『ジャスティス』のアル・パチーノを退けて初栄冠でした。ちなみに、5講目に取りあげた『レインマン』で、二度目の主演男優賞を得ています。

助演女優賞のメリル・ストリープは、デビュー2作目の78年『ディア・ハンター』でも助演でノミネートされていました。83年の『ソフィーの選択』で主演女優賞を獲得、以後2012年までに17回ノミネートという常連ぶりで、演技派女優の代表です。

二人の子供ビリー役のジャスティン・ヘンリーは、わずか8歳ながら涙をさそう名演技で、助演男優にノミネートされましたが、最年少受賞はならず。

ロバート・ベントンはもともと脚本家で、67年の衝撃作『俺たちに明日はない』の脚本で注目されました。この映画で脚本賞ノミネート、『クレイマー、クレイマー』で監督賞ともども受賞、さらに84年の『プレイス・イン・ザ・ハート』でも脚本賞をとっています。

『愛と追憶の日々』の主演女優賞のシャリー・マクレーンは、5回目の候補で念願の初受賞。「私の芸歴はこの賞と同じくらい長いの。スターへの夢を26年も見つづけて、今

『クレイマー、クレイマー』写真協力　公益財団法人川喜多記念映画文化財団

夜ようやく果たしてサスペンスたっぷりのゴールにたどりついたわ」と心に残こる涙のスピーチをしました。

助演男優賞のジャック・ニコルソンは、7講目で教材とした75年『カッコーの巣の上で』ですでに主演男優賞をとっていましたし、97年にも『恋愛小説家』で主演男優賞を獲得しています。

ジェームス・L・ブルックスは、テレビ界で活躍し製作会社を設立、本作で一躍その名を高めました。ちなみにニコルソンと再び組んだ『恋愛小説家』も製作、監督、脚本を手がけています。

演出の重要性はいわずもがなですが、この2作を改めて観ると、やはり演じる俳優の力量が、いかに作品の出来を左右するか。ダスティン・ホフマン、メリル・ストリープ、シャリー・マクレーン、デブラ・ウィンガー、ジャック・ニコルソンといった名優はもちろん、子役のジャスティン・ヘンリー、脇を固める俳優たちが、それぞれの役を脚本を読み切って見事に演じきっています。いまさらですが、名作はスタッフ、キャスト、多くの人たちの力が結集されてはじめて生まれるのです。

欠かせない二つのテーマ性

まず『クレイマー、クレイマー』から作劇上のポイントを分析します。

ところで前講は戦争映画の分析でしたが、第52回は本作よりも8部門で候補となった『地獄の黙示録』こそが、作品賞に相応しいと書きました。大作であり問題作であった『地獄の黙示録』と、家族の問題を描いた小品の『クレイマー、クレイマー』を比較すると、どうしても破竹の勢いだったコッポラの作品の方がインパクトがあります。

本来ならば『地獄の黙示録』なのでしょうが、だからといって『クレイマー、クレイマー』が評価の落ちる作品では決してありません。改めてじっくりと鑑賞すると、実によくできた計算された緻密な作品です。特に脚本の勉強をされている方には、必見の教科書的な映画と言っていい。

分析の前にホームドラマの定義ですが、田山力哉著『映画小事典』で「ホームドラマ」を引くと、英語にはない和製英語で、そもそもは松竹の中興の祖、城戸四郎が「平均的な中流家庭であるサラリーマン、町の商店主などの庶民階級ら小市民層にスポットを当て、その哀歓をうたう作品を主流にしようとした」ことから生まれたジャンルとのこと。以後松竹の代表ジャンルとなり、その代表となったのが小津安二郎です。

この小事典は1987年に上梓され、この項では最後に「テレビの発達と共に、いわゆるホームドラマはそちらの専売特許となった感があり、劇場映画ではむしろ非日常的な世界を描くことにより、ホームから離れていった」とあります。

テレビドラマ黄金時代の柱となったのが、ホームドラマだったということは間違いありません。一家に一台家庭の必需品になったテレビが、家族でそろって観るドラマとして最も相応しいジャンルでした。けれども、核家族化が進み、インターネットなど新メディア時代になって、テレビでのホームドラマも昔ほど作られなくなっています。

そうした反動から近年、非日常的な世界から戻って、邦画でもホームドラマが再び製作されるようになっています。『ぐるりのこと。』『東京ソナタ』『おくりびと』などなど。拙作ですが『武士の家計簿』も時代劇ホームドラマです。

これらの作品群に内在するテーマは、ほぼ共通しています。「家族崩壊の危機」と「家族の絆」です。これは当たり前なのですが、ホームドラマではこの要素がなければ成立しません。平穏な家族の物語では話になりませんので、何か問題が起きる。家庭を脅かす危機、外敵、以前より秘められていた家庭内の

愛と追憶の日々
DVD発売中
¥1,500（税込）
パラマウント ジャパン

脚本：ジェームズ・L・ブルックス
原作：ラリー・マクマートリー
監督：ジェームズ・L・ブルックス
製作：ジェームズ・L・ブルックス
ペニー・フィンケルマン
マーティン・ジュロー

出演：デブラ・ウィンガー
シャーリー・マクレーン
ジャック・ニコルソン
ジョン・リスゴー
ジェフ・ダニエルズ
リサ・ハート・キャロル
ダニー・デヴィート

病根などが明らかになって、家族の安泰が保てなくなる。当然、そうした危機によって「家族の絆」を護るために、主人公となる家族の一員、もしくは全員が結束して戦う姿を描くわけです。

『クレイマー、クレイマー』も同じで、このクレイマー家が遭遇する危機は、「離婚」であり「親権争い」です。そもそもの原因は、クレイマー夫妻の8年間の結婚生活を経て秘められていた病根です。

今や日本でも、少しも珍しくなくなった離婚や子供の養育問題ですが、映画が作られた70年代、アメリカではこの問題が日常化しつつありました。特に訴訟社会のアメリカでは、この映画で描かれたような親権争いも、法廷で日常的に繰り広げられていたのです。

女性の自立が進み、男性は仕事、女性は家事といった社会通念も根本から崩れたことで離婚もフツーのことになりました。昨今のアメリカ映画で中年男性が主人公となると、ほとんどが離婚経験者で元妻に養われている子供がいて、といった設定です。

『クレイマー、クレイマー』は、こうした時代性を先駆けて題材とした原作を得て、「家族の絆」を核に据えることで感動作にしています。

家庭内での危機が対立を生む

ところで『クレイマー、クレイマー』の原題は、間にvsが入っていて、本来は〝クレイマー対クレイマー〟で、法廷での対立を表しています。今講も簡単な構成表を作りました。

やり手広告マンのテッドは、典型的な仕事人間で家事育児を妻ジョアンナに任せきりで、家庭をほとんど省みていませんでした。上司から昇進の話をされて有頂天で帰宅すると、いきなりジョアンナから「別れる」と宣言されます。彼女が本気だと知って話し合いを提案しますが、時すでに遅く、ジョアンナは一粒種の6歳のビリーを置いて出て行ってしまう。彼女は自殺を思うほど追い詰められていて、迷い抜いた末の決断でした。

ここまでが【起】、シークエンス①です。その夜、夫婦共通の友人マーガレット（ジェーン・アレクサンダー）に八つ当たり。翌朝、仕方なくビリーの世話をして学校に送り出し、上司にも顛末を報告して心配されます。ジョアンナの離婚という選択が本気だと納得し、不器用ながら父と子の生活に入るところまでが第1幕でほぼ32分。この映画はフェードアウトでシークエンスが別れますので、構成を確認しやすくなっています。

第2幕は、仕事と育児を両立させようと奮闘するテッドの姿と、次第にビリーとの生活に慣れていく1年半あまりを描いていきます。ジャングルジムでの落下事故といった事件や、ジョアンナの帰還とさらなる対立の種となる再会、訴訟前の失業（危機）と必死の求職活動、ジョアンナとビリーの再会までが中盤で、この2幕がほぼ40分強。

第3幕から、メインとなる法廷闘争。ここでジョアンナの供述から、夫婦に内在していた問題点がより明らかになり、双方の対立が深まっていきます。結局養育権争いに負けたテッドとビリーとの別れがあって、次への展開を予感させるラストシーンまで。この3幕が約30分。

全体でタイトルバック含めて107分ですが、ほぼ30：40：30の三幕構成とみていいでしょう。

さてこの物語は、父親であるテッドの側からほぼ徹底して描かれています。男による子育て奮闘記になっていて、ビリーを捨て

『クレイマー、クレイマー』ハコ書き

幕		
一幕	①	タイトル　ジョアンナの顔　ビリーに別れ　鞄 オフィス　テッドの昇進　ジョアンナ荷造り テッド帰宅　昇進話 vs 別れるわ　エレベーター
	②	テッド、右往左往　友人マーガレットにあたる 朝　ビリー、ママはどこに？　喧嘩だ フレンチトースト大失敗　学校へ送り届ける
	③	上司の心配　大丈夫です　失敗は許されない 夜　一人遊びのビリー　テッドの書類が台無し スーパーでの買い物　ママからの手紙　ショック 思い出の写真を片付ける
	④	オフィスの飲み会も断り、ビリーを迎えに デリバリーの食事　ビリーの机のママの写真 朝の父子　並んで新聞と雑誌　（F・O）
二幕	⑤	仕事に支障の子育て　公園　マーガレットの友情 上司の叱責　契約に失敗　チョコアイスの攻防 パパもいっちゃう？　テッドの悔恨
	⑥	ハロウィンの学芸会　同僚フェリスと 朝、素裸での遭遇　自転車に乗れた 写真　学校に現れたジョアンナ　（FO）
	⑦	公園　ジャングルジムから落下　病院へ走る 治療　マーガレットへのお願い ジョアンナとの再会　ビリーを返して！　決裂 弁護士に相談　父親は不利だ 勝つためのメモ　ビリーを離さない　（FO）
	⑧	クビの宣告　これから法廷闘争なのに クリスマスの飾り付け　失業は勝ち目がない 必死の就職活動　美術商に面接 パーティの中の孤独　採用しよう！
	⑨	ビリーに新オフィスを　カフェのジョアンナ 本の読み聞かせ　子供を会わせろ セントラルパーク　母子の再会　（FO）
三幕	⑩	法廷争いスタート　ジョアンナの証言 幸せは2年だけ　弁護士の反撃 失敗はどちらだ？　あなたのせいだ！
	⑪	ビリーとの日常　法廷2ラウンド 証人マーガレット　テッドの証言　今が問題だ ジャングルジムの事故　自分の責任と言った 審議終了　ケガを持ち出すなんて！
	⑫	雪の街　マーガレットの報告　敗訴の知らせ 上告はしない　一人にしてくれ　（FO）
	⑬	ビリーに言い聞かせる　僕はどこで寝るの？ 二人で作るフレンチトースト　別れ……？ ジョアンナの変心　エレベーター

途中から返してほしい、と現れる母親ジョアンナの側に立っていません。

ただし、印象的なファーストシーンは、憂いを含んだジョアンナのクローズアップ。ジョアンナはビリーの寝顔を見つめ「愛している」とつぶやいて、クローゼットから鞄を取り出して詰め始める。

このジョアンナの姿とカットバックして、オフィスで昇進を告げられるテッド。そこから帰宅しての夫婦のやりとりです。

この【起】で、いきなり核心から物語が始まっていることに注目して下さい。翌朝のフレンチトースト作りに失敗する姿は、テッドがいかに家事をやっていなかったかを現すと同時に、後半の有名なシーンにつながる伏線です。

以後、うまくいかない育児と仕事の両立に奮闘するテッドの姿を描くのですが、父子の生活を脅かす人物として、一度は消えてしまったジョアンナの存在が次第に大きくなってきます。

他の人物にも物語がある

この物語のシナリオを書く際に、最もポイントとなったのはジョアンナの描き方と出し方だったと思われます。主人公のテッドが、仕事以上に大切なわが子ビリーを守るために戦う姿は、むしろストレートで描きやすい。

テッドは生半可ではない負担となる育児のため、仕事も支障をきたすようになり、ついにクビを宣告されてしまう。しかも犠牲を払ってまで守ろうとした息子も、かつて愛した妻が奪おうとする。

夫婦が法廷で争うようになると、それまでの奮闘ぶりと父子の絆を見てきた観客は当然、テッド側に感情移入していますので、冒頭で愛息を捨てて消えたジョアンナが敵になってしまいます。

もし、ジョアンナの目線でこの物語を描いたら、どのようなシーン展開になるかと想像してみて下さい。

仕事一辺倒で家庭を省みない夫。生き方に悩み、自殺を考えるほど追い込まれている妻の心情さえまるっきり気づかない。愛し合って結婚したはずなのに8年経ってすっかり熱は冷めてしまった。唯一支えとなっているのは、愛するわが子ビリーだけ……

そうした追い詰められたジョアンナが、このままでは母親を続けてもビリーによい影響を与えない。新しい生き方、人生を見つけなくては立ち直れないと決意する。ジョアンナの立場、目線から描けばテッドこそが酷い夫となるはずです。実際、テッドも妻に去られてようやく自身の過ちを痛感します。

この映画は述べたように107分ですが、120分ほどの長さにして、カルフォルニアで、新しい人生をスタートするジョアンナのシーンを入れることも可能だったかもしれません。精神科医のカウンセラーを受ける場面であったり、新しい仕事を得る場面、さらには置いてきてしまったビリーを思い、いてもたってもいられなくてニューヨーク行きの飛行機に乗ってしまう。小学校の向かいにあるカフェから、ビリーと元夫の姿を涙ながらに眺める……

こうしたジョアンナ側のシーンがあると、観客はもう少し冷静にこの夫婦をジャッジできたかもしれません。けれども、そうした両者の視点をベントンはとりませんでした。

そうであっても、ジョアンナがビリーを捨ててから、どのような18ヶ月を送ったかは綿密に想定して作ったはずです。だからこそ法廷やラストシーンでのジョアンナのセリフが胸に迫るのです。もちろん演じたストリープのうまさもあるのですが。

ともあれ、脚本を書く際の心得がここにあります。主人公はもちろんですが、副主人公、脇役にも人生があって、描かれている時間に生活を送っているということ。

愛し合って家庭を持った夫婦であっても離婚に至ることもある。あきらかに片方に非があるケースもあるでしょうが、多くはそうではないということを、この映画はテッドの子育てを追いながらもしっかりと踏まえているのです。

ビリーを引き渡す朝、テッドとビリーが協力しながら手際よくフレンチトーストを作ります。有名な『クレイマー、クレイマー』の名場面〝フレンチトースト〟。これぞ映画の表現です。

母と娘の2視点で綴られる30年

さて『愛と追憶の日々』。

この邦題は、一年前に公開された青春映画『愛と青春の旅立ち』が大ヒットしたことが火付け役となり、以後こうした邦題が流行りました（そもそもシャリー・マクレーン主演の77年『愛と喝采の日々』が元祖ですが）。原題は『TERMS OF ENDEARMENT XXX』で、「愛情表現の言葉」といった意味とのこと。「XXX」は手紙の末尾に添えて「親愛」を表すサインのようなものです。

『クレイマー、クレイマー』は夫婦生活8年間のうち、離婚するところから法廷闘争にいたる18ヶ月を切り取っています。出会った頃や新婚時代などが、回想シーンで描かれることもありません。幸せだった日々は、飾られている写真でさりげなく示されていましたが。

それに対して『愛と追憶の日々』は、母と娘の30年間を辿っています。こちらも回想シーンはいっさいありません。時間経過の手法としては、エマの妊娠や子供の成長を巧みに使って、何年くらいが経過したのかを分からせています。

また、『クレイマー、クレイマー』がテッドの視点を中心に描かれたのに対して、こちらは母親であるオーロラ（シャリー・マクレーン）と、娘のエマ（デブラ・ウィンガー）の二つの人生と視点が交互に描かれます。女優二人が主演女優賞にノミネートされたのは、どちらも主人公としてのポジションだからで

『愛と追憶の日々』ハコ書き

一幕	①	タイトル　赤ちゃんが死んでる？　娘のベッドに 成長したエマ　隣の宇宙飛行士ギャレット
一幕	②	パッツイーとマリファナ　押しかけるオーロラ フラップと結婚するわ　風邪引きの初夜の朝 ママの電話　婿のお願い　がっかりのオーロラ 女と騒ぐギャレット　プレゼントのネクタイ パーティ　とりまきの男たち　妊娠したわ 酔っぱらいギャレットの醜態
二幕	③	長男トミー　フラップの昇進　妊婦のエマ エマの出発　母との別れ　さらばテキサス 近所迷惑よ　俺とランチをするか？ アイオワの新居　愛し合おう
二幕	④	次男ティディを抱いて　夫婦喧嘩 ママ、お金を貸して　また妊娠した 夫の朝帰り　浮気？　泣いている赤ちゃん 両親の喧嘩に傷つく兄弟
二幕	⑤	スーパーでお金が足りない　銀行員サムの助け オーロラ50歳のバースディ　ギャレットを誘う スポーツカーでデート　蜘蛛の巣を払え エマ、サムとデート オーロラとギャレット、浜辺を疾走　キス エマ、サムとキス　どうして侮辱するの？
二幕	⑥	サムからの電話　母への報告 プールのギャレット　ルノアールを見に来て 私には孫が　ディープキス　ベッドへ
二幕	⑦	メラニーが病気　フラップの栄転 母に報告　宇宙飛行士の写真 夫と女子学生　家に帰るわ
二幕	⑧	帰郷　三人の孫　照れてるギャレット 積もる話　パッツイと再会　ネブラスカへ行く ギャレットから告げられた別れ　サムとの別れ 新しい職場に女子学生がいた　怒り
三幕	⑨	小児科医　脇にしこり　母に報告　夫のいい訳 残念だが悪性だ　入院　NYに招待するわ
三幕	⑩	憧れのNY　キャリアウーマンとの差 ガンの話をしていい　オーロラとフラップの溝
三幕	⑪	個室に入院　新しい薬を　注射をしてやって！ 現れたギャレット　空港での告白 いつも喧嘩していた　子供たちは引き取る
三幕	⑫	夫婦の会話　あのネクタイ　子供たちに話すわ パッツイとの友情　兄弟に告げる準備 ママを嫌うふりをしないで　うまくできた オーロラと孫　トミーの頬を張る
三幕	⑬	エマの静かな死　バカだった！　フラップと抱擁 葬式　すねているトミー　ギャレットの心遣い オーロラの次の人生

（時間目盛：20　40　60　80　100　120）

す。

こちらも簡単なハコ書きを作りました。タイトルバックでオーロラと赤ん坊のエマから、エマ8歳の時の夫の死、エマ18歳の時に隣に越してきた宇宙飛行士ギャレット（ジャック・ニコルソン）まで。

主要人物の紹介です。ここからエマの親友パッツイーや、大学助教授のフラップ（ジェフ・ダニエルズ）との結婚、最初の妊娠を告げ、隣のギャレットの醜態を目撃するまでが第1幕で約22分。

第2幕は長男トミーの成長と、第二子の妊娠。母との土地テキサスのヒューストンを離れてアイオワに行く。そこからサラの3人目の妊娠と子育て。夫フラップとのすれ違い、出会った銀行マンのサム（ジョン・リスゴー）との不倫愛、夫の浮気といった日々。

オーロラの側は、男たちに賛美されつつも、ギャレットとのデートや愛を深めていく過程から別れまでの日々。この母と娘のそれぞれの年月が綴られていきます。

オーロラがギャレットに別れを告げられ、エマが夫の栄転とともにネブラスカに引っ越しすることで、サムと別れるシーンが3幕へのプロットポイントです。ここまでの2幕が約70分。

そしてエマのガンが見つかり、闘病生活、再びオーロラとの生活が始まり、死を迎え、本当の別れまでが第3幕で約38分。タイトルバック含めて132分ですが、22：70：40の三幕構成とみていいでしょう。

強烈な母と専業主婦を貫く娘

こちらは30年にわたる母と娘のそれぞれを、しかも交互に描いていますので、ややもするとダイジェスト的な描き方になる危険性をはらんでいます。それぞれの年代のエピソードをチョイスすることで、二人の女性の愛情の変遷を追うのですが、どこを拾い上げるかがポイントになります。

ダイジェストと感じさせずに、どうドラマとして切り取るか？　そのドラマを凝縮して描くベースとなるのは主要人物の人物造形です。特に主人公二人の、対比としての母と娘の性格なり人柄をどう作って表現するか？

この映画のトップシーンからエマの成長までの導入部。このわずか5分の描写の素晴らしさ。この5分で、二人の主人公の性格を見事に伝えています。特に強烈な個性の持ち主であるオーロラ。

　トップシーンでベビーベッドの置かれた部屋があり、「いい加減にしろ、キミは5分ごとにベイビーを見に行っている」という夫の声（夫の姿はいっさい見せない）。ドアが開いてオーロラがベッドを見て「あなた、大変よ、息をしていないわ」。夫の声「寝てるだけだ」。オーロラは「死んでるわ」とベッドを乗り越えようとして、赤ん坊の頬をつねる。大声で泣き始める赤ん坊に「よかった。生きてた」と泣かせたまま部屋を出て行ってしまう！　なんという愛情表現をする常識外れな母親か。

　それからいきなり8年後で、夫の葬式からエマを連れて戻ったオーロラは、夜になって寂しいからと、エマのベッドに潜り込む。母と娘が逆転しています。そして、大人になったエマの自立志向を見せるまで。

　これも演じたシャリー・マクレーンのインパクトも抜きにできません。けれどもやはり、娘を溺愛しながらも、いつまでもわがままお嬢様のようなオーロラ像が見事に造形されています。

　オーロラは娘の結婚も、相手が冴えない大学助教授ということで出席しません。自分を崇める男たちを侍らせて、誕生パーティでも年をごまかす。

　物語の主人公は、このくらい個性を際立たせられると、どんなシーンもおもしろくなります。もちろん、ただの変人では観客からそっぽを向かれることもあります。変さの中に娘の幸せを願う肉親の感情であったり、恋にとまどう繊細さも見せることで、観客を感情移入させられるのです。

　対するエマは、母親が個性的であればあるほど性格づけが難しくなります。そうした母を憎んでしまう娘、という描き方もあるでしょう。けれどもこの物語の場合は、母からの脱却を図りながらも、互いの愛情ゆえに繋がっている母娘と位置づけられています。

　エマの性格は母に比べると常識人ですが、それでも夫との溝であったり、誰でもが人生に一度や二度はあるだろう別の男性との出会いも描かれます。そして最後に難病という危機が降りかかることで、一気に平凡ではない人生ドラマへ加速します。

　オーロラも彼女なりの風変わりな恋が訪れます。彼女と匹敵する、もしくはそれ以上に強烈な個性の持ち主で、宇宙飛行士という希有な前歴を持つ隣人のギャレット。ジャック・ニコルソンの演技もありますが、けっして人格者でないところが、おもしろさのポイントです。

　そうしたエピソードを綴っていくのですが、展開する各シーン、エピソードのおもしろさも注目して下さい。ガンの進行が分かり親友パッツィーと憧れだったニューヨークに行くエマ。そこで会ったいわゆるキャリア・ウーマンたちと、3人の子育てに明け暮れてきた専業主婦との感覚の差。

　ナースステーションで「あの子に注射を！」と叫ぶオーロラ。一度は別れを告げたギャレットが見舞いに戻ってきて、見送るオーロラとの空港での二人のやりとり。

　そしてエマが二人の子供に別れを告げる感涙のシーン。エマの臨終から、ラストシーンまで。これぞまさに涙を誘う感動ドラマを描く手法の見本です。

　家族のある期間、問題をクローズアップする『クレイマー、クレイマー』。母と娘のそれぞれの人生を交互に綴りながら、家族の絆を描く『愛と追憶の日々』。ホームドラマもさまざまなアプローチ法があることが分かる名作です。

19 ジャンル別⑥ミステリー（1）

教材作品

『ユージュアル・サスペクツ』（68回脚本賞）

『L.A.コンフィデンシャル』（70回脚色賞）

さまざまに細分化できるミステリー

ジャンル別アカデミー受賞作の分析の6講目は「ミステリー」です。

エンタテイメントでは、最も人気のあるジャンルといっていいでしょう。一口に「ミステリー」といっても間口が広く、「推理もの」という言い方もあれば、「サスペンス」や「スリラー」との境目があいまいだったりします。

またメインになる〝犯罪〟や〝事件〟、推理や捜査をする主人公の役職などで、「ミステリー」や「サスペンス」はさらに細分化します。

刑事が事件の捜査を解決していくと「刑事もの」（次講に取りあげます）となりますし、推理よりも銃撃戦などがメインとなると、同じ「刑事もの」でも「ポリスアクション」（代表的な名作は『ダーティ・ハリー』『ダイ・ハード』など）と呼ばれます。

弁護士や陪審員、裁判官などが主人公で法廷がメインの物語となると「法廷もの」（『情婦』、『十二人の怒れる男』『評決』。前講の『クレイマー、クレイマー』もミステリーではありませんが法廷ものともいえます）。

犯罪者側を主人公として描くミステリーもたくさん。「襲撃（ケイパー）もの」もしくは「泥棒もの」（『アスファルト・ジャングル』『黄金の七人』『地下室のメロディー』『おしゃれ泥棒』）は、映画ならではのおもしろさで、観客をハラハラさせます。

詐欺師の虚々実々のかけひきだと「コンゲームもの」（『スティング』『テキサスの五人の仲間』）。また血も凍る悪女が主人公の「悪女もの」（『死刑台のエレベーター』『白いドレスの女』）もあれば、悪女ほど目立ちませんが、「悪漢もの」（『必死の逃亡者』『第三の男』）もあります。

どちらかというと「サスペンス」「スリラー」、あるいは「ホラー」になりますが、殺人鬼が主人公もしくは、同等の描かれ方となる「サイコサスペンス」「猟奇もの」も、広義の「ミステリー」でしょう。『サイコ』『セブン』『ソウ』といった作品です。

ほかにも「スパイもの」「歴史ミステリー」「社会派ミステリー」などなど、多岐に渡ります。

実は「ホームドラマ」であろうと「恋愛もの」であろうと、物語には多かれ少なかれ「謎」や「ミステリー」の要素はあるべきで、これが観客の興味を引っ張るのです。ただ、「ミステリー」と定義した場合は、作品全体を通す謎なりがあって、主人公が解明していくという作品となります。

アカデミー賞に嫌われたヒッチコック

作劇上では不可欠なミステリーの要素なりテクニックでありながら、「ミステリー」「サスペンス」といったジャンルは、娯楽作といったレッテルが貼られて、アカデミー賞の前期では特に、一段下と見られていたようです。重厚な文芸作品や大作が評価されて、ミステリーやスリラー映画は脇に追いやられていたのが実情です。

その顕著な例こそが、「スリラー」の巨匠と称されるアルフレッド・ヒッチコック。

1940年製作の『レベッカ』はゴシックホラーでありながら、文芸作品調が評価されたのか、作品賞を獲得していますが、ヒッチコック自身は監督賞を逃しました。

以後、『救命艇』『白い恐怖』『裏窓』『サイコ』と都合5度も監督賞候補となりましたが、ついに一度も授賞に至りませんでした。今ならば、これらの作品だけでなく『汚名』『見知らぬ乗客』『ダイヤルMを廻せ!』『ハリーの災難』『知りすぎていた男』『めまい』『北北西に進路を取れ』『鳥』などなど、監督賞はもちろん、作品賞をとっても不思議ではない傑作の数々です。

ミステリーやサスペンス映画を語る際にヒッチコックは欠かせないのですが、またの機会に。実際ヒッチコック映画に関しては、『ヒッチコック・トリュフォーの「映画術」』をはじめ、多くの研究書や解説本が出ていますので、映画と合わせてお読み下さい。

さて今回は「謎解き」やミステリーの構造が顕著な受賞作として、95年の第68回脚本賞の『ユージュアル・サスペクツ』（脚本クリストファー・マックアリー）と、2年後の第70回脚色賞の『L.A.コンフィデンシャル』（脚本ブライアン・ヘルゲランド、カーティス・ハンソン）を教材とします。『ユージュアル・サスペクツ』はケビン・スペイシーが助演男優賞を、『L.A.コンフィデンシャル』はキム・ベイシンガーが助演女優賞を合わせてとっています。

ちなみに第68回は歴史劇スペクタクル、メル・ギブソン監督の『ブレイブハート』が10部門でノミネートされ、作品賞、監督賞など5部門を獲得。

記念すべき第70回は、ジェームス・キャメロンの『タイタニック』が14部門でノミネートされ、主演・助演女優とメイクアップ部門を落としただけで、作品賞、監督賞など11部門を獲得した年です。この『タイタニック』は、詳しい構成表をつけた分析を拙著『エンタテイメントの書き方2』で行っています。

いかに巧みに「ホラを吹くか」

前もってお断りしますと、今回のような「ミステリー」映画は「ネタバレ厳禁」が本来のルールですが、構成表などの関係から、伏線とその解明、まとめ方といったことに触れないわけにはいきません。まだご覧になっていない方は、まずまっさらな状態で観た上で、できれば自らで気づいたポイントなどを、書き出してみることをおすすめします。

ミステリーに限りませんが、優れた映画を観た後は、ただ「おもしろかった」で終わらず、なぜおもしろかったのか？　どういう構成や場面の作りになっているか？　どう伏線が張ってあるか？　などなど検証してみることです。頭の中だけでなく、メモでいいので書き出してみる。そうしたもう一歩の研究が、創作上のテクニックを向上させます。

特にミステリーのテクニックは先人の作品から学ぶのが有効です。しかもミステリーの作劇上の手法は、あらゆるジャンルに最も応用可能です。

まず『ユージュアル・サスペクツ』。この映画は今もなおマニアックに人気を保っていて、あえて冠をつけると、「ホラ吹きミステリー」です。

もっとも映画、フィクションというのはすなわち、「いかに上手に嘘をつくか」であって、創り手側がつこうとする〝嘘〟なり〝ホラ〟に、リアリティという衣をつけて観客（読者）の前に差し出します。

それを「ありえない」とか「思った通りだった」と、観客にガッカリされたら創り手の負け。「ええっ、すごい」「なるほど！」と感心させられれば、成功ということになります。

『ユージュアル・サスペクツ』はその点、かなり成功しています（もちろん否定する方もいるでしょうが）。その嘘のつき方として、綿密にシナリオが組み立てられていて、ちりばめられているディテール、伏線を巧みに映像化しています。最後に示される答えの提示に、ほとんどの観客は「えっ!?」と驚かされることは間違いありません。

見終わった後で観客は、映像で見せられた各シーンやセリフをあれこれと思い出しながら、その繋がり、秘められていた伏線を辿るでしょう。そう思わせるだけで成功作といえると思います。

「ポリスアクション」や「スパイもの」のように頭をからっぽにして楽しむ活劇といったジャンルもありますが、ミステリーが目指すべきカタチは、観客の頭脳をフルに回転させる展開であり、最後に示す意外性や明確な解答でしょう。

真相や真犯人があっさりと観客に分かってしまったり、整合性がとれていない（つまりリアリティに欠ける）ミステリーは、どんなに人気のスターが熱演しても失敗作なのです。

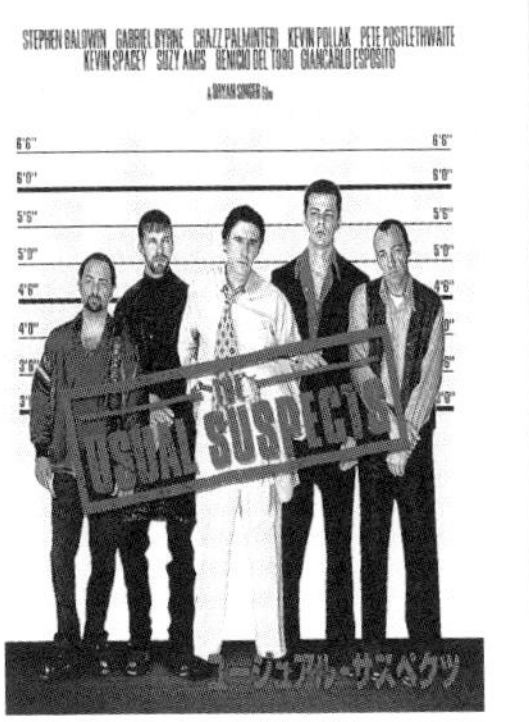

ユージュアル・サスペクツ

DVD発売中
¥1,500（税込）
パラマウント ジャパン

脚本：クリストファー・マックアリー
監督：ブライアン・シンガー
製作：ブライアン・シンガー
　　　マイケル・マクドネル

出演：スティーヴン・ボールドウィン
　　　ガブリエル・バーン
　　　チャズ・パルミンテリ
　　　ケヴィン・ポラック
　　　ピート・ポスルスウェイト
　　　ケビン・スペイシー

嘘をすべて映像にしてしまった

製作・監督のブライアン・シンガーは、処女作『パブリック・アクセス』が93年のサンダンス映画祭で審査員グランプリを得て、二作目の本作で一躍売れっ子監督になりました。最近では『Xメン』シリーズの製作や監督を手がけています。脚本のクリストファー・マックアリーとは『パブリック・アクセス』に継いで組んでいます。マックアリーは本作にも出演しているベネチオ・デル・トロを主演とした2000年『誘拐犯』で、監督デビューを果たしました。トム・クルーズ主演の08年『ワルキューレ』で、再びマックアリーとシンガー監督はタッグを組んでいます。

シンガー監督とマックアリーは初期の段階から検討を重ねて脚本を練り上げていったとのことです。で今回、どのくらい分析をするか迷いました。綿密に構造なり伏線を解き明かすと枚数がいくらあっても足りなくなりそうですし、キリがありません。詳しくディテールを紹介、解説しているネットのブログもありますので興味のある方はぜひ。

そこでいつものように構造としてのハコと、ポイントだけを表とします。細かい伏線などは実際に映画をご覧になって、確認されるのが一番でしょう。

というのは、この「ホラ吹きミステリー」は、登場人物であるヴァール・キント（ケビン・スペイシー）の供述で運ぶのですが、まさにほとんどホラだからです。そのホラ話が実に巧みで、いくつかの実際に起きたとされる出来事なり、そこにあるモノをもとに構築されている。どこまでが本当で、どこが嘘、でたらめなのか、がなかなか分からないようになっています。

観客はそこで翻弄され、何度も振り返って考えることになる。しかも、最後に示されたどんでんに驚きます。これを成功させるために、それまで暗黙の了解として守られてきた作劇ルールを、この映画はあっさりと破りました。それはイメージシーンはともかく、回想シーンであっても「嘘をむやみに映像で見せるべきではない」という了解です。

つまり、誰かが「こういうことがあった」とセリフで嘘を語るのは構わないのですが、それを映像でこと細かく再現してしまうと、本当にあったことだと観客は認識してしまう。人物が実際に動く姿なりを見せてから、後でそれはまるまる嘘でした、と否定するのはアンフェアとされていたのです。

カイザー・ソゼとは誰か？

キントの供述で語られることを映像で見せていくために、観客はそれが本当のことと認識します。ハコの冒頭部分の貨物船上での殺人や火災のところから、すでに嘘が混じって描かれているのですが、深夜の事件で27人もの殺害があったことは事実の部分です。

キントともう一人だけの生き残り、瀕死のハンガリー人船員が口にした「カイザー・ソゼ」という謎の人物が暗躍します。キントが語るソゼの伝説のエピソードにしても、あまりに強烈なゆえに観客は本当のことだと認識してしまう。

本来、表現は自由ですので、どのように描いてもいい。それも本作のようにある意味開き直って、ほとんどのホラを映像にして本当のように描くのもアリだったわけです。

こうした手法がそれまでほとんどなく、『ユージュアル・サスペクツ』が堂々とやってしまったために、記憶に残るミステリーとして認識されたともいえます。以後、この嘘を映像にして見せてしまう手法は、ごく普通に使われるようになっています。

これを認めるか否かで意見が分かれるとはいえ、伏線としての要素は巧みにちりばめられています。人物たちの右利き、左利きの差、銃の構え方、ライター、タバコ、カップ、クリップボード、セリフなど。そこには観客を欺く巧みなミスリードも隠されていますし、述べたようなシーン丸ごと嘘も含まれています。どこが本当で、どこが嘘なのか？　これを絶妙な配分で見せている映画こそが『ユージュアル・サスペクツ』です。

　ということで今回は、詳しい内容やストーリー展開は省略します。映画をつぶさに観ることで確認して下さい。

『ユージュアル・サスペクツ』
写真協力　公益財団法人川喜多記念映画文化財団

ただ申し上げておくと、この映画も実は過去のミステリー小説や映画を踏まえて作られています。ヒッチコックの『舞台恐怖症』の供述回想手法や、ミステリーの女王アガサ・クリスティーの『そして誰もいなくなった』的な、順番に登場人物が殺されていって、ついに誰もいなくなってしまう展開など。

　そういえばクリスティのミステリーは『アクロイド殺し』や『オリエント急行殺人事件』がそうであるように、ミステリーの暗黙のルールをあっさりと覆すことで、アッというどんでん返しを成立させる作品がたくさんあります。そうした手法を駆使するために、名作を知ることが作家の必然となるのです。

　ともかく『ユージュアル・サスペクツ』のハコを見ると、(嘘を交えた)現実の事件とクイヤン刑事(チャズ・パルミンテリ)によるキントへの尋問シーンがあって、それに答えて話すキントの回想シーンとで展開していきます。この回想シーンのどこまでが嘘なのか？　現実のシーンにちりばめた伏線が、どう回想シーンを作っていくのか？　どこにミスリードが入れられていたか？　第3幕はまさにそれらの「解答」が示されていて、クイヤンも観客も「フッと消える」嘘で煙に巻かれていきます。

　詐欺師キントは、まさにこの映画の創り手であるシンガー監督と脚本家マックアリーの分身であって、映画全体が二重、三重構造になっているわけです。

ミステリーで導かれる〝感動〟

　もう一作の『L. A. コンフィデンシャル』。アメリカを代表するミステリー、犯罪小説の旗手ジェイムズ・エルロイの原作を元に、カーティス・ハンソンが製作・監督・脚本を手がけています。共同脚本にブライアン・ヘルゲランド。

　ハンソンはなんといっても本作が代表作ですが、これ以後でもチャーリー・カウフマン脚本の『アダプテーション』や、エミネム主演の『8Mile』、キャメロン・ディアスとトニ・コレットが姉妹となった『イン・ハー・シューズ』など佳作を監督しています。

　ヘルゲランドはこれ以後、クリント・イーストウッド監督の『ブラッド・ワーク』や『ミスティック・リバー』、さらに『マイ・ボディガード』『サブウェイ123激突』『グリーン・ゾーン』『ロビン・フッド』『ソルト』と

『ユージュアル・サスペクツ』ハコ書き

	シーン展開	ポイント
一幕（発端　17分）	タイトル　夜の海面 T「カルフォルニア州サンペドロ　昨夜」 ・港の貨物船　キートンと謎の男（カイザー）殺害　爆発炎上 ・キントの事情聴取	・タバコ　ナイフの刺さった死体　ライター　左手の銃　横にして撃つ　ロープの束　27人の死者
	（回想）T「ニューヨーク　6週間前」 ・マクマナス、ホックニー、フェンスター、キートンの逮捕　クイヤン捜査官　イーディ弁護士 ・キントを入れた5人の面通し ・拘置所の5人　マクマナスのうまい話	・キートンが本命 ・足が不自由な詐欺師キント ・5人それぞれの特技 ・キント逮捕のシーンがない ・「それが発端」
二幕（展開　73分）	T「カルフォルニア州サンペドロ　現在」 ・FBIベアの捜査　惨状の船上　浮かぶ死体 ・クイヤンと検事　キントを尋問させろ ・ベア、やけどのハンガリー人船員を尋問 ・検事の部屋に来るキント　クイヤン尋問	・黒コゲ死体 ・生存者は二人　一人は重体 ・9100万ドルのヤク　隠しマイク ・怯える船員「カイザー・ソゼ!」 ・クリップボード　カップ　左利き?
	（回想）・NY　イーディの尽力 ・釈放された5人　タクシーサービス襲撃計画 ・パトカー襲撃成功　5人でロスへ	・5人のチームワーク ・キートンとイーディの別れ
	・クイヤンのキント尋問（以下“尋問”） ・ベア、船員尋問　似顔絵作成へ ・キートンは生きている?	・キートンの悪人ぶり ・悪魔のカイザー・ソゼ ・コバヤシに脅された
	（回想）・ロス　鐘のある海辺　ヤマの相談 ・駐車場での宝石商襲撃	・レフトフットとの交渉 ・中身はヤクだった　彼らの利き腕
	・尋問　ベア、警察へ	・カイザー・ソゼとは?
	（回想）ホテルの5人　コバヤシ登場	・彼らの過去の犯罪　ソゼへの借り
	・尋問　キントが語る恐怖のソゼ ・（イメージ?）ソゼのハンガリー伝説 ・ベアの伝言　進行する似顔絵	・長身、長髪のソゼ
	（回想）フェンスターの死体処理	・ソゼの恐ろしさ
	・尋問　コーヒーカップ	・カップの暗示?
	（回想）・コバヤシ襲撃計画　失敗　人質イーディ ・貨物船襲撃　銃撃戦　爆弾　狙撃 ・バンの現金　ホックニー背後から撃たれる	・万全のソゼの力 ・動かないキント　キートンの友情? ・ホックニーは誰を見た?
	・尋問　死体の身元　密告屋	・船にヤクはなかった
	（回想）・銃撃戦　怯える密告屋 ・殺される密告屋　マクマナス　撃たれるキートン	・密告屋はソゼの目撃者 ・キントはどこから見ている?
三幕（解決　16分）	・尋問　怯えるキント	・ヤツは悪魔だ
	（回想）・キントの目撃　ソゼに殺されるキートン	・ロープの山　キートンは見えない?
	・尋問　「キートンがソゼだ!」（カットバック） ・時間切れ　キント釈放　似顔絵をファックス ・満足のクイヤン　真実に気づく　割れるカップ ・ファックスの顔は　キントの足　出迎えのコバヤシ ・フッと消えた　　タイトルバック	・怯えるキント　保護を拒否 ・受け取る時計、タバコ　ライター ・クリップボードのメーカー　記事　コバヤシ製のカップ

いったヒット作の脚本、さらに『ペイバック』『ROCK YOU!』といった監督作もあります。アクションやミステリーで手腕を発揮する売れっ子です。

原作のエルロイには「暗黒のL.A.」と呼ばれる4部作があり、その第一作が実際に起きた女優志願エリザベス・ショート惨殺事件を題材とした『ブラック・ダリア』で、06年にブライアン・デ・パルマ監督によって映画化されています。迷宮入りした事件は、それこそ明解な結果が出しにくく、この映画も欲求不満が残りました。

この『L.A.コンフィデンシャル』は4部作中の3作目。エルロイ自身、10歳の時に看護師だった母親が殺害され、迷宮入りしたままという特異な前歴を持っていて、小説にしています。これがエルロイの作家の原点となっているようです。

エルロイの原作は登場人物も多く、二転三転する複雑なストーリーやからみあった背景があります。こうした原作のおもしろさを損なわずに、手際よくかつ深い人物の心情なども掘り下げていくには、脚色者の腕が求められます。『L.A.コンフィデンシャル』はその見事な成功例ですし、ドラマ的構築もなされていて、観客に深い感動を与えます。原作を合わせて読むと脚色の手法がよく分かります。

『ユージュアル・サスペクツ』がミステリーとしての仕掛け、騙される快感を追求した快作とするならば、『L.A.コンフィデンシャル』は、事件の謎解きで観客を引っ張りながら、意外性で驚かせ、かつ人間ドラマの葛藤で感動を導く一級のミステリーといえるでしょう。

三人の刑事、そして強烈な脇役たち

こちらは今回はハコ書きは作成しません。やはりネタバレしますので、未見の方はご覧になった上でお読み下さい。

三人の主要人物の視点によって、時系列にそって物語が進行していきます。人物関係であったり、事件の背景などが複雑にからみあいますので、じっくりと見ていかないと分からなくなるかもしれません。しかし、どのシーンにも無駄がなく、人物の対立葛藤、さらにはそこから導かれる心情の変化が伝わります。

舞台は53年末のロサンジェルス。まず「夢の街ロス」を紹介するニュースフィルムから、一転新興都市に暗躍するギャングの実情が前説として語られます。ナレーションはタブロイド誌の記者シド・ハジェンズ（ダニー・デビート）。

シドはハリウッドを中心にゴシップで食っていて、強烈な個性と容姿で要所要所に登場し、巧みに人物や状況を語る脇役です。逮捕劇をわざわざ仕組み、スクープとする狡猾男。脇役はともすれば便利キャラとして配置されますが、ストーリーを運ぶためだけにしないコツこそがこのシドの個性です。

さて、こうした夢と悪意が混沌としたロスの街で、自らの生き方を貫こうとする三人の刑事の物語。

悪事を見逃すことができないながら、キレやすく繊細さも持つバド・ホワイト刑事（ラッセル・クロウ）。殉職した有名な刑事を父に持ち、出世のためならば仲間も切り捨てる野心家のエド・エクスリー（ガイ・ピアーズ）。そして、人気刑事ドラマのアドバイザーを務め、記者のシドとも組んで平気で裏金を受け取るスター刑事のジャンク・ビンセンズ（ケビン・スペイシー）。

この三人の刑事を軸に、記者シド、さらに上司のダドリー・スミス警部（ジェイムズ・クロムウェル）、有名女優似を売りにする高級娼婦リン（キム・ベイシンガー）、売春組織の元締のパチェット（デビット・ストラターン）、相棒の刑事や汚職の元刑事といった人物たちが絡んでいきます。

さまざまな事件と、翻弄されながら真相を追う三人の刑事の行動がかなり複雑に展開していきますが、構造はやはり基本の「ハリウッド型三幕構成」となっています。

タイトルバック含めて１３８分ですが、第1幕は、舞台となるロス、警察署、三人の刑事それぞれを事件をからめながら紹介。バドの相棒ステンスランド刑事が暴力事件を起こして辞めさせられるまでで約30分です。

L.A.コンフェデンシャル

1997年　アメリカ映画

脚本：ブライアン・ヘルゲランド
　　　カーティス・ハンソン
原作：ジェイムズ・エルロイ
監督：カーティス・ハンソン
製作：カーティス・ハンソン
　　　アーノン・ミルチャン
　　　マイケル・ネイサンソン

出演：ラッセル・クロウ
　　　ガイ・ピアース
　　　ケビン・スペイシー
　　　ジェームズ・クロムウェル
　　　キム・ベイシンガー

ここで出世のために容赦なくステンスランドを切るエドと、彼の相棒だったバドとの対立が強調されます。スター刑事のジャックは中立的な立場。さらにバドとリンの出会いや、彼らの上司であるスミス警部ら幹部の立ち回りぶりも描かれます。

第2幕はそのステンスランドを含めた6人が、レストランで殺される〝ナイト・アウルの虐殺〟から。この事件の解明を軸に二転三転する逮捕劇とかけひき、新しい発見、バドとリンの恋、裏切りといったエピソードが展開します。

その過程で、エドとバドの対立が決定的なところまで向かいます。ジャックはエドの正義感に触発されて、刑事の本心を思い出し捜査にあたる。そしてジャックが単独で掴んだ真相があって、それゆえに殺害されてしまいます。この決定的な意外性までが2幕で、全体の約半分以上の69分。

そして第3幕は、事件の真の首謀者が（観客には）明らかになりながらも、それを知らないエドとバドが協力し真相にたどり着くまで。クライマックスは、二人が絶体絶命の危機に立たされる銃撃戦です。

すべての人間が欲望を動機としている

それまで徹底的に対立していたエドとバドが、この終盤への展開で信頼を得るまでに劇的に変わります。しかもエドは冒頭の出世主義から大きく変化（成長）する。それも彼らしいしたたかさは失わない。さらにもうひとつの意外性としてのオチを示して終わります。

この3幕が約38分。つまりまさにほぼ1対2対1の基本的な3幕で構成されているわけです。

そうした構成以上に、本作で注目してほしいのはそれぞれの人物造形の深さ、描き込みです。三人の刑事にしても誰一人として、刑事として潔癖でまっとうな正義感の持ち主といった造形はされていません。

バドは女性を監禁している悪党を容赦なく撃ち殺し、偽装工作までしてしまう。しかも捜査上で知り合った娼婦と関係を持ち（恋に落ちて）、嫉妬に狂うと逆上します。

エドも出世のために、警察幹部を手玉にとって駆け引きし、正義感を貫こうとするがゆえに誤認捜査を行い、表彰されます。冷徹、有能ながらも過ちを犯し錯綜する。

ジャックも名誉欲、金銭欲にまみれています。刑事という立場を利用して華やかなテレビ局に入り込み、賄賂を受け取る。

彼らの周囲の人間たちも誰一人として、まっとうな善人は出てきません。一癖も二癖もあって、自らの欲望のために行動して傷つき、ある者は殺されてしまう。それは夢と欲が渦巻く50年代のロサンジェルスという街自体が、そうであって、エルロイの原作には欠かせない背景なのです。

こうした人物たちがうごめきぶつかり合う。さらに重要人物の一人の意外な死があって、もう二人の人物が殺し合うギリギリまでに至る対立となります。そこからクライマックスとしての銃撃戦と、それこそひっくり返しの【転】を経ての和解で終わります。

さて、『ユージュアル・サスペクツ』は〝カイザー・ソゼ〟という名前の謎の人物がキーとなって物語が進行します。こちらの『L.A.コンフィデンシャル』には〝ロロ・トマシ〟という謎の人物の名前が登場します。ダイイングメッセージというミステリーの王道でありながら、こういう手があったか、という見事な使い方です。

○コラム2
オスカーを得た黒人たち

黒人初のオスカー受賞俳優は、第14講の『風と共に去りぬ』の主人公スカーレットに仕えるメイド、マミー役のハティ・マクダニエルの助演女優賞でした。感極まったハティは、セルズニックへの感謝と「サンキュー」と言うのが精一杯だったとか。

それから24年後にようやく、シドニー・ポアチエが『野のユリ』で主演男優賞をとります。この5年前に、ポアチエは第4講の『手錠のままの脱獄』でノミネートされていました。ポアチエは、「僕一人がもらったと思っていません。僕個人の努力の他に、ずっと努力をした何十人、何百人もの黒人俳優たちの努力が今実ったのだと思う」とスピーチしました。

それにしても黒人俳優の受賞は少なく、ようやく3人目は82年、第55回『愛と青春の旅立ち』の鬼教官を演じたルイス・ゴゼットJr.。そして、第62回『グローリー』のデンゼル・ワシントンが2度目のノミネートで助演男優賞。さらにワシントンは2001年『トレーニング・デイ』でポアチエに継ぐ主演男優賞に輝きました。

この年、名誉賞を得たポアチエにワシントンは「いつもポアチエを目指して歩んできました。これからも追いかけます」とオスカー像を掲げてみせました。

これより前、90年の第63回、第22講の『ゴースト／ニューヨークの幻』で助演女優をとったのがウーピー・ゴールドバーグ。5年前にウーピーは『カラーパープル』（スピルバーグ監督の本作は11部門で候補になりながら全敗という珍記録）で主演女優をとれなかった雪辱でした。

そしてデンゼル・ワシントンが男優賞と同じ年、初の黒人による主演女優賞が『チョコレート』のハル・ベリー。「オー、マイ、ゴッド！」を連発し大感激ぶりをぶちまけたハル。歴代のスクリーンを飾ってきた黒人俳優たちの名前を挙げながら、「この受賞は私のことよりも歴史的な意味を持つ。まだ無名の有色人種たちへのチャンスの扉を開いた」。そして「74年分の重みを味わわせて」と異例の5分にもわたるスピーチをしました。

20 ジャンル別⑦ミステリー（２）～刑事もの～

教材作品
『刑事ジョン・ブック／目撃者』（58回脚本賞）
『羊たちの沈黙』（64回脚色賞・作品賞・監督賞）

「刑事もの」でもオスカーがとれる

前講の「ミステリー」に続いて、今講のジャンル別アカデミー受賞作の分析は「刑事もの」（警察ものともいう）です。

その前講、教材とした『ユージュアル・サスペクツ』は、刑事と容疑者が狂言廻しとなって物語が展開していました。もう一作『L．A．コンフィデンシャル』は、３人の刑事を主人公としていて、まさに警察内での犯罪を描いていましたので、これももちろん「刑事もの」といって差し支えないでしょう。

第５講の「バディムービー」で取りあげた１９６７年の『夜の大捜査線』（作品、脚色など受賞）は、シドニー・ポワチエ扮する旅の途中の刑事と、ロッド・スタイガー扮する地元警察の署長が、南部の町での殺人事件を解決する物語で、まさに典型的な「刑事もの」でした。

アカデミー賞の歴史の中でもこの67年はエポック的な年だ、とこの講に書きました。アメリカン・ニューシネマの先駆けとなった『俺たちに明日はない』が公開され、『卒業』でマイク・ニコルズが監督賞をとりました。

この頃から、これまでになかった切り口、テーマ性を訴えるアメリカ映画が生まれるようになり、それまではジャンルとして退けられていたミステリーや刑事ものも、きちんと評価されるようになった記念すべき年だったわけです。

『夜の大捜査線』には、人種差別という社会的なテーマが据えられていて、単なる刑事ものとはみなされなかったこともありますが、作品賞を堂々獲得したことは特筆されます。

ちなみにこの67年の40回では、前回「アカデミー賞に無視された代表」としたスリラー、ミステリーの神様アルフレッド・ヒッチコックが、アービング・G・サルバーグ賞を得ています。MGMの名プロデューサーの名を冠していて本来製作者に与えられるものでしたが、次第に「オスカーに無縁だった人への残念賞」の意味合いが強くなったということ。

皮肉屋のヒッチコック自身は「オスカー受賞を私の場合にたとえて言うなら、花嫁の介添え役を何度もやらされてるけど、自分は売れ残ってしまった哀れなオールド・ミスみたいなもんだよ」とコメントしたとか。こういうラブコメ映画がつい最近ありましたね。

「刑事もの」がスターを生む

「刑事もの」に話を戻すと、翌68年にスティーブ・マックィーンが凄腕刑事に扮した、ピーター・イエーツ監督『ブリッド』という画期的な刑事映画が生まれました。アカデミー賞ではノミネートされた編集賞だけの受賞でしたが、サンフランシスコの坂道で繰り広げられるカーチェイスシーンは、以後の多くのアクション映画のお手本となる迫力でした。

そして4年後の71年に『フレンチ・コネクション』が8部門で候補となり、作品賞とウィリアム・フリードキンが監督賞、タフで型破りなポパイ刑事に扮したジーン・ハックマンが主演男優賞、アーネスト・タイデマンが脚色賞というように5部門を獲得しました。名実ともに「刑事もの」にスポットライトが当てられた記念碑的な傑作でした。

ちなみにこの年はもう一作、ドン・シーゲル監督で、クリント・イーストウッドがはみ出し刑事に扮した快作『ダーティ・ハリー』も公開されています。この大好きな『フレンチ・コネクション』を今回の教材にと迷いましたが、いずれまた4年後に製作されたパート2と共に、別の角度から分析したいと思います。

そこで「刑事もの」でありながら、題材の斬新さと恋愛の要素を増した第58回脚本賞の『刑事ジョン・ブック／目撃者』。そして、それまでB級ホラーといった見方しかされていなかったサイコサスペンスを、一級品に引き上げた第64回作品賞、脚色賞など5部門を得た『羊たちの沈黙』を教材とします。

まず『刑事ジョン・ブック／目撃者』。85年の第58回では、11部門でノミネートされた『愛と悲しみの果て』が作品、監督、脚色賞など7部門で受賞しています。『刑事ジョン・ブック／目撃者』は作品、主演男優でもノミネートされましたが、ウィリアム・ケリーとアール・W・ウォレスが脚本賞を得ました。

監督はオーストラリア人のピーター・ウエアー。75年の『ピクニックatハンギング・ロック』で注目され、『誓い』『危険な年』を経て、本作で一躍評価が定まりました。以後、『いまを生きる』『グリーンカード』『トゥルーマン・ショー』といった佳作を撮っています。

主演のハリソン・フォードは77年の『ス

刑事ジョン・ブック　目撃者
（通常版）

DVD発売中
¥1,500（税込）
パラマウント ジャパン

脚本：ウィリアム・ケリー
　　　アール・W・ウォレス
監督：ピーター・ウェアー
製作：エドワード・S・フェルドマン

出演：ハリソン・フォード
　　　ケリー・マクギリス
　　　ルーカス・ハース
　　　ジョセフ・ソマー
　　　ダニー・グローバー
　　　ブレンド・ジェニングス

ター・ウォーズ』のハン・ソロ役で人気を得て、81年の『レイダーズ／失われたアーク』、82年の『ブレード・ランナー』、84年の『インディ・ジョーンズ／魔宮の伝説』などのヒット作で、スターの座を不動にしたばかり。本作の刑事役でさらに新境地を拓きました。

探偵役をどこで登場させるか？

今講も簡単な構成表を載せました。『刑事ジョン・ブック／目撃者』は、実は最初に物語全体を通す謎、秘密を配置して、それを解いていくといったミステリーのオーソドックスな造りとなっていません。

ミステリーにもさまざまな手法があります。いわゆる「推理もの」だと、事件が起きてそこにいくつもの手がかりがあって、探偵役がそれらを辿っていき、真相、真犯人に迫り、最後に解明されるという展開になります。

通常こうした謎解きでは、真相や真犯人が最後まで明らかにされずに、観客（読者）は隠された手がかりから探偵役（あるいは作者）と競いながら結末へと向かいます。前講の『ユージュアル・サスペクツ』は、（アンフェアな見せ方だったとはいえ）「推理もの」としての造りになっていました。『L.A.コンフィデンシャル』も終盤にかけて意外な真犯人が明らかになり、以後は事件の解決に突っ走る構造でした。

また「倒叙ミステリー」もあって、これは犯人の側から描いて、その犯罪を最初から見せてしまい、以後は探偵役とのかけひきのおもしろさで展開します。

代表例こそ『刑事コロンボ』や、これを下敷きとした『古畑任三郎』です。これらも「刑事もの」ですが、『コロンボ』がそうであったように、最初は犯人の側からの犯罪が描かれますので、主人公であるコロンボが登場するのは、【起2】あたりか、【承1】ということになります。

物語は極力、ファーストシーンもしくは導入部の【起】で主人公を登場させ、観客に認識させるべきです。ただ、ミステリーなどでは特に多いのですが、まず物語の前提となる事件や背景を見せておいて、それから主人公を登場させるといった構成もあり得ます。

この場合、以後の展開は主人公の視点、行動をできるだけ外さずに物語を進めます。『刑事コロンボ』は冒頭こそ犯人の視点ですが、主人公のコロンボが登場してからは（時々犯人側の工作、視点に移動しますが）、コロンボを中心に運びつつ、虚々実々のかけひきで展開させています。

誰も知らなかったアーミッシュ

さて『刑事ジョン・ブック／目撃者』は「倒叙ミステリー」でもないのですが、まさに前提となる事件から、つまり巻き込まれるアーミッシュの母子から物語が始まります。主人公のジョン・ブック（ハリソン・フォード）が登場するのは、【起承転結】で言えば【承】の1のところ、3幕構成では1幕の真ん中、シークエンス②です。

この映画のアイデアとしての斬新さは、それまでほとんど描かれていなかったアーミッシュ（アンマン派教徒）というキリスト教の一派を取りあげた点。私もまさにそうでしたが、ほとんどの日本人は、現代アメリカ社会にこのような生き方を貫いている人々がいることをこの映画で知ったのです。

ファーストシーンから、まるで中世のような村の風景とアーミッシュ独特の黒衣の人々や馬車を見せ、「ペンシルベニア州

『刑事ジョン・ブック／目撃者』ハコ書き

100　80　60　40　20

三幕（解決　22分）		二幕（葛藤　62分）					一幕（発端　29分）		
⑩	⑨	⑧	⑦	⑥	⑤	④	③	②	①
・背広のブック　池の畔でサミュエルと レイチェルとの別れ　義父とダニエル 「英国人に気をつけろ」　タイトルバック	・やってきた三人の警官 ブックを渡せ　サミュエルを逃がす ・サイロでの死闘 ・戻ってきたサミュエル　マクフィーを射殺 ・鐘を鳴らせ　人質はレイチェル 集まってきた村人　「もう終わりだ」	・観光客に悪態　カーターの殉職 ・チンピラを撃退　パトカーに知られる ・ポストを直す　「彼は明日出ていく」 レイチェルの決意　抱き合う二人	・副本部長の圧力　「俺たちも信者」 ・村人総出の納屋づくり ・村人たちの噂　彼らの一員に？ ・レイチェルの裸　ブックの葛藤 「君を抱いたら去れなくなる」	・ブックの生活　車の修理 ・早朝の乳搾り　朝食 ・ダニエルのレイチェルへの思い ・おもちゃの工作　納屋でのラジオ ・見つめ合うダンス　義父の怒り	・副本部長の捜索　彼らは電話もない ・村の長老たち　銃は預ける ・祖父のおしえ　アーミッシュの習慣 ・ブックの外出　相棒カーターに連絡	・アーミッシュの村へ　腹を撃たれていた ・死んだら秘密に　車を納屋へ	・副本部長への報告　二人だけの秘密 ・駐車場での銃撃戦　負傷 ・母子を連れて逃亡　・姉への尋問	・フィラデルフィア駅　トイレでの殺人 サミュエル目撃者に ・ジョン・ブック登場　犯人は黒人 ・ブックの強引捜査　レイチェルの反発 ・姉の家に　「俺以外はカボチャ」 ・面通し　三人での食事 ・サミュエルの発見　犯人はマクフィー刑事	・タイトル　アーミッシュの人々 T「ペンシルベニア州　1983年」 ・葬式　未亡人レイチェルとその子サミュエル ・駅「英国人に気をつけろ」

1983年」という字幕で現代であることを示します。それが彼らの葬儀であり、未亡人となったレイチェル（ケリー・マクギリス）と8歳になる遺児のサミュエル（ルーカス・ハース）へと人物にフォーカスしていきます。

母子はレイチェルの姉のいるボルチモアに行くことになり、乗り継ぎ駅のフィラデルフェア駅で事件に巻き込まれます。サミュエルがトイレに行ったことから、殺人事件の目撃者になってしまう。サミュエルは二人組犯人の一人マクフィー（ダニー・グローバー）の顔を見てしまいます。

冒頭のアーミッシュ全体を紹介してから、駅から旅立つレイチェルとサミュエルの二人に絞り、トイレの場面ではサミュエルの視点となります。

この前提ときっかけとしての殺人事件を経て、主人公ジョン・ブックの登場となります。ブックと相棒のカーター（ブレンド・ジェニングス）の捜査で、殺されたのは、麻薬捜査課の刑事であることが分かります。ここからブックの視点に移行します。

ブックによる繁華街での乱暴な捜査で、彼の捜査法や人柄、さらに無抵抗主義であるアーミッシュとの対比を際立たせます。ブックのやり方をレイチェルは嫌悪します（感情、出会いとしてのアンチ）。二人を姉の家に預け、翌日警察での面通しなどを経て、サミュエルに容疑者捜しをさせます。

そしてブックの視点から、もう一度だけサミュエルの視点に移るシークエンス②の最後のシーンに注目して下さい。

フィラデルフィア駅の目撃者となるサミュエルから、この警察署内での犯人を指摘する場面は、緊張感に溢れています。この衝撃の新事実（犯人も仲間の刑事だった）の発見が、1幕から2幕へのプロットポイントになっています。

メインはラブストーリー

2幕からは窮地に陥ったブックの物語となります。警察内部に押収麻薬の横流しという犯罪があり、そのもつれから刑事が殺害され、犯人は表彰もされているマクフィーであること。この事実をブックは上司である副部長シェイファー（ジョセフ・ソマー）に報告。するとすぐ直後にブックはマクフィーに襲われ負傷します。シェイファーも一味であることを知ったブックは、レイチェルとサミュエルの危機を回避すべく、自身の負傷を隠して彼らの村に送り届ける。

しかし、負傷が見つかったことで、彼自身もアーミッシュの村に匿われるはめになります。

2幕は異邦人であるブックの新体験、カルチャーショックものへと大きくシフトします。ここで描かれるのは現代文明と対比的に生きているアーミッシュの生活、そしてブックとレイチェルの許されぬ恋です。

『刑事ジョン・ブック／目撃者』
写真協力　公益財団法人川喜多記念映画文化財団

もちろん刑事ものとしての事件は進行していきますが、実はこの映画で描こうとしているのは禁断の恋。片方は厳しい戒律のもと、すべての争いを放棄する生き方を貫こうとするアーミッシュの女。もう片方は殺人が日常茶飯事の中で戦う都会の刑事。まるで真逆な世界で生きる男女が出会い、ついにカセを越えて、愛を確認するラブシーンが、2幕から3幕へのプロットポイント。

アーミッシュの一員として納屋作りをするシーン、恋の葛藤となる納屋でのダンスシーン、レイチェルの決意を示すボンネットなど、名シーンが満載です。

ところで、この映画の犯罪は『L．A．コンフィデンシャル』と似ています。警察内部の犯罪で、黒幕のポジションもほぼ同じです。『L．A．コンフィデンシャル』はそれが発覚するのは中盤以降で、しかも意外性に満ちていましたが、こちらは2幕早々で明らかになります。

ミステリーとしての引きと意外性を『L．A．コンフィデンシャル』は重要視したゆえの構成であるのに対して、『刑事ジョン・ブック／目撃者』は犯罪自体に重きをおかず、アーミッシュという特殊な世界と、そこで繰り広げられる恋愛がメインとなっているためです。

犯罪映画の歴史を変えた

さて『羊たちの沈黙』です。

この映画については多くの解説は不要かもしれませんが、まとめておきます。91年の第64回はそれぞれ8部門の『JFK』と、9部門ノミネートの『バグジー』の一騎打ちかと思われていました。ところが前年度前半に公開されていた6部門候補の『羊たちの沈黙』が、作品賞のほか、ジョナサン・デミの監督、アンソニー・ホプキンスの主演男優、ジョディ・フォスターの主演女優、そしてテッド・タリーの脚色の主要5冠を達成。これは『或る夜の出来事』『カッコーの巣の上で』に次いでの快挙でした。

しかも述べたように、これまでにない異質な猟奇殺人を扱っており、アカデミー賞では嫌われるジャンルでしたのでより画期的だったわけです。この映画のヒットから、サイコサスペンス、ホラーがブームとなりましたし、犯罪を心理面から迫っていくプロファイリングも認知されました。

主人公のFBIアカデミーの訓練生から捜査官となるクラリス・スターリングは、理知的で強い意志を秘めながらも、トラウマを抱える繊細さも秘めている難しい役柄でしたが、ジョディ・フォスターはこれ以上ない名演技でした。

なによりハニバル・レクター博士という天才的な異常殺人者を演じたアンソニー・ホプキンスは、見事なはまり役で、以後もシリーズでのレクター役を勤めました。

ジョナサン・デミの演出もシャープで見事の一言です。あまりに本作が素晴らしかったので、一発屋と揶揄されたりしましたが、3年後の『フィラデルフィア』や、2008年には『レイチェルの結婚』といった佳作も撮っています。

加えて本作のインパクト、おもしろさはトマス・ハリスの原作を抜きにできません。ハリスは寡作で知られ、テロを描いた『ブラック・サンデー』がまず映画化されました（日本では公開直前に中止された）。そしてレクター博士を登場させた『レッド・ドラゴン』『羊たちの沈黙』『ハンニバル』の3部作がベストセラーになり、05年にはレクターの少年期を描いた『ハンニバル・ライジング』も発表、これも映画化されています。

『レッド・ドラゴン』は86年、マイケル・マン監督によって『刑事グラハム／凍てついた欲望』という邦題で製作されていました。この映画の出来もけっして悪くなかったのですが、レクター博士はむしろ脇役になっていて、地味な刑事ものという印象が拭えませんでした。

そして本作ですが、テッド・タリーは原作の特異な設定をできるだけ抽出した上で、主人公のクラリスを中心に、二人の異常な犯罪者のキャラクター性を強調する見事な脚色を行いました。

本作のヒットからホプキンスのレクター博士を中心に据えた『ハンニバル』を、01年にリドリー・スコット監督で（クラリス役はジュリアン・ムーアに交代）、02年にはブレット・ライナー監督で『レッド・ドラゴン』も再映画化されました。

この両作もそれなりのおもしろさでしたが、『羊たちの沈黙』には及びませんでした。ちなみに『レッド・ドラゴン』の脚色を手がけたのもテッド・タリーですが、『羊たちの沈黙』から継承されたディテールがたくさんあります。

レクターも安楽椅子探偵

本作も簡単なハコを載せました。できれば原作もお読みなると、脚色の手法が学べます。原作で細かく描かれている要素、例えば、倉

羊たちの沈黙　フォックス・スーパープライス・ブルーレイ　WAVE1

ブルーレイ発売中
¥2,500（税込）
20世紀フォックス　ホームエンターテイメント　ジャパン

脚本：デッド・タリー
原作：トマス・ハリス
監督：ジョナサン・デミ
製作：ケネス・ウット
エドワード・サクソン
ロン・ボズマン

出演：ジョディ・フォスター
アンソニー・ホプキンス
スコット・グレン
テッド・レビン
ブルック・スミス
ケイシー・レモンズ

『羊たちの沈黙』ハコ書き

一幕（発端 20分）	①	・タイトル　「バージニア州クワンティコ近くの森林」 ・クラリスの訓練　FBI「行動科学課」 ・バッファロー・ビル事件　クロフォードの命令
	②	・チルトンのレクチャー　レクターの恐ろしさ 特別隔離房への道筋 ・レクター博士登場　クラリスとの対峙 隣人ミグズの侮辱　ショック　父の回想
二幕（葛藤　65分）	③	・FBI訓練　レクターの新聞記事 ・ミグズ死の報告　ボルチモアへ ・10年そのままの貸倉庫　瓶の中の生首
	④	・レクターを再尋問　首は誰？
	⑤	・「テネシー州メンフィス」　ビルの犯行 服のサイズは14号　・任務だ
	⑥	・「ウエストバージニア州クレイ郡」の川 小型飛行機内のプロファイリング ・被害者の家　地元の保安官たち ・検視　口の中から繭　・帰宅
	⑦	・「フィラデルフィア博物館」　虫好き研究員 繭はドクロの蛾　東南アジア産
	⑧	・ビルの家の虫たち　裸でミシン ・上院議員の訴え　娘がさらわれた
	⑨	・チルトンの抗議　レクターへの提案 幼児期の記憶　モンタナの牧場　意味は変化
	⑩	・井戸のキャサリン　ローションを塗れ ・チルトンの取り引き　ボールペン ・マスクと拘束衣で移動　議員との面会
	⑪	・「シェルビー郡裁判所」　チルトンの手柄 ・檻の中のレクター　クラリスのトラウマ 子羊の悲鳴は　一瞬の接触
	⑫	・レクター脱獄　緊張の警官隊 エレベーターのトリック　死体は？ 救急車の中で！
三幕（解決　33分）	⑬	・クラリスの推理 ・ビルの計画　・ルームメイトとの議論 ・「オハイオ州ベルベニア」第一犠牲者の部屋 犯人はドレスメーカー
	⑭	・クロフォード出動 ・井戸のキャサリンの反撃　ビルの倒錯 ・クラリスの聞き込み　リップマン夫人 ・「イリノイ州カリュメット・シティ」の家 ・ドアベル　突入　ビルの前のクラリス　死闘
	⑮	・事件の終わり　卒業式　パーティ ・レクターからの電話　「友人と食事」 タイトルバック

庫から発見された生首事件についての詳細、あるいは重要な手がかりとなる東南アジア産の蛾にまつわるエピソードなど、映画ではエッセンスだけで処理されています。

　ハコを見ると分かりますが、やはりこれも基本である3幕構成に則っています。小説に書かれた多くの要素であっても、主要人物と関わる事件、行動を残し、後は捨てていく。そこから基本の3幕をベースにシーン展開を運んでいくことで、一本の映画脚本としてまとめ上げることができる。『羊たちの沈黙』はその好例かもしれません。

　もちろん、そのまま3幕にはめれば成立するということではありません。全体を見ての要素の取捨選択、キャラクターの造形と表現力、個々のシーンの作り、セリフやディテールなどなど、脚本家の優れた描写力がなくては使える脚本にはならないのです。

　まず主人公のクラリスの印象的な紹介と、物語の方向性がファーストシーンから一幕で的確に描かれます。FBIでの訓練から、バッファロー・ビルによる連続殺人事件の生々しい写真を彼女が見ることで、本作の方向性、どういう事件に主人公が立ち向かうのかを示しています。

　そこからもう一人の主人公レクター博士の登場です。これもクラリスの視点、行動で紹介されます。レクターの異常性を示す精神科病棟、それも徹底した隔離独房にいる姿を見せることで、強烈なインパクトを与えます。すでに3部作の1作目の『レッド・ドラゴン』から、特異なこの犯罪者は同じ状態で監禁されていました。

　ミステリーのジャンルの中には、「安楽椅子探偵（アームチェア・ディテクティブ）」と呼ばれるスタイルがあります。探偵自身は犯罪現場には行かずに、誰かからもたらされる情報だけで事件を解明してしまう手法です。バロネス・オルツィの『隅の老人』や、ハリー・ケメルマンの『九マイルは遠すぎる』など、ジェフリー・ディーバーの『ボーン・コレクター』も入るでしょう。日本でもたくさん書かれています。

　で、この『レッド・ドラゴン』と『羊たちの沈黙』のレクター博士も、その安楽椅子探偵と見ることができます。異常な連続殺人事件が起こり、精神科医であり、自らが異常犯罪者であるレクターに、『レッド・ドラゴン』では彼を逮捕したグレアムが、そして『羊たちの沈黙』ではまだ訓練生のクラリスが、事件解明のヒントをもらいにやってくる。

レクターはもたらされる手がかりから、犯人像に近づいていくのですが、もちろん簡単に明かしたりしません。自身が置かれている境遇から脱するための手段に使おうとしますし、その異常性ゆえに事件を拡大させたりします。

このかけひきのおもしろさが、単に事件捜査をする刑事ものと違う味つけとなっていて、特にこの2作目が秀逸である理由です。3作目はレクターが解き放されてからの物語で、安楽椅子探偵でなくなってしまいおもしろさが拡散してしまった。

『羊たちの沈黙』に隠されたラブシーン

ともかく、クラリスがレクターとの衝撃的な出会いをして、隣の房のミグズから屈辱を浴びさせられるまでが第1幕。『刑事ジョン・ブック』で、1幕の中盤で主人公のブックが登場するように、『羊たちの沈黙』も同様に、設定を分からせてから、もう一人の主人公レクターを登場させています。

ただ、こちらは2幕以降も、ほぼクラリスの犯罪捜査を追うことを中心に展開していきます。クラリスがレクターのヒントを元に事件を追い、過去の犯罪を見つける。そして2幕の早々に、もう一人の異常者バッファロー・ビル（テッド・レビン）の犯罪も見せてしまいます。

このミステリーは真犯人の意外性ではなく、その異常性であり、そこに辿りつくプロセスのおもしろさを主眼としているからです。クラリスが発見する蛾として孵化するサナギは、FBI捜査官として一人前に脱皮する、あるいはトラウマを抱えた少女が、犯人と対峙することで乗り越える姿を象徴しています。まさにレクターの「意味は〝変化だ〟」というセリフの通りです。

ミステリーとしての意外性、観客の度肝を抜く展開は、レクターによってもたらされます。それが2幕の終盤のレクターの脱獄です。ここまでが【葛藤】の2幕で、クラリスがバッファロー・ビルに迫り対決する過程が【解決】の3幕。そうした基本にのっとった構成ながら、個々のシーン、シークエンスの作りは見事です。

もうひとつ、『羊たちの沈黙』はミステリー、サイコサスペンスでありながら、クラリスとレクター博士による純愛物語と見ることもできます。レクターはクラリスに生い立ち、トラウマを告白させながら、精神カウンセラー的な役割も果たしています。

そして、隔離されたレクターが一瞬だけクラリスに触れるシーンがありますが、これもある意味の究極ラブシーンなのです。ついでに述べると3部作目の『ハンニバル』でも、レクターがクラリスに一瞬だけ触れますが、これは『羊たちの沈黙』のこのシーンを踏まえています。

そしてクライマックスにおけるクロフォード（スコット・グレン）チームによる容疑者宅突入と、バッファロー・ビル家での人質キャサリン（ブルック・スミス）の反撃、そして別ルートから辿りついてしまうクラリス。この三つの場面をつなぐドアベルとカットバックの手法は、まさに映画でしかできない見せ方、表現といえるでしょう。

『刑事ジョン・ブック／目撃者』と『羊たちの沈黙』は共に「刑事もの」であり、ハリウッド型3幕構成で出来ています。まったくテイストや世界が違いますが、もうひとつ共に〝恋愛〟の名作とみなすこともできるのです。

21 ジャンル別⑧ラブストーリー（1）

教材作品

『アニー・ホール』（50回脚本賞・作品賞・監督賞）
『ブロークバック・マウンテン』（78回脚色賞・監督賞）

最も人気の高い「ラブストーリー」

ジャンル別アカデミー受賞作の分析、今講から「恋愛もの（ラブストーリー）」を取りあげます。

「ラブストーリー」は延々と作られ続ける最も人気の高いジャンルです。この連載や拙著『エンタテイメントの書き方1』『エンタテイメント書き方2』でも、すでにたくさん教材としています。

本誌ですと、第3講『アパートの鍵貸します』、第6講『ローマの休日』、第8講『卒業』『あの頃ペニー・レインと』、第9講『エターナル・サンシャイン』、第13講『イングリッシュ・ペイシェント』『スラムドック$ミリオネア』、第14講『風と共に去りぬ』など。

『エンタテイメントの書き方1』で教材とした映画の中で、アカデミー賞をとっている恋愛物は、『マイ・フェア・レディ』（37回作品賞・監督賞）、『ピアノ・レッスン』（66回脚本賞）、『月の輝く夜に』（60回脚本賞）、さらに『エンタテイメントの書き方2』では、『タイタニック』（70回作品賞、監督賞）、『或る夜の出来事』（7回脚色賞、作品賞、監督賞）、『恋におちたシェイクスピア』（71回作品賞、脚本賞）などです。

一口に「ラブストーリー」「恋愛もの」といっても、タッチやアプローチの仕方でジャンルも細分化されます。シリアスに描くと「メロドラマ」になり、上記ですと『イングリッシュ・ペイシェント』はその代表でしょう。コメディタッチだと「ラブコメ」で、『或る夜の出来事』や『アパートの鍵貸します』など。「ロマンチックコメディ」といった言い方もあって、『ローマの休日』や『月の輝く夜に』などでしょうか。

若い主人公たちによる恋愛や成長ですと「青春もの」というカテゴリーに入れる場合もあります。『卒業』や『あの頃ペニー・レインと』（音楽ものでもある）、さらに『スラムドック$ミリオネア』もこちらかもしれせん。この「青春もの」は次々講にとりあげます。

また、ジャンルをまたいで〝恋愛〟の要素は、多くの作品に加わっています。恋愛要素がメインになれば「恋愛もの」。『風と共に去りぬ』は恋愛だけでなく、一人の女の生涯を描くといった「歴史もの」「ヒューマンドラマ」の要素も強い。『タイタニック』も大作である分、「ラブストーリー」＋「パニックもの」。『エターナル・サンシャイン』は、ファンタジー要素が多いので「ファンタジック・ラブストーリー」でしょうか。『恋におちたシェイクスピア』ならば「文芸ラブストーリー」となりそうです。

「ミステリー」で教材とした『L.A.コンフィデンシャル』にも、恋愛要素が入っていました。前講取りあげた『刑事ジョン・ブック／目撃者』は「刑事もの」でありながら、中心として描かれていたのは主人公の刑事とアーミッシュの未亡人の恋でした。

このように、「ラブストーリー」は多岐にわたります。その中から今回は、時代のエポック的な役割を果たした「恋愛もの」を取りあげます。

『或る夜の出来事』から始まった

具体的な作品の分析の前に、この「時代」と「エポック」について簡単に述べておきます。映画の重要なジャンルである「ラブストーリー」ですが、その歴史をみても、エポックとなった作品が時代ごとにある気がします。

アニー・ホール
ワールド・シネマ・コレクション
DVD発売中
¥3,990（税込）
20世紀フォックス　ホームエンターテイメント　ジャパン

脚本：ウディ・アレン
　　　マーシャル・ブリックマン
監督：ウディ・アレン
製作：チャールズ・ジョフィ
　　　ジャック・ローリンズ

出演：ダイアン・キートン
　　　ウディ・アレン
　　　トニー・ロバーツ
　　　クリストファー・ウォーケン
　　　キャロル・ケイン
　　　ポール・サイモン

アカデミー賞を中心に振り返ってみても、まず述べた『或る夜の出来事』は記念碑的な作品といえるでしょう。1934年製作、第7回の作品賞とフランク・キャプラが監督賞、ロバート・リスキンの脚色賞、さらにクラーク・ゲーブルの主演男優賞、クローデッド・コルベールが主演女優賞と主要5部門を独占しました。家出した富豪の娘と特ダネを狙う新聞記者との恋、それも「バディ・ロードムービー」という以後の物語の基本形を作った名作古典ですが、その後の綿々と続くラブストーリーの原点的な作品といえます。『ローマの休日』や『卒業』にもこの映画の影響が強く見られます。詳しい分析は『エンタテイメントの書き方2』をお読み下さい。

60年製作の『アパートの鍵貸します』もエポック的映画でしょう。ここで描かれたのは、しがないサラリーマンとエレベーターガールの恋愛でした。16回作品賞、監督賞、脚色賞をとった『カサブランカ』や、その10年後の26回で脚本賞の『ローマの休日』などが（この2作もエポック的名作であることは同じですが）そうであったように、ハリウッドの恋愛物がいわゆる美男美女スターによる夢物語だったのに対して、『アパートの鍵貸します』

はジャック・レモンとシャリー・マクレーンという庶民派俳優が演じていました。

この『アパートの鍵貸します』の7年後に作られ、40回の監督賞を得た『卒業』もエポック的ラブストーリーだったと言っていい。新しい映画のムーブメントであったアメリカン・ニューシネマの代表的な一作ですし、豊かな中産階級の青年によるドロップアウト型恋愛は画期的に新しく、世界中の若者の共感を得ました。

時代ごとのエポック恋愛もの

そして、この『卒業』からちょうど10年後、記念すべき第50回アカデミー賞で、作品賞、監督賞、脚本賞などを得たのが、今講まず教材とする『アニー・ホール』です。このラブストーリーはこれまでまったくなかった手法を駆使して、創り手の個人的な恋愛感をエンタテイメント性溢れる映画として撮り、やはりエポック的作品となりました。

さらにエポック的な恋愛映画としては、脚本賞にノミネートされながらも賞には至らなかった89年製作の『恋人たちの予感』でしょう。以後この手のラブコメの教科書となりました。これも、ハコ書きと合わせた詳しい分析を『エンタテイメントの書き方2』で行っています。

そして90年末は『タイタニック』（恋愛テイストとしては、『ロミオとジュリエット』を下敷きにしているだけに古典的定番）や、『恋におちたシェイクスピア』が、エポックというよりもブリッジ的な役割を果たしました。

そして21世紀となり、２００４年の第77回は、クリント・イーストウッド監督の『ミリオンダラー・ベイビー』が作品賞、監督賞をとりました。この映画は純然たるラブストーリーとは言えないながらも、ボクシングによって通じ合う若い娘と老トレーナーの恋物語でした

そしてこの翌年、第78回監督賞と脚色賞をとったのが今講、教材とする2作目の『ブロークバック・マウンテン』です。インディペンデント系ですし、印象として地味なのですが、この作品もラブストーリーとしてエポック的な役割を果たしていると思います。それに関しては後述します。

これらはかなり大ざっぱな私の印象に過ぎませんが、いかがでしょう。ただ、映画にはラブストーリーに限らず、こうしたエポックとなる作品が各ジャンルにある気がします。

恋愛も近年はより多様化していて、大きく目立ったエポックといえるヒット作はありません。ですがアカデミー賞では無視されましたが、09年製作のマーク・ウェブ監督の『(５００日)のサマー』。この青春恋愛映画は、時代性を反映した恋愛感にもとずき、時間軸を前後させる手法を分かりやすく巧みに使っていました。今時の若者の恋をイキイキと描いていて、エポック的なラブストーリー要素を満たしていたと思います。

新時代SFと女性映画の対決

まず『アニー・ホール』です。77年の50回で作品賞をとりましたが、ノミネートされた他の4作が興味深い。『スター・ウォーズ』『グッバイガール』『愛と喝采の日々』『ジュリア』でした。

記念碑的な映画というならば、まさにジョージ・ルーカス監督のSFスペース・オペラ『スター・ウォーズ』が出た年だったのです。さらに作品賞こそノミネートされませんでしたが、スティーブン・スピルバーグ監督の『未知との遭遇』も8部門で候補となっ

ていました。
そして残りの3作は当時の世相、フェミニズムを反映させた女性映画です。『ジュリア』は女性同士の友情、『愛と喝采の日々』はバレエ界を舞台とした母と娘の物語、『グッバイガール』はシングルマザーの恋と生き方というように。『アニー・ホール』も、男から見ているとはいえ、時代を軽やかに生きる女性の魅力をひたすら描いており、女性映画といえなくもありません。

つまりこの年は、新しいSF映画の元年でもあり、フェミニズムが力を得ていたど真ん中の時代だったということです。

この秀作女性映画たちを向こうに回して、『スター・ウォーズ』が本命視されましたし、とったとしても誰もが納得したでしょう。けれども、上質で私小説的な小品をアカデミー会員は選びました。（『スター・ウォーズ』は音響、編集、視覚効果など7部門で受賞）

アカデミー賞では後年になって、「あの年は間違いだった」という評価がされることがあります。『スター・ウォーズ』はその後のシリーズ化や、与えた影響などを鑑みると、この年もそうした見方がされても不思議ではないでしょう。けれども『アニー・ホール』に関しては、評価が覆されることはありません。いかにこの作品が画期的で、かつ愛されたかという証です。

作品賞だけでなくウディ・アレンが監督賞（ジョージ・ルーカスもノミネートされていた）、アレンと共著だったマーシャル・ブリックマンが脚本賞、アニーを演じたダイアン・キートンが主演女優賞をとりました。主演男優賞にもアレンがノミネートされましたが、こちらは『グッバイガール』のリチャード・ドレイファスでした。アレンは「アカデミー賞には興味がない」と授賞式にも出席しませんでした。

ウディ・アレンはニューヨーク生まれのブルックリン育ち。テレビの放送作家から、舞台でのスタンダップ・コメディアンとして人気を博し、映画の世界に飛び込みました。自らがユダヤ系であることをネタにして、毒のあるジョークを披露するのは、コメディアン時代からの得意技でした。

映画ではまず65年『何かいいことないか子猫チャン』で脚本と出演。72年の脚本と出演した『ボギー!俺も男だ』は、アレンらしさが発揮されたコメディでした。その後もコンスタントに監督、脚本、出演をこなし、この『アニー・ホール』でメジャー作家に躍り出ました。以後、ほぼ一年に一作の割で、作品によっては出演をしながら、脚本、監督作を撮り続け、現在に至っています。

特に『アニー・ホール』後の諸作品、翌年の一転シリアスなホームドラマ『インテリア』、故郷をオシャレに描いた『マンハッタン』(79)、寓話的な『カメレオンマン』(83)、ファンタジックな『カイロの紫のバラ』(85)、家族の内面をコメディチックかつシニカルに描いた『ハンナとその姉妹』(86)など、アレンの才気が満ち溢れた佳作です。

監督作はすべて自身で脚本を書いていますが、『アニー・ホール』と59回で脚本賞を得た『ハンナとその姉妹』を含めると、これまで15回も脚本賞でノミネートされています。（近年では05年の『マッチポイント』）。監督賞候補は『アニー・ホール』を含めて都合6回のノミネート。

近年も気の利いたセリフ廻しと、巧みなストーリーテリングで、低予算ながら上質のコメディを撮り続けているのはご存じの通り。ただ私見ですが、昔のアレン映画と比べると、マンネリ感が漂う凡作続きという印象が拭えません。

ともかく、アレンは「監督、脚本、主演で成功できた映画人はチャールズ・チャップリン、オーソン・ウェルズ、そしてアレンの3人しかいない」と言われています。

ちなみに『アニー・ホール』で共著のマーシャル・ブリックマンは、『マンハッタン』でも組んでいて、ペッド・ミドラー主演の『フォー・ザ・ボーイズ』なども手がけています。

あの人が大好きだった！

今回は『アニー・ホール』の構成表は載せません。脚本賞をとっていますが、教科書的な構成はされていませんし、感性重視の創りになっています。

この映画の評価として「アレンの自伝的」とか、前記のような「私小説的」が使われます。実際にアレンは、いわゆる「ハリウッド三幕構成」といった定石を無視したと思われます。エッセイのように恋人（ダイアン・キートンはその頃のアレンにとってのミューズでありパートナーだった）への想いを、自伝要素をからめて綴った作品です。

もちろんエッセイであっても、ただ思うままに書き綴っておもしろい読み物になるかは別で、達者な書き手は構成を考えます。私小説も同様。

冒頭はコメディアンという設定の主人公アルビー・シンガー（アレン自身）の観客（カメラ）に向かってのジョークと、恋愛に対する考え方がコメントされます。引用されるグーチョ・マルクスの「私を会員にするようなクラブには入りたくない」というセリフは、アレンらしさの自虐です。そこから別れた恋人アニーへの思い出が綴られていく。

自身の生い立ち（コニーアイランドの遊園地の真下が家だったとか、少年時代の家庭や学校での鬱屈）がまず語られます。ここで少年時代のアルビーに代わって、大人のアルビーがいきなり教室に座っていて、カメラに向かって、臨席の女の子にいきなりキスをした言い訳をしたりします。

その後も、描かれている過去の回想場面の中に、思い出している現在の彼らが入りこんで眺めるといった手法（これはアレンが敬愛していたイングマル・ベルイマンが『野いちご』でやっていた）や、いきなりカメラに向かって話しかける、あるいは『白雪姫』の話題から、アニメーションが挿入されるといった独特の手法が随所に登場します。口にしている建前のセリフと同時に、本音の心の声がナレーションで被さってしまう、といった掟破りの表現も平気で使われます。

このようなこれまで使われなかった手法を自由に駆使した、ということも『アニー・ホール』が、エポックといえるひとつの理由です。ただそれだけでは、これほど支持は集められなかったでしょう。やはり、この映画は恋愛映画、ラブストーリーとしての普遍性がありました。

ラブストーリーが作られ続けるのは、観客の共感がダイレクトかつヴィビットに得られやすいからです。人物たちの恋、その揺れ動く心に、観客は簡単に自分を重ねてくれる。『アニー・ホール』の主人公のアルビーは、インテリでありながらも、自虐的で滑稽な小男。その男の恋愛観や不器用さを笑いながら、アニーという恋人との日々、出会いと同棲、喧嘩、仲直り、さらに決定的な別れまで。誰もが一度や二度は（人によっては何度も）経験する恋のプロセスを、まさに回顧録のように綴る。

恋愛の多くは失恋に終わるのですが、人はそれを美しい思い出としますし、したいという欲求を持っているでしょう。アレンが『アニー・ホール』でメインテーマとしたのもまさにこれで、いかに「別れた恋人が愛しかったか」という後悔であり思い出です。

アドリブ的なセリフもチェックして下さい。実際にどこまでアドリブがあったのか分かりませんが（撮影場所などではあったらしい）、おそらく脚本に書かれていたと思われます。例えば、決定的な心のすれ違いを感じる、ロスからの帰りの飛行機内でのセリフ。アニーの「二人の関係はダメね」に、アルビー「そうだな、関係はサメと同じで常に前進していないと死んでしまう。俺たちの関係はもうサメの死骸だ」というような。

新しい手法を駆使しながらも、恋愛ものとしてのど真ん中を徹底外していない。特に『アニー・ホール』は、ハリウッド定番型に飽きた時などに観ると、改めて心洗われるような思いになれる傑作です。

ブローバック・マウンテン
DVD発売中
¥1,800（税込）
ジェネオン・ユニバーサル・エンターテイメント

脚本：マクマートリー
　　　ダイアナ・オサナ
原作：アニー・ブルー
監督：アン・リー
製作：ダイアナ・オサナ
　　　ジェームズ・シェイマス

出演：ヒース・レジャー
　　　ジェイク・ギレンホール
　　　ミシェル・ウィリアムズ
　　　アン・ハンサウェイ

作品賞はこちらだった?

もう一作は『ブロークバック・マウンテン』です。アレンが『マッチポイント』で脚本賞にノミネートされた05年の第78回で、アン・リーが監督賞を、ラリー・マクマートリーとダイアナ・オサナが脚色賞、グスターブ・サンタオヤラがオリジナル作曲賞の3冠を獲得しました。

実はこの年最多の8部門でノミネート（上記以外では作品賞とヒース・レジャーが主演男優、ジェイク・ギレンホールが助演男優、ミシェル・ウィリアムズが助演女優、ロドリゴ・プリエトが撮影賞）、作品賞の大本命と目されていました。で、作品賞や脚本賞をかっさらったのが、11講で取りあげたポール・ハギス監督の『クラッシュ』でした。

ところで、「あの年は間違いだった」と言われる年があると述べましたが、根強く囁かれるのが、この年の『クラッシュ』と『ブロークバック・マウンテン』です。大都会ロスを舞台に多くの登場人物の物語が交錯する『クラッシュ』が、けっしてオスカーに値しないとは思えません。

ただ『ブロークバック・マウンテン』にこそ与えるべきだった、と言われるのは、描かれた人物たちとテーマ性によります。すなわちアメリカ人にとっての男の象徴ともいえるカウボーイ、その彼らの同性愛、ゲイを正面から扱っていることに、保守的で頑固な会員たちが敬遠したという見方です。

その是非は人によって違うでしょう。ともかく『ブロークバック・マウンテン』は作品賞こそ逃しましたが、アン・リーはアジア人として初の監督賞という快挙を成し遂げました。アカデミー賞以外でも、ヴェネチア映画祭のグランプリに相当する金獅子賞や、ゴールデングローブ賞など多くの賞を得ています。

ただ惜しむならば主演のヒース・レジャーでしょう。ご存じのようにレジャーは、08年に28歳という若さで夭折しました。死後に公開された『ダークナイト』のジョーカー役、この鬼気迫る演技で助演男優賞を獲得しました。もちろんこれも賞に値しましたが、本作のイニス役でとらせたかった。ちなみにこの年の主演男優賞は『カポーティ』のフィリップ・シーモア・ホフマンで、これはこれで順当でしたが。

もうひとつ、撮影のロドリゴ・プリエトのキャメラの素晴らしさも特筆されます。メキシコ人のプリエトは、アレハンドロ・ゴンザレス・イニャリトゥ監督の『アモーレス・ペレス』で注目されました。イニャリトゥ監督とは『バベル』や最近作の『ビューティフル』などすべての作品で、またアン・リーとは07年の問題作『ラスト、コーション』でも組んでいます。プリエトの撮影によるコロンビアの大自然や田舎町の透き通る空気感は、この映画に深い味わいをもたらしています。ちなみにこの年の撮影賞受賞は、『SAYURI』のディオン・ビーフでした。

アン・リーは台湾生まれ、ニューヨークで映画を学び、『推手』で92年に長編デビューしました。93年の『ウェディング・バンケット』、翌年の『恋人たちの食卓』(『エンタテイメントの書き方2』でホームドラマの秀作として分析しています)で認められ、英語圏向けとして『いつか晴れた日に』『楽園をください』などで着実にキャリアを積みました。そして00年の『グリーン・ディスティニー』で作品、監督など10部門で候補となり、外国語映画賞など4部門を受賞しました。本作や『ラスト、コーション』でも分かるように、言語を越えた国際派監督として力を発揮しています。

脚本のラリー・マクマートリーは61年の傑作青春映画『ラスト・ショー』の原作・脚本や、第18講の『愛と追憶の日々』の原作者です。共著のダイアナ・オサナはプロデューサーとしても名を連ねています。原作はアニー・プルーの同名の短編。プルー原作では、01年にラッセ・ハルストレム監督により『シッピング・ニュース』が映画化されています。

恋愛ものの普遍性

こちらは今講も簡単なハコ書きを掲載しました。

１９６３年ワイオミングの山ブロークバック・マウンテン(架空の山)で、羊の番に雇われたカウボーイの二人、イリス・デルマー(ヒース・レジャー)とジャック・ツイスト(ジェイク・ギレンホール)が出会い、二人きりで過ごすうちに友情が芽生え、成り行きから性的な関係を持ってしまう。

彼らはそもそもホモセクシャルではなかったものの、次第に互いを愛するようになっていく。それぞれの故郷に戻って、伴侶を得て子供も作りながら、再会から封印していた火がついてしまう。それから年に数回、数日間だけ二人きりで過ごすようになり、いつしか20年の歳月が過ぎるようになるが……

イリスが主演でジャックが助演という分け方になっていますが、描き方としてはほぼ均等で、20年に渡る二人の人生を交互に描いていきます。イリスの妻となるアルマ(ミシェル・ウィリアムズ)と、ジャックの妻となる金持ち娘のラリーン(アン・ハサウェイ)のドラマも描かれます。特に夫の秘密を知ってしまったことから、衝撃を受けるアルマの苦悩は胸に迫ります。

20年に渡る物語ですが、イリスとジャッ

『ブロークバック・マウンテン』ハコ書き

幕	場面	内容
一幕（30分）	①	・タイトル　T「1983年　ワイオミング州シグナル」 求職　イリスとジャックの出会い
	②	・羊の番　美しく厳しい山　二人の役割 ・距離のある二人　豆はあきた ・熊と遭遇　ケガの手当　鹿を撃つ
	③	・役割交代　ふざけ合う　笑い ・酔っぱらった　テントの中と外 ・満月の夜　二人、関係を持つ
二幕（80分）	④	・翌朝の後悔　気まずい二人　羊の死骸 ・オカマじゃない　二人の秘密だ ・しかし求め合う　雇い主の目撃　悪い知らせ
	⑤	・嵐　夏の雪　帰り支度 ・殴り合い　シャツに血　仕事の終わり ・別れの衝動　愛情を封印
	⑥	・イリスとアルマの結婚　幸せな新婚 ・一年後　ジャックは来たが ・イリスの家族　子供たち　夫婦の営み
	⑦	・ロデオ大会と花火の夜　それぞれの空虚な日常 ・ジャックとラリーンの出会い　カーセックス ・スーパーのアルマ　ラリーンの出産　嫌な義父
	⑧	・ジャックからのハガキ　4年ぶりに会おう ・爆発する再会の喜び　抱擁をアルマに見られる
	⑨	・モーテルでの夜　傷心のアルマ ・許されない二人　イリスのトラウマ
	⑩	・冷えた家庭　ラリーンの不満 ・休暇の準備　ラリーンのいらだち ・川辺の二人だけの時間　アルマの拒絶
	⑪	・離婚成立　駆けつけるジャックを拒否 ・ジャック、メキシコで男娼と
	⑫	・感謝祭　義父への反抗　アルマの家族 ・知っていたわ！　イリスの葛藤
	⑬	・ジャックの提案　牧場をやろう　決裂 ・キャシーとの出会い　同じ性の夫 ・娘とキャシー　パパと暮らしたい
	⑭	・互いの近況　お前が恋しくなる ・耐えられない　ブロークバック・マウンテンしかない ・回想の日々　また会おう　キャシーの涙
三幕（20分）	⑮	・死亡のハガキ　ラリーンとの電話 ・本当の死因はリンチ？　遺言
	⑯	・ジャックの両親　男と牧場をやるという夢 ・部屋の重ねられたシャツ　分かっている母
	⑰	・トレーラーハウスのイリス　娘の報告 ・形見のシャツ　写真　永遠に一緒だ

クの出会いから二人が関係を持ってしまう満月の一夜までが第1幕で約30分。美しくも厳しいブロークバック・マウンテンでの日々があって、突然の別れ。

そしてそれぞれの家庭を築く日々。4年後の再会と、アルマに目撃されてしまう物語上の転換点（ミッドポイント）が、ほぼ中間の60分となっています。

それから彼らの建前の実生活と、押さえ込まなくていけない本音との葛藤の歳月、妻や家族とのすれ違いが描かれます。

第2幕から3幕へのプロットポイントは、二人の決定的な感情のぶつかり、決裂に至る喧嘩。ここで彼らは聖地としての「ブロークバック・マウンテンしかない」という吐露があり、回想シーンが挿入されます。この2幕は約80分。

第3幕は翌年、イニスが「ジャック死す」のハガキを受け取り、彼の両親を訪ね、重なる二人のシャツを発見。これを傍に置いて「永遠に一緒だ」と呟くラストシーンまで。約20分です。

この映画がエポックといえるのは、ラブストーリーでありながら、許されない同性愛を描いていること、それもアメリカの象徴であるカウボーイ同士の愛だからです。もはやゲイは特殊とはいえない時代になったとはいえ、まだまだ偏見や差別として見る人はたくさんいます。自由の国であるアメリカとはいえ、宗教的な立脚点からも認めない勢力は根強い。

けれどもこの映画のように、たまたま出会って深く愛した相手が同性だったということもあるはずです。

ラブストーリーは愛し合う同士に、簡単に結ばれないための障害、事件、事情などを配し展開させます。主人公たちが、いくつもの障害を越えようとすればするほど、周囲の人間を不幸に陥れることもあるでしょう。思いが真っ直ぐであるほど、ドラマ性を高める対立、葛藤が生まれます。

恋愛ものが普遍性を持つ理由であり、『ブロークバック・マウンテン』もまさに、普遍としての愛し合う二人の悲劇と昇華を描いていて感動を呼びます。

個人的な経験を元にしながらも普遍的な『アニー・ホール』と、特殊な設定をもってきてはいるものの、実は普遍的である『ブロークバック・マウンテン』をじっくりとご覧下さい。

22 ジャンル別⑧ラブストーリー（2）

教材作品

『ウエスト・サイド物語』（34回作品賞・監督賞）

『ゴースト／ニューヨークの幻』（63回脚本賞）

作家性か商業性か？

ジャンル別アカデミー受賞作の分析、「恋愛もの（ラブストーリー）」の第2弾です。

前講はアメリカ映画史におけるエポック的な「恋愛映画」を辿り、その中からウディ・アレン監督の『アニー・ホール』と、アン・リー監督の『ブロークバック・マウンテン』を取り上げました。この2作は恋愛物としてエポックであったと同時に、作家性の強い映画だったともいえます。特にウディ・アレンは『アニー・ホール』を筆頭にどの作品でも、アレンタッチといえる独特のスタイルを確立しています。

映画は総合芸術といわれます。現場での演出の責任を担う監督を頂点として、撮影、美術、音楽、編集、衣装などなどスタッフや、演じるキャストなどそれぞれの役割の力が集まることで完成します。恋愛物に限りませんが、映画作品にはアレンのように作家性が色濃く出る作品、もしくはアート（芸術）色の濃い作品と、商品としての面が強い商業的作品に大別できます。

特にハリウッド映画は世界をマーケットとして製作されるため、メイド・イン・アメリカの重要な輸出品といった面も備えています。ヨーロッパ映画などに比べると、エンタテイメント性の強い作品が増える傾向になります。世界マーケットを想定した製作となりますので、客の呼べるスターシステムとなり、莫大な製作費を投入することも可能になります。逆に作家性が強い作品は客を限る分、低予算での製作を余儀なくされがちです。

映画に限らず小説や絵画、音楽などあらゆるジャンルに、この作家性と商業性のせめぎあい、綱引きがあります。ともあれ映画は、商品としての面を抜きに出来ません。ヒットする映画、すなわちより多くの観客を呼べる作品こそを映画会社、製作会社は目指します。売れる映画とするためのマーケティングが進んだり、より一般受けさせるためと称したノウハウを創り手側に要求したり変更を強要したりして、経営者側と現場との対立が起きたりします。

　創り手が常に直面する問題ですが、それにしても作家性が強かろうが弱かろうが、ヒットするに越したことはありません。ヒット作、すなわち一般受けする作品は、おおむね評論家やマニアックな観客からの評価が低かったりします。そうした評価よりも、なにより多くの人に受け入れられることを、創り手は目指すべきでしょう。

　アカデミー賞は資格をクリアした会員の投票で決まりますが、作家性の強い作品ばかりではなく、むしろエンタテイメント色が強くても、完成度の高い商業作品に賞を与える傾向も強い。

ウエスト・サイド物語　フォックス・ムービー・レジェンド　WAVE2
ＤＶＤ発売中
¥1,490（税込）
20世紀フォックス　ホームエンターテイメント　ジャパン

脚本：アーネスト・レーマン
監督：ロバート・ワイズ
　　　ジェローム・ロビンス
製作：ロバート・ワイズ

出演：ナタリー・ウッド
　　　リチャード・ベイマー
　　　リタ・モレノ
　　　ジョージ・チャキリス

　今回取り上げる「ラブストーリー」の2作、傑作ミュージカルの『ウエスト・サイド物語』と、ラブファンタジー『ゴースト／ニューヨークの幻』は、大ヒット作となった共通項を備えています。

ハリウッド映画を作ったミュージカル

　まず誰でも知っている『ウエスト・サイド物語』について。

「ラブストーリー（恋愛物）」としましたが、ミュージカルの傑作として知られています。内容の前に簡単にミュージカル映画について述べておきましょう。

　ハリウッド映画の歴史を語る際に、ミュージカルは抜きにできません。１９２７年、サイレントからトーキー映画の幕開けを告げたのが『ジャズ・シンガー』で、ミュージカル映画の走りとされています。アカデミー賞が始まったのはこの2年後です。

　音声を売りとしたトーキーの出現で、歌と踊りを見せるミュージカルが多くの観客に支持されました。ミュージカルの本場はニューヨークのブロードウェイの舞台でしたが、ここで踊れて歌える役者たちが、映画界に呼ばれて銀幕のスターへとなっていきました。

　30年の第2回でアカデミー賞の作品賞をとったのは、ミュージカル『ブロードウェイ・メロディ』でした。これを送り出したＭＧＭは以後、ブロードウェイの華やかな舞台をスクリーンで再現して見せるというミュージカル映画が、看板ジャンルとなりました。

　ミュージカル映画から、フレッド・アステア、ジーン・ケリー、エレノア・パウエル、ジュディ・ガーランドといったスターが輩出、こうしたエンターテイナーの芸を堪能するために、観客は映画館に足を運びました。

　この時期のミュージカル映画の多くは、ストーリーはむしろ二の次で、スターの歌や踊りの添え物でした。それだけではさすがに飽きられるようになって、舞台のブロードウェイや映画でも、ストーリーやドラマ性の強い作品が登場するようになります。

ショウがメインという造りから、アカデミー賞では多くは選ばれていません。作品賞の『ブロードウェイ・メロディ』以降、50年代までを振り返ってみると、36年第9回で、アメリカン・レビューの生みの親で、ショービジネスの大物プロデューサーとして名を馳せたフローレンツ・ジークフェルドの生涯を描いた『巨星ジークフェルド』。

ずっと下って51年第24回で、ジョージ・ガーシュインの華麗な楽曲による『巴里のアメリカ人』（ただしノミネートされた『陽のあたる場所』や『欲望という名の電車』がとるべき年だったともいわれている）、58年第31回、ビンセント・ミネリが監督賞もとった『恋の手ほどき』が作品賞をとっています。

『巴里のアメリカ人』は、舞台をパリとしながらも、極彩色のセットでジーン・ケリーのダンスが繰り広げられるモダンバレエ映画。『恋の手ほどき』も、色鮮やかなパリのセットを背景に、大がかりな歌や踊りが綴られる典型的なスタジオミュージカル映画でした。

ちなみに作品賞にノミネートされたミュージカル映画はたくさんあって、中でも33年第6回の革新的な『四十二番街』（受賞は『カヴァルケード（大帝国行進曲）』）、35年第8回のアステアとジンジャー・ロジャーズの黄金コンビの珠玉作『トップハット』（〃『南海征服（戦艦バウンティ号の叛乱）』）、39年第12回の動く絵本のような『オズの魔法使』（〃『風と共に去りぬ』）、54年第27回のアクロバテックなダンスが売りの『略奪された七人の花嫁』（〃『波止場』）は、賞をとっても不思議ではない名作です。

もう一作、ノミネートもされませんでしたが、52年第25回はスタンリー・ドーネン監督の『雨に唄えば』こそが、とるべきだったと今でもいわれています。私も一番好きなミュージカルで、その意見に賛同です。ちなみにこの年の作品賞の本命は『真昼の決闘』、対抗は『静かなる男』と見なされていましたが、とったのはサーカスを描いた『地上最大のショウ』でした。これはハリウッドに貢献しながらも無冠だった巨匠セシル・B・デミルへの、功労賞的な意味合いで選ばれたとされています。

アカデミー賞では時折、こうした不可解な選考が行われます。近年では第79回の、香港映画『インファナル・アフェア』のリメイク作でありながら、オリジナルを越えていない『ディパーテッド』に、作品賞とマーティン・スコセッシに監督賞を与えたケースなどがその典型です。

ミュージカルを変えた『ウエスト・サイド物語』

横道にそれてしまいました。こうしたスタジオ型のエンターテイナーの芸をメインとしたミュージカル映画は、次第に低迷していくのですが、60年代に入って大きく転換します。それを内外に示した傑作こそが『ウエスト・サイド物語』でした。

61年の第34回、11部門でノミネートされた本作が10部門（振り付けに与えられた特別賞を加えると11部門）を獲得、13部門ノミネートの重厚な戦争裁判劇『ニュールンベルグ裁判』（こちらはマクシミリアン・シェルの主演男優と脚色賞の2冠に留まる）を圧倒しました。作品賞と、ロバート・ワイズとジェームス・ロビンスが監督賞、ジョージ・チャキリスとリタ・モレノがそれぞれ助演男優、女優賞を、ほかカラー撮影賞や音響賞、編集賞

『ウエスト・サイド物語』ハコ書き

「（英語）」はミュージカルナンバー

①	②	③	④	⑤	⑥	⑦	⑧	⑨	⑩	⑪
「序曲」 ・NYの空撮、下町へ、ジェット団、リーダーのリフ ・シャーク団のベルナルド　「Prologue」 ・二つの団の対立　ケンカ ・シュランク警部とクラプキー巡査 ・ジェット団の計画　元リーダーのトニー 「Jet Song」	・ドクの店で働くトニー　兄弟分のリフ 「Something's Coming」 ・婚礼衣装店　マリアとアニタ 婚約者チノ　さあダンスパーティへ	・ダンス会場の対立「The Dance At Gym」 ・マリアとトニーの運命の出会い　「Maria」 ・兄ベルナルドの説教　「America」 ・ケンカに行くんでしょ	・バルコニーでの逢瀬　「Tonight」 ・ジェット団に巡査の警告 「Get Officer Krupke」	・ドクの忠告　ベルナルドの挑戦　トニーの申し出 高速道路下で　武器は素手 警部の差別と宣言　恋をしたんだ	・浮かれるマリア　「I Feel Pretty」 帰り支度　やってくるトニー　アニタにばれた ・二人だけの結婚式　ケンカを止めて 「One Hand One Hert」　キス ・いざ決闘！　それぞれの夜　「Tonight」（重奏）	・決闘！　ベルナルド対アイス 止めに入るトニー　混乱　リーダー同士でナイフ 刺されるリフ　トニー、ベルナルドを刺す！ 散る一同　トニーと二つの死体　逃げろ！	・屋上のマリア　チノの知らせ　嫉妬に狂う ・トニーの釈明　「Same Where」 ・ジェット団の混乱　「Cool」 チノが銃で　トニーを探せ！	・結ばれた二人　悲しみのアニタ 「A Boy Like That And I Have a Love」 ・警部の尋問　アニタ、伝えて	・ドクの店のジェット団　侮辱されるアニタ 「マリアは殺されたわ！」　絶望するトニー	・さまようトニー　マリアが生きていた！ チノ、発砲！　マリアの腕の中で絶命 集まる一同　「憎しみで殺したのよ！」 ・エンディング

などで、逃したのはナタリー・ウッドの主演女優賞（受賞は『ふたりの女』のソフィア・ローレン）だけでした。

先にその後のミュージカル映画について述べておくと、3年後の第37回はゴージャスさが売りの『マイ・フェア・レディ』（この年は『メリー・ポピンズ』もノミネートされていた）が、さらにこの翌年の第38回は、同じくロバート・ワイズ監督が監督賞も得た『サウンド・オブ・ミュージック』、69年第41回はチャールズ・ディケンズの原作をキャロル・リードが監督賞もとった『オリバー！』（ちなみに『2001年宇宙の旅』がノミネートからもれたことなどから、この受賞もミスジャッジの代表例とされる）と、それまでのミュージカルとも明らかに違う大作が作品賞をとりました。

『ウエスト・サイド物語』
写真協力　公益財団法人川喜多記念映画文化財団

『オリバー！』の年は、バーブラ・ストライサンドが主演女優（『冬のライオン』のキャサリン・ヘプバーンと同点受賞）をとった『ファニー・ガール』も作品賞にノミネートされていました。

『オリバー！』は衰退の一途を辿っていたミュージカル映画の〝最後の華麗なるミュージカル〟と称されましたが、実際にハリウッド型のミュージカル映画は、『ウエスト・サイド物語』と『サウンド・オブ・ミュージック』を頂点として以後は低迷します。

ただ、記憶に残る作品としては、71年作品賞ノミネートの『屋根の上のバイオリン弾き』（受賞は『フレンチ・コネクション』）、72年作品賞ノミネートでライザ・ミネリが主演女優、ボブ・フォッシーが監督賞など8部門をとった『キャバレー』（〃『ゴッドファーザー』）、79年第52回、作品や監督、主演男優にノミネートの『オール・ザット・ジャズ』（〃

『クレイマー、クレーマー』）があがります。

この70年代から80年代にかけては、ブロードウェイでヒットした舞台の映画化作品として『ジーザス・クライスト・スーパースター』（73）、『ヘアー』（79）、『コーラスライン』（85）といったミュージカルもありました。

ですが80年代から２０００年にかけてアカデミー賞主要部門でのミュージカルの受賞はありません。ようやく01年の第74回で19世紀のパリを舞台とした豪華絢爛な『ムーラン・ルージュ』が、作品賞（〃『ビューティフル・マインド』）や主演女優でノミネートされ、ようやく翌年の第75回で、ギャングが暴れる20年代の女性たちの悪女ぶりをゴージャスに描いた『シカゴ』が、作品賞など6部門をとります。これは『オリバー！』から実に34年ぶりでした。

キャメラが外に出た

歴代の名作を振り返ってみても、ミュージカルのほとんどは恋愛物だと分かります。『サウンド・オブ・ミュージック』は家族の物語ですが、前半は主人公の家庭教師マリアとトラップ大佐との恋愛が描かれます。

例外としては『オズの魔法使』や『オリバー！』は少女や少年が主人公の成長物、『オール・ザット・ジャズ』や『コーラスライン』は、バックステージ物で恋愛要素は薄い。これら以外多くのミュージカルで彩られるのは、決まって恋愛。主人公たちが歌い踊るパッションとして恋の感情がふさわしいからでしょう。すなわち、恋愛物を辿るのにミュージカルは欠かせないジャンルなのです。

代表としての『ウエスト・サイド物語』ですが、まず画期的だったのはそれまでのスタジオ主流から、実際にニューヨークの街でロケを敢行したこと。キャメラがキャストと共に屋外に出て、リアルな空間での歌い踊るミュージカルとしてスクリーンに躍動させた。また、主演女優のナタリー・ウッド以外は、厳しいオーディションでキャストを選び、エネルギーを爆発させる若者のダンスにこだわりました。

さらにそれまでの上品でほほえましい恋物語といった面を排除し、アメリカ合衆国が現実に抱えていた移民や人種問題を背景としたことも画期的でした。助演女優賞に選ばれたリタ・モレノは、まさにプエルトリコからの移民で、ヒスパニック系として初の受賞者となりました（皮肉なことに本命は『ニュールンベルグ裁判』で演技者として再起を果たしたジュディ・ガーランドだった）。

ともあれリタ・モレノが祖国への思いを込めて歌った「アメリカ」は、やはり助演男優賞をとったジョージ・チャキリスのエキゾチックな魅力とともに、このミュージカルの最大の見せ場であったことは間違いありません。

この作品もブロードウェイで上演されていたミュージカルです。そもそもは演出家で振付家のジェローム・ロビンスが、シェークスピアの『ロミオとジュリエット』をミュージカルにできないか、というアイデアで動き出した企画でした。

劇作家のアーサー・ロレンツと、20世紀を代表する作曲家のレナード・バーンスタインが加わり、当初生まれたのは『イースト・サイド物語』。ユダヤ人青年とイタリア人娘の悲恋物だったとか。その後、紆余曲折を経て、物語と連動する作詞にスティーブン・ソンドハイムが加わり、ニューヨーク生まれのポーランド系青年と、やってきたばかりのプエルトリコ移民の娘のロマンスと変わり、『ウエスト・サイド物語』が誕生します。

ブロードウェイの初演は57年9月。以後世界中で上演されるヒット作となるのですが、優れた舞台に与えられるその年のトニー賞ではほとんど賞を逃しています。有力作『ザ・ミュージック・マン』に持っていかれたのですが、あまりの革新性に当時の選者たちがついていけなかった、ともいわれています。

その4年後に映画化となるわけですが、ドラマ部分、映像部分の監督としてロバート・ワイズが選ばれます。ワイズは、49年の実験的なボクシング映画『罠』で注目され、SFの『地球の静止する日』や、潜水艦映画の『深く静かに潜航せよ』、さらには58年第31回、スーザン・ヘイワードが主演女優賞を獲り、自身も監督賞にノミネートされたサスペンス『私は死にたくない』（作品と監督賞はまさに『恋の手ほどき』とビンセント・ミネリ）で手腕は折り紙付きでした。

その後もワイズは4年後に『サウンド・オブ・ミュージック』で再度、作品賞と監督賞に輝きます。以後も『砲艦サンパブロ』や『アンドロメダ…』など戦争物やSF大作から、『オードリー・ローズ』のようなホラー映画の小品まで、幅広いジャンルを手がける巨匠でありながらも職人的な監督でした。

恋愛物必須の3要素

ロビンスの舞台版から革新的だったのですが、映画もソール・バスによる序曲デザイン画面から、ニューヨークの街を俯瞰する空撮、次第にスラムの一角、バスケットコートにたむろするジェット団へズームしていく。この導入部で度肝を抜きましたし、そこから映像ならではのカット割りで、彼らと対立するシャーク団のダンスを見せました。

今回も簡単なハコ書きを乗せました。ミュージカルとして歌と踊りのナンバーがストーリー展開と共に入りますので、全体で151分という長さですが、構造としてはとてもシンプルです。

ベースは述べたように『ロミオとジュリエット』。中世のイタリアの街で、いがみ合っているモンタギュー家とキャピュレット家。モンタギュー家のロミオと、キャピュレット家のジュリエットが舞踏会で出会って、一瞬のうちに恋に落ちる。その恋はけっして許されるはずもない。二人は両家の憎しみを除く方法を模索するが、結果的に事態は悲劇へと向かい……

もう何度も映像化されていますし、モチーフとした映画もたくさんあります。例えば71回の作品賞をとった『恋におちたシェイクスピア』や、最近では『ジュリエットからの手紙』といった恋愛映画もありました。拙著『エンタテイメントの書き方2』でも分析しましたが、70回で賞を独占した『タイタニック』は、

ゴースト／ニューヨークの幻 スペシャル・エディション

DVD発売中
¥2,625（税込）
パラマウント ジャパン

脚本：ブルース・ジョエル・ルービン
監督：ジェリー・ザッカー
製作：リサ・ウィンスタイン

出演：パトリック・スウェイジ
デミ・ムーア
ウーピー・ゴールドバーグ

監督のジェームス・キャメロンが、映画会社の重役たちを説得した決めゼリフこそ「沈没する豪華客船タイタニックで『ロミオとジュリエット』をやる」でした。

ともあれ恋愛物をおもしろくするための要素は、シェークスピアが作り上げたこの『ロミオとジュリエット』にすべて詰め込まれています。恋をする男女（『ブロークバック・マウンテン』は男同士でしたが）に、成就を阻む障害がなくてはいけません。互いの身の上や境遇、環境、三角関係などなど。さらに恋愛物をおもしろくする三要素こそが、今あげた生まれ持った「宿命（もしくは境遇など）」と「誤解」「すれ違い」です。

『ロミオとジュリエット』をニューヨークのスラム街に置き換えた『ウエスト・サイド物語』のストーリー展開も、互いの境遇の違い、カセとしての憎み合う二つの組織ゆかりのトニー（リチャード・ベイマー）とマリア（ナタリー・ウッド）が出会ってしまう。互いの恋を貫こうとするのですが、嘘から生まれた誤解があり、すれ違うことによって悲劇的な結末へと向かいます。

社会性や時代性を背景としたとしても、恋愛物は時にこのようなシンプルな構造こそが、より多くの観客に受け入れられます。恋に落ちた二人は、誤解やすれ違いで心は揺れ動きますが、互いを思う、愛情を貫こうとする〝動機〟は、ゆるがずに核として据えておく。愛を貫くという〝目的〟に向かって錯綜したり葛藤しながらも、必死に突っ走る姿を描くのです。

ハッピイエンドばかりでなく、本作のように悲恋に終わっても、そうした主人公たちの姿ゆえに、観客は感情移入をして涙することができる。つまりは、主人公たちをそうした立場に置いて、さまざまなカセを与たえ、いかに戦わせるか。これが恋愛物の欠かせないポイントとなります。

大ヒットこそが『ゴースト』の栄冠

さて、もう一作の『ゴースト／ニューヨークの幻』（以下『ゴースト』）。90年の第63回で、ブルース・ジョエル・ルービンが脚本賞を、霊媒師オダ・メイを演じたウーピー・ゴールドバーグが助演女優賞をとりました。作品賞や編集賞、作曲賞（モーリス・ジャール）もノミネートされました。この年は大本命として『ダンス・ウィズ・ウルブス』という、いかにもアメリカ人好みの良心的建国西部劇があって、作品賞やケビン・コスナーの監督賞など7部門をさらいました。

監督はジェリー・ザッカー。それまで『ケンタッキー・フライド・ムービー』の脚本や『フライングハイ』の監督、『裸の銃《ガン》を持つ男』の製作総指揮など、コントやギャグ満載のコメディを得意としていた創り手でした。そうした前歴からか監督賞にはノミネートされず。しかしザッカーは以後、『雲の中で散歩』や『ベスト・フレンズ・ウェディング』（『エンタテイメントの書き方2』で詳しく分析しています）といった恋愛映画の製作者としても手腕を発揮しています。

ともあれこの『ゴースト』は、アカデミーの作品賞に輝くべき名作だった、とはいえそうもありませんし、むしろそのような冠は重すぎる気がします。この作品を貶めているわけではありません。

なにより、『ゴースト』はこの手のラブファンタジーとして、未だに破られていない記録的な大ヒットを達成しました。つまり冒頭で述べたエンタテイメント作品として大成功を遂げた商業映画の代表ですし、人々の記憶にいつまでも残る恋愛映画です。それこそが『ゴースト』という恋愛映画に相応しい栄冠でしょう。

死んでしまった主人公が、幽霊となって現世に舞い戻って、という設定自体はけっして新しくありません。『ゴースト』が大ヒットした当時も、その前年に公開されたスティーブン・スピルバーグ監督の『オールウェイズ』（これ自体が42年の『ジョーという男』のリメイク）との類似性が指摘されました。森林火災員の主人公が事故死してしまい、恋人にいえなかった「愛している」という一言を告げるために幽霊として戻ってきて……

『オールウェイズ』も良作でしたが、残念ながら人々の記憶に残る恋愛映画の名作とはなっていません。それだけ『ゴースト』は普遍性を備えていたわけです。近年でもパチンコになったり、邦画でもリメイクされました。なにより、この映画の大ヒット以後、似た設定の映画やドラマが山のように出てきたことが影響の大きさを示しています。

『ゴースト／ニューヨークの幻』
写真協力　公益財団法人川喜多記念映画文化財団

『ゴースト／ニューヨークの幻』ハコ書き

一幕（26分）	①	・タイトル　部屋の解体　サム、モリー、カール コインのお守り　銀行員サムとカール ・天使像　同棲開始　幸せへの不安 ・ろくろ回しラブシーン
	②	・銀行内の疑惑　怪しいカール ・将来への展望　結婚しましょう 「愛している？」「同じく」 ・拳銃強盗　格闘　死んでいる自分！ 夢？　来世のヒカリ　病院へ　迎えが来た
二幕（70分）	③	・自分の葬式　うつろなモリー　カールの接近 猫には分かる　思い出の整理　カールの申し出 ・侵入する強盗　間一髪　男を尾行
	④	・地下鉄の幽霊　強盗はロペス ・さまようサム　霊媒師オダ・メイ サムの声が聞こえる！　モリーに伝えて
	⑤	・オダ・メイを信じるか？　三者会談 ・カールに相談「僕が調べる」　尾行 ・カールが黒幕だった！「コードを探せ」
	⑥	・信じない婦警と刑事 ・カールの家捜し　手帳を見つけた ・オダ・メイは前科者　・コードが一致した
	⑦	・失意のモリー　カールの誘惑 サムの思い　写真立てが倒れた！
	⑧	・地下鉄幽霊を探せ！　レクチャーを受ける 念力で動かせ　ついに達成！
	⑨	・繁盛しているオダ・メイ　ロペスが来た 霊たちを追い出せるぞ
	⑩	・サムの反撃　オダ・メイで400万ドル カール、あと10分で送金　モリーが目撃 小切手を寄付　追い詰められたカール
	⑪	・モリーに尋ねるカール　彼女を殺すぞ ・襲われるオダ・メイたち　ロペスの恐怖 悪霊につれていかれるロペス
三幕（26分）	⑫	・オダ・メイを信じないモリー　コインが動いた サムは隣にいる　オダ・メイの身体に もう一度のラブシーン
	⑬	・カールの襲撃！　動けないサム オダ・メイとモリーの危機　カールの死
	⑭	・光が見える　霊とのキス　最後のお別れ 「愛していた」「同じく」「また会おう」 エンディング

記憶に残るラブシーン

こちらも簡単なハコ書きを載せました。全体的な構成もさることながら、『ゴースト』は実に巧みに観客の心を掴む手法が駆使されています。今回改めて見直したのですが、いわば〝あざとさ〟と〝開き直り〟の絶妙な配分です。

告白をしますが、私は実はこの映画が好きではありませんでした。デミ・ムーアという女優さんが、あまり好みではないということもありましたが、大ヒット作としてブームとなっていた当時、このあざとさや突っ込みどころ満載さに反発したのだと思います。

けれども、そうした好き嫌いを越えて、

『ゴースト』は多くの人の心を掴み、涙腺を決壊させた、魅力満載のラブファンタジーであることは認めなくていけません。クリエイター、それも映画の創り手の端くれとして、あざといからと斬り捨ててはいけない。特に恋愛物といったジャンルには、いわゆるベタな展開であったり、あざとさは最大の武器になります。そうした手法を斜めに構えて拒絶したのでは、万人に受け入れられるエンタテイメント作品は作れないでしょう。

『ゴースト』のうまさは例えば、いわゆる名シーンとして語り注がれる【起】の部分の「二人でろくろ回し」。主題曲として流れる「アンチェインド・メロディ」も効果的ですが、実にエロチックな心ときめくラブシーンです。

恋愛物を名作とする不可欠な要素こそ、誰も描いていない〝ラブシーン〟を創れるか。『風と共に去りぬ』の夕焼け空を背景の別れのキス、『ローマの休日』の真実の口や謁見場の別れ、『卒業』の結婚式の略奪、『タイタニック』の船首でのキス……恋愛映画には「ああ、あのシーン」と人々の記憶に残るラブシーンがあります。『ゴースト』もそのひとつ。

構成としてのうまさは、このラブシーンを【起】のシークエンスの見せ場としてもってきて、さらに一気に主人公のサム（パトリック・スウェイジ、09年に57歳で病死）が殺されるというプロットポイントで第2幕へと運んでいる点。

このシーンの見せ方もバツグン。強盗ともみ合う内に銃声、逃げる強盗を追いかけるサムがいて、振り返ると恋人モリー（デミ・ムーア）が血まみれの自分の死体を抱いているのを見てしまう。人間から幽霊になってしまった驚きを、観客に共有させる見せ方です。

以後もスピィーデーに物語が展開します。サムの同僚で共通の友人であるカールが実は裏切り者の悪人で、というのも早々に明らかになる。幽霊となったことでモリーの危機を目の当たりにしながらも、救うことができないというジレンマでハラハラさせる。

インチキ霊媒師でありながらサムの声が聞こえてしまう、オダ・メイの脇役としての個性の際立たせ方。このオダ・メイであったり、地下鉄の幽霊といった人物たちの配分、サムとの関わらせ方はかなり都合がいいのですが、そう思わせない登場のさせ方、さらに人物としてのリアリティの与え方、例えば彼らのセリフに、さりげなく履歴を潜ませている点などに注目して下さい。

『ゴースト』は純然たるラブストーリーですが、サスペンス要素を加えたファンタジーとしての造りが絶妙です。このあり得ない設定、展開にリアリティを与えて、観客をひっぱり込むシナリオテクニックを吸収しましょう。

ファンタジーは時に、作者の都合で設定や展開に疑いを挟まずに、成立させようとしがちです。本作でいうと、モリーは安易にサムの霊の存在であったり、うさんくさいオダ・メイを信用してはいけない。その心にどう接近するか。クライマックスの事件の収拾から、そのまま恋愛物のもうひとつの大きな見せ場となる感動の別れ、これも欠かせないラブシーンです。こうしたシーンでは、書き手は思いきりベタさを貫くべきで、そうした描写が観客の心を確実に掴みます。

大ヒットもした『ウエスト・サイド物語』と『ゴースト／ニューヨークの幻』からその要因、テクニックを探ってみて下さい。ちなみに、この両作も回想やナレーションを使っていません。『ウエスト・サイド物語』は二日間で、『ゴースト』もサムが幽霊となってからは数日間の物語になっています。

23 ジャンル別⑨青春物（1）

教材作品

『明日に向って撃て！』（42回脚本賞）

『グッド・ウィル・ハンティング／旅立ち』（70回脚本賞）

ジェームス・ディーンも受賞に至らず

ジャンル別アカデミー受賞作、「恋愛もの《ラブストーリ》」を継いで「青春物」を分析します。

「恋愛もの」と「青春物」はかぶることが多いのですが、「青春」と区切る場合は、主人公がティーンや20代などの若者。恋愛ばかりでなく不器用ながらも懸命に生きる姿を描くことで、その主人公の成長がメインとなるジャンルといえます。

どうしても大作にはなりにくいですし、いわゆる重厚さからも遠いジャンルのせいか、アカデミー賞ではあまり選ばれていません。若者が主人公の物語として古くでは、1930年の第3回作品賞とルイス・マイルストーンが監督賞を得た『西部戦線異状なし』がありますが、これはむしろ反戦メッセージ性の高い社会派戦争映画でしょう。

その後、青春映画と位置づけられる作品の受賞はなく、かろうじて51年の第24回にジョージ・スティーブンスが監督賞をとり、作品賞もノミネートされた『陽のあたる場所』は青春物の要素を含んでいました。モンゴメリー・クリフト扮する貧しい出の青年が、富と名声を得るべく上流社会で成り上がろうとする。こうした若者の上昇志向、野望も青春物の重要なテーマになります。

その3年後、第27回の作品賞の『波止場』も青春物といえます。11部門でノミネートされ、エリア・カザンが監督賞、主演のマーロン・ブランドが主演男優賞など8部門を受賞しました。ボクサー崩れの沖仲仕の青年が、巨悪に単身挑んでいく物語で、こうした構造なり社会性の強いテーマ色ゆえに、青春物でありながらも高い評価を得ました。

しかし、この翌年の28回では、やはりエリア・カザンがメガホンをとり、象徴的な青春スター（封切り直前に事故死したこともあったが）、ジェームス・ディーンが主演した『エデンの東』は作品賞にはノミネートされませんでした（ディーンは主演男優賞、カザンは監督賞にノミネート、ジョー・バン・フリートが助演女優賞を獲得）。

　この作品はヒューマン、もしくはホームドラマとしての色合いが強いかもしれませんが、青春物の傑作といっていいと思います。また、同じ年には間違いなく青春物といえるディーン主演の『理由なき反抗』も公開されていましたが、助演男優、女優がノミネートされただけに留まっています。

　ちなみに、ジェームス・ディーンは翌年第29回でも、遺作となった『ジャイアンツ』が作品賞や主演男優賞にノミネートされています。ジョージ・スティーブンスが『陽の当たる場所』に続いて監督賞をとりましたが、ディーンは受賞に至らず。当時のアカデミー賞は「活動中のアーティストの業績に対して」といった意味合いが強く、死者の受賞はあり得なかったせいで、死後2年連続のノミネートだけでも画期的だったということ。ちなみに主演男優賞は『王様と私』のユル・ブルンナーでした。

　『ジャイアンツ』はロック・ハドソンの演じた牧場主と、エリザベス・テーラーの妻との家族の物語ですが、ディーンが演じた成金男は、やはり青春物の要素を具現化していました。

　若くしての事故死という事実があるとはいえ、ジェームス・ディーンに青春スターの冠が刻まれる由縁は、この青春映画三作が残されているからでしょう。

ニューシネマは青春の波《ウェーブ》

　こうしたハリウッド映画の歴史の積み重ねで、50年代後半から60年代にかけて青春物であっても評価を得るようになります。59年第32回で外国語映画賞をとったマルセル・カミュ監督の『黒いオルフェ』は優れた青春映画ともいえます。

　そして前講教材とした恋愛物でありながら新しいミュージカルの『ウエスト・サイド物語』も、ニューヨークのスラムで若者たちが躍動する青春物でしょう。ちなみにこの61年の脚本賞（ウィリアム・インジ）は『草原の輝き』（エリア・カザン監督）で、ナタリー・ウッドとウォーレン・ビーティの男女が織りなす青春の痛み、悲しみ、成長をヴィビットに描いた青春物の秀作です。

　その後60年代後半に至り、アメリカ映画は時代性を反映した新しいウェーブとしてのニューシネマが起きます。ニューシネマでもっぱら描かれたのは若者たちの青春であり、苦悩や暴走、反抗といったエネルギーを爆発させる姿でした。

　この講座でも取り上げた『卒業』が監督賞をとったり、同じ年には鮮烈な青春像を描いて嚆矢となった『俺たちに明日はない』も出ていました（作品、監督、主演男優、主演女優など10部門でノミネートされたが、過激さや反社会性が災いしたか、撮影賞と助演女優賞（エステル・パーソンズ）の2冠に留まる）。ともあれ、このウェーブにハリウッドも巻き込まれ、アカデミー賞でも堂々と青春映画が受賞するようになりました。

　今回まず教材とする1作目『明日に向って撃て！』は、69年の第42回に、作品賞や監督賞など6部門で候補になり、脚本賞（ウィリアム・ゴールドマン）、作曲と主題歌（共にバート・バカラック、歌はB・J・トーマス）、撮影賞（コンランド・L・ホール）の4部門をとりました。

　この年はまさにニューシネマ時代の象徴的な年で、『真夜中のカーボーイ』が作品賞とジョン・シュレシンジャーが監督賞、ウォルター・ソルトが脚色賞の3部門を獲得しています。『真夜中のカーボーイ』は現代ニューヨークの片隅であがくはみ出し者のイカサマ師と、時代錯誤な田舎出のカーボーイのバディ青春物で、痛ましさと哀切さが際立つ異色作でした。こうした作品にオスカーを与える時代になったという象徴でしょう。

シュレシンジャー監督による「アメリカの神話は自由ということであり、無限の成功と可能性だった。だけど今はどうなのか?」という問いかけが、この映画を生む発想になったと語っていて、まさにニューシネマの総体的なテーマを表現しています。

教材とする『明日に向って撃て!』にも、こうしたテーマが内存されていますが、『真夜中のカーボーイ』に比べると、ずっと明るいタッチで普遍性も備えています。どちらも優れた青春物ですが、今回は好みもあって『明日に向って撃て!』を選びました。私ごとですが、まさにティーンの多感な時期にこの映画と出会い、映画館に追いかけて(まだビデオはなかったので)20回以上は観たという最多鑑賞作品です。

もう一作教材とする『グッド・ウィル・ハンティング/旅立ち』は、ずっと時代も下って97年の第70回の脚本賞で、この頃になると普通に青春物でも評価されるようになっています(同じことはサスペンスやスリラーなどにもいえる)。

西部劇に冷淡なアカデミー賞

さて『明日に向って撃て!』ですが、個人的な好みだけでなく、この映画がアメリカ映画に欠かせないジャンルである「西部劇《ウエスタン》」ということもありました。この西部劇について簡単に振り返っておきます。

西部劇は簡単にいってしまうと日本の時代劇に当たります。ただ日本は千数百年の歴史があって、時代劇も各時代で細分化されます。アメリカは建国数百年ですし、西部劇とカテゴライズすると、19世紀後半のアメリカ大陸西部開拓時代での物語を差します。

もちろん西部劇も時代があって、南北戦争前後で描き方が違いますし、交通手段が馬から鉄道に移行していったことでも様相が変化していきます。

ともかく、西部劇の多くはガンマン同士のガンファイターや(時代劇ならばチャンバラに相当する)、襲撃してくる先住民族のインディアン(今の表記はネイティブアメリカン)を悪役側とする勧善懲悪型の娯楽映画がメインで量産されましたので、やはりアカデミー賞候補になりにくかった。

西部劇映画の代表的な監督といえば、ジョン・フォード、ハワード・ホークス、ジョン・スタージェスといった名匠でしょう。例えばフォードの古典的傑作『駅馬車』(39)はノ

明日に向って撃て! フォックス・スーパープライス・ブルーレイWAVE7

ブルーレイ発売中
¥2,381(税込¥2,500)
20世紀フォックス ホームエンターテイメント ジャパン

脚本: ウィリアム・ゴールドマン
監督: ジョージ・ロイ・ヒル
製作: ジョン・フォアマン
製作総指揮: ポール・モナシュ

出演: ポール・ニューマン
ロバート・レッドフォード
キャサリン・ロス

ミネートされましたが、大作『風と共に去りぬ』に作品賞や監督賞をもっていかれています。フォードには『駅馬車』と並んで、西部劇の最高傑作ともいわれる『荒野の決闘』（46）がありますが、こちらはノミネートすらされていません。

ただしジョン・フォードは『男の敵』（35・アイルランド独立戦争時のヒューマンドラマ）、『怒りの葡萄』（40・スタインベック原作の社会派ドラマ）、『わが谷は緑なりき』（41・ウェールズ地方の炭鉱夫一家のドラマ、作品賞も）、『静かなる男』（52・アイルランドの無骨な男の人情喜劇）で4度も監督賞に輝いています。しかし〝西部劇の神〟と称されながら西部劇での受賞がないことが、その冷遇ぶりを表しています。

西部劇で作品賞を得たのは、31年第4回の『シマロン』で、これは西部開拓の苦闘を描いた歴史劇的作品でした。しかし以後90年の『ダンス・ウィズ・ウルブス』まで『シマロン』は、「西部劇に冷淡なアカデミー協会から賞を奪い取った唯一の作品」として知られていました。

西部劇の名作としてあがるような上記以外の作品、例えば『黄色いリボン』（カラー撮影賞受賞）『真昼の決闘』（作品賞ノミネート、ゲーリー・クーパーが主演男優賞受賞）『シェーン』『捜索者』『大いなる西部』『アラモ』（作品賞ノミネート）『西部開拓史』（作品賞ノミネート、脚本賞受賞）『ワイルドバンチ』などをあげても、アカデミー賞からは冷遇されたジャンルというのは間違いありません。日本では時代劇であっても高い評価をされてきたのとは対照的です。

大作ゆえに7部門を受賞した『ダンス・ウィズ・ウルブス』は、それまでのインディアン蔑視的表現から転換していた点が評価されました。ようやく西部劇らしい西部劇として、人間ドラマ性を深めた『許されざる者』（92年・第65回）で、作品賞とクリント・イーストウッドが監督賞も獲得しています。

イーストウッドも西部劇（むしろイタリア製のマカロニ・ウエスタン）で名を馳せた俳優ですが、ハリウッドを代表とする西部劇スターといえばジョン・ウェインでしょう。ウェインが『勇気ある追跡』で主演男優賞を得たのは、『真夜中のカーボーイ』が作品賞をとった69年。老年になった保安官の生きざまを描いた西部劇で、むしろフロンティア精神の象徴的担い手への功労賞的な受賞でした。まさに西部劇の置かれた状況を物語っていたわけです。

ニューシネマは当時泥沼化していたベトナム戦争が背景にありました。それはすなわち、古き良きアメリカが掲げていたフロンティアスピリッツの敗北を意味していました。

『明日に向って撃て！』と同じ年に製作されたサム・ペキンパー監督による傑作『ワイルド・バンチ』は、フロンティアの夢の終焉を描いた〝最後の西部劇〟と言われました。実際に以後、西部劇は観客の支持を得られなくなり、製作本数も減っていき現在に至っています。そうした点に関しては、日本の時代劇の状況とも似ているわけです。

実在のアウトローをどう描くか？

さて、ニューシネマの時代にヒットした『明日に向って撃て！』ですが、当時から「今までにないニュータイプのモダンウエスタン」と評価されました。西部劇でありながら、青春映画としての味付けが斬新だったからでしょう。

原題は『BUTCH CASSIDY AND THE

SUNDANCE KID』で、これはそのまま主人公二人の名前。1890年代にアメリカ西部から南米にまで悪名をとどろかせた実在の無法者。リーダーのブッチ・キャシディをポール・ニューマン、相棒の銃の名手サンダンス・キッドをロバート・レッドフォード、キッドの恋人で、彼らと行動を共にして強盗団に参加した女教師エッタ・プレイスをキャサリン・ロスが演じました。

ニューマンはすでに人気スターで製作者も兼ねていましたが、レッドフォードは本作で一躍トップスターに躍り出ました。監督のジョージ・ロイ・ヒルは4年後、再びニューマンとレッドフォードと組んだ『スティング』で、作品賞と監督賞に輝いています。この作品も古き良きアメリカ映画の香りを漂わせながらも斬新なエンタテイメント快作でした。以後、『華麗なるヒコーキ野郎』『リトル・ロマンス』『ガープの世界』といった、明るく軽いタッチながら哀愁にも満ちた良作を手がけました。

脚本のウィリアム・ゴールドマンは、7年後の『大統領の陰謀』でも脚本賞を得ています。他に『マラソン・マン』『遠すぎた橋』『ミザリー』『アトランティスのこころ』などを書いています。

ゴールドマンは脚本を練り上げるのに、史実調査を含めて8年の歳月を要したとか。当然創作の部分がかなり入っているとはいえ、ブッチとキッド、加わっていたエッタは実在したのですから、彼らの軌跡を踏まえています。

ブッチが組織した無法者集団こそが〝ワイルド・バンチ〟で、西部最後にして最大のギャング団でした。ペキンパー監督の『ワイルド・バンチ』は、その後の無法者たちの物語として描かれています。

実際にブッチとキッドは、20世紀に入ってからエッタを伴い南米に渡り、ボリビアで1911年に射殺されたと伝えられています。ブッチ自身は凶悪犯ではなく、ボリビアでの銃撃戦で人を撃ったのが最初で最後だった。エッタのその後は不明、実業家として成功したという伝説もあるとか。

こうした史実から、どのようにアウトローを描くか？　ゴールドマンとロイ・ヒル監督は、青春物の要素をメインにしながら、明るくユーモアを交えながら描く方法を選択しました。

ブッチとキッドの人生は、けっしてまともではなく明るくもありません。こうした犯罪者、アウトローの生涯はおおむね悲惨な結末を辿りますが、彼らもまさに「それみたことか」ともいえる最期を迎えます。

これを悲惨なままに暗いタッチで描くか、ある意味青春の輝きとして据えるかで、まったくアプローチが違ってきます。さらに、アクション映画でありがちな、無軌道に犯罪に興じるアウトローといった描き方ではなく、生身の人間、弱さをにじませつつ、幼さを垣間見せる人物像としています。

自由への逃走を描いた青春映画

アウトローの青春ということでは、この2年前にニューシネマの嚆矢となった『俺たちに明日はない』と比べるとよく分かります。こちらもアメリカ恐慌時代に実在した男女の銀行強盗がモデルになっていますが、ユーモア性は皆無で、痛ましくも鮮烈に疾走する青春像となっています。

『俺たちに明日はない』がそうした手法をとったのは、やはり時代性であったり、斬新なギラギラとした表現をとることで、時代に

『明日に向って撃て！』　構成表

［起］　26分	［承］　40分	［転］　28分	［結］　14分
・タイトル　セピアのニュース　壁の穴強盗団 ・ブッチ、銀行の下見　キッド、カードゲーム キッドの腕前　彼らの評判 ・アジトに戻る　ボリビアに行こうか？ ボスはブッチ　列車強盗に変更 ・往路の列車襲撃　堅物銀行員　爆破 ・保安官の呼びかけ　高見の見物の当人たち ・エッタの帰宅　待ってきたキッド　脱げ	・朝　文明の利器に二人乗り「雨に濡れても」 先に会っていたら恋してた　結婚したのと同じ ・復路の列車襲撃　ウッドコックと再会 多すぎたダイナマイト　追っ手の列車 撃たれる仲間　二手に分かれろ 凄腕の追跡チーム　工作失敗 野宿　牛泥棒時代の思い出　再びの逃走 ・なじみの保安官　お前らの時代は終わった ・岩場を逃げる　バルチモアに違いない 川を渡る　山を登る　フォースもいる ・崖の上に追い詰められた　最後の手段 俺はカナヅチだ　二人でジャンプ！ ・エッタの元に　二人が死ぬところは見ない さあ東部に　さらば自転車（セピアに）	・NYのスナップ　新しい文明の時代 つかの間の休日　客船に乗って ・ボリビアに到着　ラマとブタしかいない ・銀行を下見　スペイン語が通じない ・エッタの特訓　カンニングで「金を出せ！」 ・エッタもチームに　ヤンキー強盗二人組 ・追跡隊にフォースが？　足を洗おう ・皮肉にも護衛の仕事　前に襲った銀行 ・山賊に襲われる　反撃　初めての殺し ・エッタの申し出　私は先に帰るわ	・強盗に舞い戻る　ジャングルは嫌だ ・ロバの刻印で通報　食事中に撃たれる 敵は一人か？　弾をとってくる　銃弾の雨 あれが護衛か!?　あれで走ったのか!?　負傷 ・軍隊到着　次はオーストラリアに 明日に向って！　ストップモーション

反体制的な刃をつけつけてやろう、という意気込みゆえでしょう。

実際にここから、ニューシネマという新しい波が重なっていったわけですから、そのような描き方は間違いではなかった。この先行作を意識した上での違うアプローチで、『明日に向って撃て！』は創られたのでしょう。特に共に映画史に残る名ラストシーンですが、片やリアルなままに見せる死に様であり、片や記憶に残される余韻としてのストップモーションとなっています。

今回も簡単なハコ書きを載せました。構成としてもとても分かりやすい。セピア調による物語の導入から、二人の主人公ブッチとキッドの紹介。それぞれ二人のキャラクター性や仕事ぶり、役割までを見せます。列車強盗の失敗や、頑固な銀行員ウッドコックとのやりとりで、彼らが憎むべき悪党といった印象を与えていません。さらにもう一人のエッタの紹介までが、第1幕というよりも【起】の部分。

名シーンとして語り継がれる「雨に濡れても」の自転車シーンからが第2幕で、この観客の心を和ませる場面を経て、一転彼らを窮地を落としていく。生きることはそう簡単ではない。特に無茶な選択をした若者に、現実は容赦なく試練を与え追い詰めていく。ここからひたすら逃亡劇となります。

ちょうど中央のミッドポイントで、物語が大きく転換します。ここからは第2幕の後半になりますが、構成として図にすると【ハリウッド型3幕構成】というよりも、日本式の【起承転結】がぴったりとはまります。

象徴である自転車を捨ててからのニューヨークでの休日を経て、ボリビアでのさらなる展開が加速する。エッタが未来を予感して彼らから離れるまで。

エッタという楔がなくなることで、トライアングルが崩れる。そして衝撃の【結】に繋がるラストシーンまで。回想で過去が振り返られることもなく、ナレーションでの解説もありません。

映画評論家の品田雄吉さんが次のように書いています。まさに『明日に向って撃て！』はこうした映画ですし、それはそのままニューシネマの精神を具現化しています。

「自由への逃走を描いた青春映画。『明日に向って撃て！』は、言ってみるならば、逃げる西部劇であり、逃走する青春映画だ。前進的でなく建設的でないということは、なんと快く、また心躍ることなのか。

　こういうものの言い方は誤解を招くかもしれない。が、この場合の〈逃げる〉とは、まず文字通り逃げることであり、そしてさらに言えば、すべての拘束から自由でありつづける、ということなのだ。そう『明日に向って撃て！』は、逃走に青春の自由を象徴させた映画なのだ。」

脚本成立もサクセスストーリー

もう一作は『グッド・ウィル・ハンティング／旅立ち』。

　この作品は97年の第70回で、作品賞やガス・バン・サントの監督賞、主演男優のマット・デイモンなど9部門でノミネート。出演もしたベン・アフレックとマット・デイモンが脚本賞を、ロビン・ウィリアムズが助演男優賞をとりました。

　なにしろこの年はジェームス・キャメロン監督の『タイタニック』が、作品賞や監督賞など11部門を席巻した年で、一矢を報いたといわれるのが、ジャック・ニコルソンが主演男優賞、ヘレン・ハントが主演女優をとった『恋愛小説家』と、この『グッド・ウィル・ハンティング／旅立ち』といわれています。ちなみにこの講座の19講目で取り上げた『L.A.コンフィデンシャル』が、脚色賞をとっています。

　この映画の脚本の成立過程は、青春物のようなサクセスストーリー性に満ちています。オリジナルはデイモンがハーバード大学の授業のために書いた短い戯曲で、それを読んだ幼なじみのアフレック（二人はボストンで育った10歳と8歳からの親友同士だった）が「一緒に映画にしよう」と持ちかけて、2年かけて完成させた。

　その頃、二人は俳優になるために、さまざまな映画のオーディションに挑戦していた駆け出しでした。デイモンはコッポラの『レインメーカー』の主役を射止めて注目され、アフレックもようやく『チェィンジング・エイミー』で人気が出始めていた。俳優志望の彼らは、各シーンをそれぞれ演じながら、ストーリーやキャラクターをふくらませて完成させていったとのこと。

　紆余曲折を経ながらも、最終的にタランティーノの『レザボア・ドックス』や『パルプ・フィクション』などを手がけていた気鋭のプロデューサー、ローレンス・ベンダーの手で製作にこぎつけました。

　その後のデイモンとアフレックの活躍ぶりはご承知の通りです。デイモンはキレのあるアクションから陰影ある脇役までこなすドル箱スターになっていますし、アフレックは

グッド・ウイル・ハンティング／旅立ち
ブルーレイ　¥2,500（税込）
DVD　¥1,500（税込）
ワーナー・ホーム・ビデオ

脚本：ベン・アフレック
　　　マット・デイモン
製作：ローレンス・ベンダー
製作総指揮：
　　　ボブ・ワインスタイン
　　　ハーヴェイ・ワインスタイン
　　　ジョナサン・ゴードン
　　　スー・アームストロング

出演：ロビン・ウイリアムズ
　　　マット・デイモン
　　　ベン・アウレック
　　　ステラン・スカルスガルド
　　　ケイシー・アフレック
　　　シニー・ドライバー

『グッド・ウィル・ハンティング／旅立ち』　構成表

第1幕（14分）	第2幕（86分）	第3幕（25分）
・タイトル　ウィルの部屋　チャックの迎え ・MIT　ランボー教授の講義　数学の難問 ・掃除夫ウィル　数式を眺める ・アイルランド系　鏡の数式　答えを記入 ・卒業パーティ　誰が解いた? ・ケンカで逮捕　新しい難問　仮釈放のウィル ・ランボーと遭遇　先生、正解です	・ハーバード大学生のバーでナンパ スカイラーとの出会い　優等生を凹ませる ・ランボーの捜索　ウィルの前科　保釈金5万$ ・ランボーの提案　共同研究とカウンセリング ・カウンセラーを撃退　心当たりがいる ・失意のショーンに　スラムの天才を見つけた ・ウィルとショーンの対面　絵から逆分析 妻への侮辱は許さない　来週も来させろ ・スカイラーとの初デート　キスはピクルスの味 ・公園のベンチで　本当の愛を知っているか? ・ウィルの悔恨　工事現場でチャックと労働 ・スカイラーへの逡巡　無言のカウンセリング ・教授の喜びと助手の心境　妻の思い出話 ・スカイラーを誘いに　ドックレースデート ・レッドソックス優勝よりも大事な人だった ・スカイラーと愛し合う　友人たちとの壁 ・ショーンとランボーの思惑　・身代わり面接 ・オープンカフェの二人　ピアノは弾けない ・一緒にカルフォルニアに　俺はスラム育ちだ 愛していない　哀しいケンカとスカイラーの涙 ・解答を燃やす　ランボーのあせりと苦悩 ・最先端企業の面接　・ショーンとの議論 君は何をしたい?　答えを知らないんだ ・電話で別れ　スカイラーの出発　ウィルは来ない	・親友チャックの忠告　当たりクジを無駄にするな ・ランボーとショーンのケンカ ウィルの告白　君は悪くない　心が通じた ・電車から見える光景　面接に来た ・最後のカウンセリング　君は自由だ　ありがとう ・友人3人からの誕生日プレゼント ・荷造りのショーン、ランボーと和解 ・チャック、10秒のスリル　微笑　置き手紙 ・カルフォルニアに　ウィルの旅立ち

俳優だけでなく監督や製作者としても実力を発揮しています。この二人が脚本をものにすることで、まさにアメリカン・ドリームを描いてみせ、演技をも磨いていった記念碑的な作品こそが『グッド・ウィル・ハンティング／旅立ち』です。

“友情”と優れた“師”が欠かせない

この映画は青春物に不可欠な要素が満ち溢れていて観客の心を離しません。いくつか挙げていきましょう。

まず主人公のキャラクター像。青春物は主人公をまだ未熟な若者とするものが多いのですが、主人公を恵まれた大金持ちのボンボンといった境遇にすると、描き方が難しくなります。もし青春物で主人公をそうした境遇に置くならば、事件や運命の転換などで、どん底状態に追いやるといった運びが必要になるでしょう。

ともかく主人公は這い上がったり、のし上がっていくために、できるだけハンデのある境遇とした方がいいわけです。そして、そのための特技なり能力を持たせる。

恵まれない境遇にある主人公は、それを武器に権力者であったり、上の階層の人間に立ち向かっていく。観客はその姿にカタルシスを得ます。この戦いなり、のし上がっていく姿に特化すると「サクセスストーリー」になり、青春物に多いジャンルのひとつになります。

主人公のウィル・ハンティング（デイモン）は、スラム育ちで屈折を抱え、過去に傷害や窃盗で警察の世話に何度もなっている二十歳の若者。同じ町で育ったチャッキー（アフレック）ら仲間とつるんでは、酒やナンパに明け暮れている。仕事がＭＩＴ（マサチューセッツ工科大学）の掃除夫。実はウィルは、読んだ本の内容を記憶できたり、難解な数式や定理を解く天才的な頭脳を秘めています。

この脚本のまずアイデアとしての秀逸さは、スポーツなどではなく「数学の難問を解いてしまう」頭脳の持ち主とした点。ウィルはその特技で、一流大学のエリート学生たちや、彼らを率いるフィールズ賞（数学のノーベル賞）受賞者のランボー教授（ステラン・スカルスガルド）を凹ませていくのが痛快です。さらにはハーバード大学の才媛女子学生スカイラー（ミニ・ドライバー）の恋人にもなります。

第1幕はウィルらの人物紹介と、発端としての挑戦が描かれています。そしてランボー教授との遭遇まで。第2幕はスカイラーとの出会いから、青春映画特有の主人公の未熟さゆえの苦悩、友情、彼自身の成長物語が綴られていきます。

2幕でのメインとなる物語は、スカイラーとの恋愛と、もうひとりの重要人物セラピストのショーン（ウィリアムス）との葛藤、対立、そして心の交流です。

2幕の終わりはこうした葛藤があって、スカイラーとの別れというプロットポイントを経て、3幕へと進みます。3幕はウィルの成長を印象づける展開で、主人公のみならず重要人物たちの問題も解決されます。

青春物はいくら主人公に優れた能力なり特技を与えたとしても、それゆえに簡単にのし上がっていったのでは、成長をさせたことになりません。主人公は若者ゆえに未熟ですし、世の中は自分の思う通りになりません。そうした境遇にあって悩み苦しみ、戦う姿をどうきちんと描けるか？

人が成長するためには、自分の力で切り開こうとするだけでなく、特に青春期に欠かせないのが〝恋人〟以上に、よき〝友人〟と〝師〟でしょう。この映画はまさにこれらを絶妙に取り込んでいます。

チャッキーの忠告は、彼が真の親友であることを伝え、それを具現化させたラストシーンは心に残ります。師であるショーンとの関わりも、簡単に彼の言葉に感化されるのではなく、人間的なナマなぶつかりを経た上での交流ゆえに感動的です。

特にウィルにショーンが「君はシスティーナ礼拝堂の香りを嗅いだことがあるか」と語りかける池の畔の会話は心に響きます。

こうした青春物のポイント、テーマ性をしっかりと踏まえているわけですが、この映画を鑑賞する際に注目してほしいのは、各エピソードなりシーンの造りです。スカイラーと出会うバーでのエリート学生とのやりとり、ウィルとショーンの妻を巡る会話、スカイラーとの初デートと初キス、ランボー教授の苦しみ、そしてチャッキーとの友情など。

述べたようにデイモンとアフレックは、こうしたひとつひとつのシーンを人物を演じつつ、個々のセリフのやりとりを書いていったはずです。だからこそ、この脚本はおもしろいし感動できるのです。

○コラム3
「もらって当然」

芥川賞を受賞した田中慎弥さんは、「〝もらって当然〟と言ったのはシャリー・マクレーンでしたが……」と引用しました。

実際シャリーは24歳で、脇役でありながら演技力を認められて『走り去る人々』で主演女優賞に初ノミネート。この時は5回目の候補にして「オスカーが欲しい！」と公言していた『私は死にたくない』のスーザン・ヘイワードが受賞。

それからシャリーは、本命視された第3講の『アパートの鍵貸します』、やはりワイルダーやジャック・レモンと組んだ『あなただけ今晩は』でも果たせず、77年『愛と喝采の日々』（これも11部門で候補になりながら全敗した）で4度目のノミネートながら、第21講の『アニー・ホール』のダイアン・キートンにもっていかれ、ようやく第18講の『愛と追憶の日々』で、50歳にして主演女優賞に輝きました。

スピーチの締めくくりが「思い切っていうけど、もらって当然だと思うわ」。

24 ジャンル別⑩青春物（2）＋脚色の方法

教材作品

『サイダーハウス・ルール』

（72回脚色賞）

原作者自身が脚色賞を受賞

24回にわたるこの講座も今講で最終講とします。

ジャンル別アカデミー受賞作、「青春物」の第2弾でありながら、今回は「脚色」の手法、アプローチについても合わせて述べていきます。教材は1作だけ、1999年第72回の脚色賞をとった『サイダーハウス・ルール』をじっくりと分析します。

この年は、アメリカの典型的な中流家庭の崩壊を、シニカルかつユーモラスに描いた小品『アメリカン・ビューティー』が作品賞と、サム・メンデスが監督賞、アラン・ボールが脚本賞、ケビン・スペーシーが主演男優賞、コンラッド・L・ホールが撮影賞（前回教材とした『明日に向って撃て！』の撮影賞に継いでの受賞）と主要5部門をとりました。

作品賞の他のノミネートは、スティーブン・キング原作の刑務所もの『グリーンマイル』、精神科医と幽霊の見える少年の交流を描いた異色ホラー『シックス・センス』、タバコ産業の裏側とジャーナリズムを掘り起こした『インサイダー』、そして教材とする『サイダーハウス・ルール』でした。この顔ぶれを見て分かるように、ハリウッドらしい大作もなく、地道な小品がクローズアップされた年でした。

ただ、視覚効果賞や編集賞、音響賞をとり、新しいSFXやCGの可能性を具現化させた『マトリックス』と、金字塔ともいえる『スター・ウォーズ』の新シリーズ『スター・ウォーズ エピソード1／ファントム・メナス』（こちらは無冠）が公開された年でもありましたが。

『サイダーハウス・ルール』は作品賞のほか、ラッセ・ハルストレムが監督賞、ハルストレムと何度も組んでいるレイチェル・ポートマンが作曲賞など、7部門で候補になりましたが、受賞は原作者でもあるジョン・アーヴィングが脚色賞、マイケル・ケインが助演男優賞の2冠でした。

『アメリカン・ビューティー』も良作であることは確かですが、私個人としては『サイダーハウス・ルール』に作品賞は無理だとしても、ハルストレムに監督賞、そしてなにより、心に染みるメインテーマのスコアを書いたポートマンに作曲賞も与えてほしかった（受賞は『レッド・バイオリン』のジョン・コリリアーノ）。

人間を優しく見つめるハルストレム監督

ジョン・アーヴィングによる脚色について述べる前に、簡単にハルストレムについて触れておきます。

ラッセ・ハルストレムはスウェーデンの監督。85年の『マイ・ライフ・アズア・ドック』で、87年第60回アカデミー賞の監督賞候補となりました（受賞は15講目で取り上げた『ラスト・エンペラー』のベルナルド・ベルトルッチ監督）。

その後、アメリカに招かれて撮った『ギルバート・グレイプ』で高く評価され、本作『サイダーハウス・ルール』で再び監督賞候補となり、『ショコラ』『シッピング・ニュース』『カサノバ』『HACHI／約束の犬』『親愛なるきみへ』と、良作を次々と送り出しています。これらの作品を見て分かるように、ラッセタッチともいえる独特の柔らかな味わい、優しさに満ちた作風の監督です。

ハルストレム作品としては、拙著『エンタテイメントの書き方1』で『マイ・ライフ・アズア・ドック』を、『エンタテイメントの書き方2』では『ギルバート・グレイプ』を取り上げて分析しています。お読み下されば幸いです。

ちなみに『ギルバート・グレイプ』の講で述べているのですが、この作品も8講目で手法として取り上げた主人公による「一人称的作劇法」であり、第2回の『JUNO／ジュノ』と同様に、夏から始まる秋の物語で、翌年の夏がエピローグとなるほぼ一年間の構造になっています。

さらに加えると、『ギルバート・グレイプ』は、ホームドラマとしての要素を濃くしながら、ジョニー・ディップ扮する青年ギルバートの生き方、成長を核とした青春物となっています。

一口に「青春物」といっても、いろいろなタイプの若者が描かれます。前講教材とした『明日に向って撃て！』は、西部開拓時代にアウトローとして疾走し、命を散らしていく青春像でした。もう一作の『グッド・ウィル・ハンティング／旅立ち』は、青春物に顕著な下層階級出身の主人公が、実は天才的な能力を秘めていて、それを武器に陽の当たる場所に出ようとするサクセスストーリーでも

サイダーハウス・ルール
DVD発売中
¥1,890（税込）
アスミック

原作・脚本：ジョン・アーヴィング
監督：ラッセ・ハルストレム
製作：リチャード・N・グラッドスタイン
共同製作：アラン・C・ブロンクィスト

出演：トビー・マグガイア
デルロイ・リンド
マイケル・ケイン
ポール・ラッド
エリカ・バドゥ
シャリーズ・セロン

ありました。

　こうした疾走する若者であったり、上昇型の青春の方が物語になりやすく、観客の共感も得やすいでしょう。

　反面そうした派手な面はあまりなく、より大多数に属するであろう、田舎や都会の片隅での青春を描く。さまざまなハンデキャップを抱えながらも、必死に生きようとする若者の生き方や恋愛に焦点を与える青春物もたくさんあるわけです。

　その代表が『ギルバート・グレイプ』でしょう。アイオワ州の片田舎の町、ハンデを持つ弟や太りすぎの母の面倒を見なくてはいけない青年の日々を、ヴィビットに綴っていました。この主人公の青春をけっして暗くなく、優しさに満ちたタッチで描いてみせたのがハルストレム監督でした。

　この『サイダーハウス・ルール』の主人公も孤児院育ちの青年で、晴れやかな世界で通用するような特殊能力を持っているわけでもなく、のし上がってやろうという野望を秘めてもいません。ごく普通の（生い立ちはそうではありませんが）青年の悩み、生き方を模索したり、苦しい恋愛を経験し、一人前の大人に成長する物語です。

アーヴィング自身が明かした脚本創作過程

　原作者であり脚本も手がけたジョン・アーヴィングは、アメリカ現代文学を代表する作家です。26歳の時に大学の修士論文として書いた『熊を放つ』で作家デビュー。2年後の『ガープの世界』で一躍人気作家となりました。これはジョージ・ロイ・ヒルによって映画化されました。

　以後『ホテル・ニューハンプシャー』は名匠トニー・リチャードソンにより、『オウエンのための祈り』（公開名は『サイモン・バーチ』）がマーク・スティーブン・ジョンソンによって映画化されています。

　どの作品も特異な設定であったり、重いテーマが据えられていますが、独特のユーモアに溢れていて、読者を魅了させます。なにより主人公をとりまく登場人物たちが個性的で、特異な思考による行動に出て、主人公を翻弄していきます。著書の多くが映画化されるのも、納得するおもしろさに満ちています。

　とはいえ、小説がいかに優れていても、映画化が企画され、実際に製作への道筋が模索され、脚本の直しを経て監督が決まり、クランクインするまで。さらに映画になって、多くの観客の支持を得る成功作となるには、表には見えない紆余曲折を経るものです。『サイダーハウス・ルール』も映画化にこぎつけ、脚色賞を獲得するまで、まさに映画のようなストーリーがありました。

　その過程を、アーヴィング自身が『マイ・ムービー・ビジネス』（扶桑社）というエッセイで詳しく記しています。残念ながらこの本は絶版となっているようですが、中古で手に入ります。興味のある方はぜひお読み下さい。

　今回はこの本を参考にしながら、アーヴィングが自身の原作の映画化を探り、どのように長編原作を脚本に仕上げていったか、脚色化には何が必要なのか、といったことを読み解いて行きたいと思います。実際本書には、脚本家がどのように原作を料理すべきか、といったヒントが満ち溢れています。

脚色の方が簡単か？

　アーヴィングの手法について述べる前に、「脚色」について簡単におさらいしておきましょう。

改めて述べるまでもありませんが、原作となる小説やルポなどがあって、それを元に映画やドラマにするためのシナリオ化が「脚色」です。アカデミー賞には、脚本家がオリジナルで書いた優れた作品に与える「脚本賞」と、この「脚色賞」の二つに分かれています。

この講座では、『風と共に去りぬ』『ゴッドファーザー』『羊たちの沈黙』『L.A.コンフィデンシャル』といった作品はベストセラーの脚色です。

『アパートの鍵貸します』『テルマ&ルイーズ』『ローマの休日』『パルプ・フィクション』といった作品は脚本賞。第7回で取り上げた『狼たちの午後』は、実際にニューヨークで起きた銀行強盗事件をルポした「ライフ」誌の記事が元になっていますが、オリジナル脚本です。

また、第17講の『ハート・ロッカー』は、マーク・ボールによるオリジナル脚本ですが、アカデミー授賞式の前にボールが取材した爆発物処理班の曹長が、自分をモデルにしてストーリーにしていると、訴訟を起こしたといったニュースもありました。こうしたトラブルはちょくちょくありますが、もちろんこの場合も脚色ではなく、脚本家によるオリジナルであることは明白です。

脚本家の仕事としてオリジナル脚本か脚色かの違いがあるわけですが、原作がある脚色の方がオリジナルに比べて楽ということはけっしてありません。小説などは登場人物が造型されていて、大まかなストーリーができていますので、おおむねはそれを活かした上で、映画なりドラマの尺に納まるように作り直します。

そうした原作をリスペクトしながらも、脚色者はあくまでも違うものに作り替える意識で取り組みます。ただ、長い小説の物語を、納まるように短くするわけでは絶対にありません（逆に短い原作を膨らませる場合もある）。また、一口に脚色といっても、できるだけ原作寄りに脚色する場合もあれば、設定だけをもらって、まるで違う作品に書き換えるケースもあってまちまちです。

ともかく脚色がいかに難しく、労力を要する作業かをアーヴィング自身が明らかにしているわけです。

『サイダーハウス・ルール』

映画化にこぎつけるまで13年！

『サイダーハウス・ルール』の原作小説は、日本でも翻訳されて上下巻の文庫本（文春文庫）で出ています。上下で1000ページを超える大長編です。主人公は舞台となる孤児院で育った孤児のホーマー（映画で演じたのはトビー・マクガイア）で、もう一人の主役といえる重要人物が院長のラーチ（マイケル・

ケイン)。

この長大な物語を、わずか2時間強の映画に納める作業となります。当然、多くの部分を刈り込むわけですが、そうした作業をする際に、小説のどこをチョイスして、どこを切り捨てていくかを決めなくていけません。

小説が生まれた背景に、産科医であり、ハーバード大学の教授としても業績を残したアーヴィングの祖父の存在がありました。

アメリカでは長きにわたり、合法化されていなかった中絶手術の必要性を祖父は主張していて、これが小説の大きなテーマとなっています。

どう脚本にしていったかをアーヴィングがつぶさに語っているのですが、この小説の映画化は彼自身の希望でスタートし、1986年に脚本執筆に着手しました。ところが、映画の完成を見るまでに、実に13年の歳月と4人の異なる監督が必要になったとのこと。

最初の監督は(日本ではあまり知られていませんが)、異色西部劇の『グレイフォックス』を撮ったフィリップ・ボーソス。アーヴィングはボーソスのために10通り以上もの脚本の草稿を書いた。

アーヴィングとボーソスが完成させた脚本は「厳粛版(ブリーク・バージョン)」と称され、当時ラーチ役の第一候補だったポール・ニューマンの自宅で本読みがなされたそうです。この時、ミスター・ローズ役候補はデルロイ・リンドで、これはそのまま実現します。

この厳粛版ではホーマーの恋愛はほとんど描かれず、ホーマーとラーチの中絶を巡る問題がメインにされていました。ニューマンはこれを気に入らず、なによりボーソス監督が、41歳という若さで白血病で死去、映画化は宙に浮いてしまいます。

その後、さまざまな監督候補者の名前が浮上しては消え、ようやく見つかった二人目の候補は『ジョイ・ラック・クラブ』や『スモーク』のウェイン・ワン。しかしワンは、プロデューサーのリチャード・グラッドスタインとの意見が折り合わずに降板。

三人目は『バタフライ・キス』『日陰のふたり』などで日本でも知られるマイケル・ウィンターボトム。アーヴィング自身、ウインターボトムに大いに期待します。ウィンターボトムは、厳粛版で抑えられていたホーマーの恋愛要素を拡大すべきだと主張します。

そうした方向を元に、数年にもわたってアーヴィングは改訂を試みますが、結果的にスケジュールが合わないという理由からウィンターボトムとも物別れとなります。そしてようやく見つかったのがラッセ・ハルストレムでした。

ほぼ均等な3幕構成

映画のハコ書きとポイントを表にしました。本作も「三幕構成」となっています。第1幕はメイン州の孤児院と主人公ホーマーの生い立ち、ラーチとの(義理ですが)父と息子の対立と葛藤を中心に描かれます。多くの若者がそうであるようにホーマーも、窮屈な家と生き方を強要する父から離れる決意をして旅立つまで。

第2幕は、外の世界であるリンゴ園、サイダーハウスでの生活で、ホーマーの成長、恋愛が描かれます。

第3幕は甘い生活から一変、自身の生き方を再認識せざるを得ない事件と恋の終わりを経て、一人前の大人として成長したホーマーがラーチの跡を継ぐために孤児院に戻ってくるまで。

ホーマーの青春、生き方の模索、体験を

『サイダーハウス・ルール』　構成表とポイント

	第1幕　(38分)	第2幕　(45分)	第3幕　(42分)	(エピローグ)
シーン展開	・タイトル　雪の終着駅の蒸気機関車 ・孤児院とホーマーの履歴と性格 ・ホーマーの成長と医学教育 ・エーテルを嗅ぐラーチ　堕胎を拒否のホーマー ・育てられない子を出産　交代で名付け親 ・孤児たちの日常　気管支炎のファジー ・里親たちのチョイス　可愛いヘイゼル ・「キングコング」上映会　二人の意見の差 ・ラーチとアンジェラ　駅と兵士たち ・瀕死の少女　酷い治療痕　怒りの埋葬 ・ウォリーとキャンディの来院　中絶手術 ・ホーマーの決意　外の世界へ　旅立ち	・ウォリーのクルマで　初めて見る海 ・術後のキャンディ　浜辺でフットボール ・ウォリーの母とリンゴ園　ローズ父娘 ・サイダーハウスの生活　壁に貼られたルール ・孤児院のラーチとハウスのホーマー　ウォーリ帰軍 ・ホーマーの日常と仕事　ラーチへの通達 ・キャンディの家で食事　ドライブインシアター ・送られてきたリンゴ　キャンディと映画館に ・理事会員たちを説得　ナース2人とダンス ・ローズとジャックの反目　キャンディとの接近 ・ファジーの死と埋葬　ホーマーからの荷物 ・キャンディと一線を越える ・去っていく労働者たち　一人きりのハウス ・キャンディとの蜜月	・戻ってきたローズたち　娘ローズの妊娠 ・キャンディの報告　ミスター・ローズが父だった ・ウォリーの悪い報せ　一ヶ月後に帰還 ・娘ローズの中絶手術 ・悔恨の父　ボスをマディに ・ドライブインシアターの別れ ・娘ローズの出奔　ミスター・ローズの死と頼み ・ラーチの死を知らせる手紙 ・ウォリー車いすで帰還　キャンディにさよなら ・ラーチの埋葬　列車内のホーマー	・駅に降り立つホーマー　駅長　雪のなごり ・ハロウィンの飾り付け　ホーマーの帰宅 ・ホーマーの新しい役目
ポイント・セリフ	・山の上の赤い建物　院長ラーチのN 「お休みイングランドの王子、メインの王」 ・出産と堕胎の仕事　焼却炉の処理 T〈1943年3月メイン州クラウズ〉 「どんな人生でも人の役に立て」 ・お祈りとディケンズ朗読　雪合戦 「誰も僕を望まない」 「あの人はコングのママだ」 「下手をすると焼却炉行きだった」 ・ホーマーのレントゲン写真　心臓の欠陥 ・ラーチの反対　子供たちの見送り	「エビも海も見たことがない」 ・ウォリーとの交流　キャンディの傷 「歴史が変わった。白人が加わった」 「俺たちに無縁のルールだ」 ・ミスター・ローズのレクチャー ・卒業証書の偽造 ・見た映画は一本だけ ・キャンディとの接近　女心は複雑 ・企みは成功 ・リンゴジュース 「貰われたと言え」　ドクターバッグ ・キャンディの葛藤 ・ホーマーとラーチの手紙 「君を見ていると胸が痛くなる」	「父親は誰だ?」 「お前こそどうなんだ!?」 「あなたは何もしないで」 「僕は医者だ」「残るなら役に立て」 「ルールは俺たちが作る」 「あなたを愛したわ」 「規則も生き方も自分で決める」 「先生は家族を見つけたの」 「僕には行きたいところがある」	・レントゲンはファジーのだった ・壁の卒業証書 「おやすみメインの王子、ニューイングランドの王」

描きながら、彼の周囲の様々な人物たちのドラマ、生と死が綴られていきます。

　1幕、2幕、3幕の構成はハリウッド型の1対2対1といった配分にはなっておらず、図のように2幕がやや長めであるだけで、ほぼ均等になっていることが分かります。第3幕のクライマックス部は、ホーマーがそれまで頑強に拒否していた中絶手術の必要性を認識し、ローズ・ローズ（エリカ・バドゥ）に施す場面と、愛し合うようになったキャンディ（シャーリーズ・セロン）とのやむを得ない別れ、ローズ親子の悲劇です。

　そこから【起承転結】の【結】にあたる短いエピローグで、孤児院に戻りラーチの跡を継ぐ姿で終わります。

　冒頭でホーマー自身の生い立ちが、ラーチ院長のナレーションで効果的に語られますが、描かれるのは孤児院で働くラーチと、そこから出てリンゴ園での1年数ヶ月ほどです。つまり、映画ではまさにホーマーの青春期をクローズアップしているわけです。

　タイトルの「サイダーハウス・ルール」は、字の読めない季節労働者たちのいるハウスに貼ってある規則のこと。当事者じゃない人間が作ったルールなんかに従うのではなく、生きるためのルールは自分で見つけて、自分たちで作っていくべきだ、という作者のメッセージが込められています。

15年を15ヶ月に短縮

小説は述べたように1000ページを超える長編です。アーヴィング自身、「映画の脚本のために物語や登場人物たちを刈りこむにはかなり複雑すぎる小説である」と述べています。実際にアーヴィングはどこをチョイスして、どこを落としていき2時間強の映画シナリオとしたか?

まず一番の改訂は時間の短縮でした。小説ではホーマーが孤児院を離れる間は実に15年の長きにわたります。それをわずか15ヶ月に短縮しました。

つまり、小説はむしろヒューマンドラマの要素が強かったのですが、ホーマーの青春物に絞り込もうとしたと見ていい。

するとホーマーが孤児院を離れている15年にわたって起こる大半のエピソードを削ることになります。ホーマーはラーチの中絶手術を受けるためにやってきたキャンディとウォリー(ポール・ラッド)に付いていき、孤児院から離れます。

映画でもそのきっかけは同じですが、休暇を終えて戦地に赴くウォリーが留守の一年の間に、ホーマーはキャンディと恋に落ちます。ちなみにこの戦争は日本との太平洋戦争で、日本の戦時中の様相からは想像できないアメリカ人の生活ぶりを見ることもできます。

しかし原作では、キャンディと結婚したウォリーとホーマーは親友になります。ウォリーの妻であるキャンディとホーマーは関係を持ち、二人の間にエンジェルという息子も生まれます。ウォリーは二人の関係や嘘を黙認する。

こう書くと、ホーマーやキャンディがずいぶんひどいことをしているようですが、小説ではいくらでも枚数を費やせますので、そこに至る心情や事情を読者が納得するように書かれています。さらに小説では二人の子であるエンジェルが、父の子を宿してしまうローズ・ローズと恋に落ちて、その事実を知ります。

この時間的な短縮に加えて、もうひとつ大きな変更は、小説版に登場する主要人物の一人メロニィを削除したこと。メロニィは孤児院で育ったホーマーよりも年上の女性で、彼の初体験の相手にもなります。かなり強烈な人物で、小説のファンは映画で彼女が登場しないことに不満を抱くでしょう。

このメロニィを削除した理由は、「もし彼女が映画に登場していたら、きっとホーマーを圧倒していたにちがいないそもそも小説においても、メロニィはまさにホーマーを圧倒せんばかりの存在感を持っている」とのこと。

代わりに映画版で新しく登場する人物もいます。ホーマーが去った後で、ラーチの助手となるバスター少年(キーラン・カルキン)です。

「脚本中にホーマーの少年時代のエピソードを盛り込めなかったかわりに、若きホーマー・ウェルズの代役として、バスターという存在を新たに創造した」とアーヴィングは述べています。

恋愛要素を削除した脚本

さらに小説は、ホーマーとラーチの二人が主人公といっていい物語です。アーヴィングは一時、友人の意見を取り入れて、書かれていたホーマーのエピソードをいくつか削除し、ラーチが側のエピソードを増やした修正

『サイダーハウス・ルール』

版を作ってみたそうです。これは失敗に終わりました。

アーヴィングと最初の監督候補フィリップ・ボーソスが、辿り着いた厳粛版に至る過程も興味深い。改訂を重ねる間で、原作から大きく変わっていったとのこと。第二次世界大戦が削除された上、一番の大きな改訂は、ホーマーとキャンディとウォリーの三角関係がなくなり、ホーマーが孤児院を離れるのはたった三ヶ月にされた。

この改訂では、ホーマーの恋愛よりも、孤児院でのホーマーの生活とラーチとの対立、さらにホーマーとリンゴ園での季節労働者とのふれあい、ミスター・ローズとの衝突がメインとなっていた。さらにホーマーはキャンディでなく、ローズ・ローズと恋をする物語となったということです。

映画を観た後では、まったく違う極端な改訂に思われますが、アーヴィング自身はこの厳粛版について「ラッセ・ハルストレムが撮ったものよりもできが良く、自分の最も好きな脚本となっていたかもしれないが、いまとなってはそれはなんとも言いがたい」と書いています。

ともかくボーソス監督とアーヴィング自身が一致した点は「『サイダーハウス・ルール』はラブストーリーではない」でした。しかし、ボーソス監督が亡くなり、3人目の候補のウィンターボトム監督がメインに置こうとしたのは、削除したホーマー、キャンディ、ウォリーの三角関係に基ざす恋愛要素でした。

ウィンターボトムが降りた後でも、この恋愛要素は残ることになります。ハルストレムとアーヴィングは、互いに作っていた作品のカラーが一致していて（そもそも当初、第2候補として名前が挙がった監督こそハルストレムだったという）、脚本の改訂作業は一気に進みます。

ハルストレムは、脚本におけるウォリーの存在をさらに小さくしようと提案します。ウォリーとホーリーは無二の親友となるのですが、その親友の恋人とホーリーは関係を持ってしまう。ウォリーとの友情が強調されないうちに遠ざかってしまえば、ホーリーとキャンディの恋愛への罪悪感（の印象）が薄れるという主旨でした。

「ある人物を充分に描ききるために、ほかのだれかについて妥協しなくてはならないという状況は、脚本を書く過程にあっても、小説を書く場合には絶対に起こりえない。小説では、作家の判断で登場人物の個性を膨らませたり、好感を寄せられるように描いたりできるが、映画ではつねに時間の制限がつきまとい、せっかくのキャラクターが犠牲になることがある」

とアーヴィングは指摘しています。

作者が目指す方向と、映画の売り方が異なる場合も往々にしてあります。その点もアーヴィングは『マイ・ムービー・ビジネス』の中で強調しています。アーヴィングはこの映画が「ラブストーリーとして宣伝されることほど苦々しいことはない」と書いています。

作者が込めた思いをより知るために

この映画のDVDパッケージは、中央にもう一人の主人公であるラーチ役のマイケル・ケインの顔も配されていますが、強調されているのはトビー・マクガイアとシャーリーズ・セロンで、キャンディを背負うホーマーの姿までありますす。それは「ラブストーリーですよ」という売り方のほうが、訴求効果が高いからにほかなりません。

アーヴィングは最初にできた2時間17分40秒バージョンを見て、ハルストレムに変更すべき点を進言しているのですが、そのすべてがホーマーとキャンディのラブシーンや親密さ、別れといった場面を短縮することです。

アーヴィングはホーマーの成長に関わる人物は、ラーチとミスター・ローズで、それこそが物語のバランスとなると強調しています。あくまでもホーマーの成長物語であり、ラーチと論争される中絶問題が核となるテーマなのだ、とアーヴィングは主張したかったわけです。

ちなみに、アーヴィングがこの小説を書こうとした当初、頭にあったのは「孤児院の医師と養子に行けない孤児」の物語だったとか。そこから図書館でリサーチをしている過程で、アメリカが中絶を違法とした時代に、孤児院付設の病院で安全な中絶手術を行っている医師がいたことを見つけます。

こうして祖父の姿がドクター・ラーチとなり、母から唯一その命だけを貰ったと思っている孤児ホーマーが誕生。二人の衝突こそが物語の原動力となると確信したとか。

ともあれ、こうした文字通りの紆余曲折を経て脚本はようやく決定稿となり、ハルストレム監督にゆだねられます。しかし、映画は撮影中にも変更が加えられたり、さらなる編集作業でシェイプアップされます。

アーヴィングが書いた決定稿は当初は234シーンあった。それが撮影初日には64シーンが削除され、さらに新たなシーンが加えられ、実際での撮影は184シーンとなり、最終的に撮られた2時間17分バージョンでは154シーン。さらに上映時間は編集によって短縮され、2時間5分の150シーンほどになったということ。ハコ書きで書かれているバージョンがそれです。

小説は作家によって、ほとんど大きな制約のないままに書かれた作品です。それを元に、映画やドラマ用の設計図として、いくつもの制約を踏まえたうえでシナリオに作り替えるのが脚本家の仕事。読者や観客にとっては、どちらも完成された作品として味わうだけで、その成立の過程を知る必要はありません。しかし実作者にとっては、最も知りたい創作上の秘密だったりします。

『サイダーハウス・ルール』という優れた青春映画をじっくりと観た上で、さらに成立するに至った過程を知れば、そこに込められた作者の思いも共有することができるでしょう。

さて、冒頭で述べましたが、この講義はこれで終わります。

アカデミー受賞作は他にもたくさんの名作があります。できるだけ観て、感動を導く手法を吸収して下さい。さらに本書を優れた映画をより知るための鑑賞の手引きとして、さらに創作のヒントを得る助けとしても役立てていただければ幸いです。

ありがとうございました。

特別編 アカデミー受賞作に学ぶ作劇術

初出：月刊ドラマ2022年8月号〜11月号

25 特別編① 実話ベース＋バディロードムービー

教材作品

『グリーンブック』

（第91回　作品賞　脚本賞）

「人種差別」だと有利になる？

「アカデミー受賞作に学ぶ作劇術」の特別編として、まず2018年製作、第91回アカデミー賞で、作品賞、脚本賞、助演男優賞（マハーシャラ・アリ）を受賞した『グリーンブック』を取り上げます。

監督・製作・共同脚本は『メリーに首ったけ』や『ふたりにクギづけ』など、コメディ映画で実績のあったピーター・ファレリー。

製作と共同脚本のニック・バレロンガは、『プロフェッショナル』（93）などの脚本だけでなく、監督や俳優としての実績もあるのですが、そもそも本作の主人公（のモデル）トニー・〝リップ〟バレロンガ（ヴィゴ・モーテンセン）の息子。

父トニーはブロンクス育ちで、50年ほど前に実際にコパカバーナというナイトクラブで働いていて、伝説的な黒人ピアニストだったドクター・シャーリーと1962年に南部を旅した。その体験を息子に繰り返し語っていたそうです。

つまりこの映画で描かれた物語は実話がベースで、父の体験談を息子が脚本化した。

ちなみにトニーとシャーリーは、

『グリーンブック』
発売中／1,257円（税込）
発売・販売元：ギャガ

2013年に相次いで亡くなったとのこと。完成した映画は見ていないわけです。

ところで、この映画がアカデミー賞を受賞した折に、反発の声も上がりました。『ブラック・クランズマン』で作品賞にノミネートされていたスパイク・リー監督は、「誰かが誰かを運転するたびに、僕は負けるんだ」と不快感を表したとか。

これは1990年に作品賞（脚色賞、主演女優賞＝ジェシカ・タンディも）をとった『ドライビング・Miss・デイジー』を指していて、当時リー監督は、『ドゥ・ザ・ライト・シング』が候補にならなかったから。

ともあれ、この映画のメインテーマとなっている「人種差別」、それも主人公の白人が黒人に敬意を抱いて救済する、という構造が〝相変わらずの伝統的な構造〟で、それを評価するのが、（今さら）どうなんだ？　といった複雑な見解があるのだとか。

それだけアメリカという国には、「人種差別」が未だに色濃くあって、一向に解消されていない。その検証はともかく、アメリカに限らず、近年は人種差別だけでなく、ヘイトといったカタチで同じ問題が世界中で進行しているように思えます。

テッパンの二つの基本型

そうした見解なりは横に置き、映画として構造であったり、キャラクター描写のうまさとかを検証していきます。

まず、構造としてはいわゆる「ロードムービー（旅もの）」、それも対立・葛藤が描きやすい「バディ（相棒）ロードムービー」です。

以前、『エンタテインメントの書き方』で、この「ロードムービー」については何度も教材としています。物語の造りとして、最もシンプルで作りやすいのがこれと、あるひとつの空間（設定）を限定して、そこに人物がやってきて、トラブルを解決して去っていく「空間限定（グランドホテル型）」がある、と。

「話をどう作ればいいか分からない」と苦しんでいる方は、とりあえず主人公が旅に出て終えるまでの「ロードムービー」か、主人公がある空間（街とかも）に来て去っていくまでの「空間限定」かのどちらかとしてみるととっかかりになります。

すると全体の構造と、物語の始まりと終わりが見えてくるはずです。もちろん、どういう旅なり空間にするか？　そこで何が起きるのか？　どういう人物（たち）なのか？　などなどにアイデアが必要ですが。

「グリーンブック」ハコ書き

20　40　60

一幕（26分）		二幕（70分）		
①	②	③	④	⑤
T「ニューヨーク・1962年」 ナイトクラブの用心棒トニーの仕事ぶり 酔客をボコボコに 帽子でとり入る ブロンクスの自宅 妻ドロレスと息子たち イタリアのファミリー 水道工事の黒人を差別 新しい仕事	カーネギーホールに住むドクに面接 南部へのツアー 運転手兼用心棒 質屋に時計 再度の依頼を受ける 黒人専用ガイド・グリーンブック トリオの残り2人 いざ出発	ドライブ開始 かみ合わない2人 よく喋り食べるトニー あきれるドク T「ペンシルベニア州ピッツバーグ」 演奏会の見事なドクのピアノ	ドライブ ドロレスへの手紙 楽しそうじゃない ラジオの音楽 ヒスイを返せ T「インディアナ州ハノーヴァー」 スタンウェイじゃない「イタ公」にパンチ	T「アイオワ州シーダー・ラピッズ」 美しい風景 フライドチキンを食え！ T「ケンタッキー州ルイビル」 バーでのトラブル 拳銃を持っているか 綿花つみの黒人たち

単独旅ものの傑作『ノマドランド』

さて、もっともシンプルな「旅もの」ですが、一人旅とバディとする造りがあります。一人旅ものは、行く先々、旅の途中で出会う人や事件とかで変化を起こすことになるのですが、この展開のさせ方が難しい。

近年の例をあげると、『グリーンブック』受賞の翌々年、第93回アカデミー賞の作品賞や監督賞（クロエ・ジャオ＝有色人種女性で初）、主演女優賞（フランシス・マクドーマンド）を受賞した『ノマドランド』は、シンプルな一人旅ロードムービーでした。家を処分して、クルマを住居として放浪に生きる主人公と、途中で出会う人々を描いています。

通常の旅ものの多くは、旅をする人物に目的や最終地点があって、そこに向かう過程が、物語の全体を通す芯になります。

構成の段階で、旅の始まりが【起】で、途中での事件、トラブル、出会いや別れといった展開部の【承】、そして大きな盛り上がりの【転】（クライマックス）を経て、旅の終わりなり、さらなる旅立ちとしての【結】というように。

『ノマドランド』の主人公のファーンは、流浪そのものを生活とする「ノマド」で、目指す目的地とかは特にありません。あるとすると「客死」で、途中で出会ったノマド仲間のそうした結末にも出会います。

ともあれ、ノマドとして旅を続けるファーンの姿を、美しい映像で綴ったロードムービーとして心に染みる名作でした。こちらもぜひご覧下さい。

相反する二人が旅をする

80　100　120

			三幕（30分）	
⑥	⑦	⑧	⑨	⑩
T「ノースカロライナ州ローリー」 豪邸の黒人用トイレ「自ら南部に」 手紙のレッスン　自宅のドロレス T「ジョージア州メイコア」 洋服屋の差別　警官を買収	T「テネシー州メンフィス」 イタリア人の仲間　ドクの生い立ち	T「アーカンソー州リトルロック」 T「ミシシッピ州テューペロ」 雨中逮捕　R・ケネディに電話 上達した手紙 「淋しい時こそ一歩踏み出せ」	T「アラバマ州バーミンハム」 楽屋は物置　レストランに入れない 信念で拒絶　黒人たちの店に ドク、見事なセッションで大喝采 車泥棒に銃をぶっ放す　帰ろう	NYへの帰路　良心的な警官 雨から雪　限界のトニーと運転交代 自宅ではクリスマスパーティ トニー間に合った　孤独なドク ドクの訪問　その後の2人

（作成：柏田）

さて、「バディ・ロードムービー」ですが、本書では第4章の、黒人と白人の脱獄囚が逃亡する『手錠のまま脱獄』や、女性二人の逃亡劇『テルマ&ルイーズ』さらに第5章の、自閉症の兄と問題を抱えた弟の旅『レインマン』を教材としてきました。

　また、『エンタテインメントの書き方2』では、古典的恋愛もの+ロードムービーの構造の嚆矢ともいえる『或る夜の出来事』（ちなみにこのエッセンスを空間限定型としたのが、本書6章の『ローマの休日』）も分析しています。

　これらの作品に顕著な要素は、バディとなる二人のキャラ（個性）の対比によって対立・葛藤が生まれる。トラブル、事件が起きて、道中（ストーリー展開）に変化を与えやすくなる。この二人がつかず離れずに旅を続けることで、二人の間の感情も変わっていくといったことです。

　当初は対立していた二人が、互いを認め合うようになって共感（友情・愛情）が生まれます。一人旅よりもバディとするメリットがこうしたところにあります。

　もうひとつ、本作はスパイク・リー監督がくさしたように、バディを黒人と白人とすることで、人種差別という普遍的なテーマを描くことができます。

上記の『手錠のままの脱獄』は、まさに黒人の囚人（シドニー・ポアチエ）と、白人の囚人（トニー・カーティス）が手錠で繋がれたままで逃げる。やむを得ないとはいえ、当初は白人は露骨に黒人を差別します。

　アカデミー賞関連では、前記の『ドライビング・Miss・デイジー』は、（旅ものとはいえませんが）白人の老齢の未亡人（ジェシカ・タンディ）が老齢ゆえにクルマの運転に支障が生じ

（昨今の問題の先駆けともいえる）、ベテランの運転手（モーガン・フリーマン）が雇われることになる。ここから二人の交流が始まる物語でした。

また本書5章のもう一作、シドニー・ポアチエ扮する刑事が、人種差別が残る田舎の町で、ロッド・スタイガーの白人保安官と、殺人事件を解決する『夜の大捜査線』（62年、作品賞、脚色賞、主演男優賞＝スタイガー）も、バディが黒人と白人で、こちらはまさにポアチエがこの町に来て、事件を解決し去っていくまでの「空間限定型」でした。

黒人差別をする主人公

こうして見ると、映画最高峰といえるアカデミー受賞作も、底通するテーマや構造、人物設定が同じといえるものがたくさんあるわけです。違うのは題材、設定、アプローチの仕方、個々の人物像など、さらにはディテールの描き方です。

今回も簡単なハコ書きを再録しました。私なりのシークエンス分けです。尺は130分ですが、タイトルバックを除くと約126分。ハリウッド型三幕方式に乗っ取っています。

一幕の「発端」はシークエンスの①と②で約26分。

①は主人公トニーの人物紹介。1962年ニューヨークのナイトクラブ・コパカバーナの用心棒として、腕っ節と如才なさを発揮している逸話と、結束の固いイタリア系の一族、愛する妻ドロレス（リンダ・カーデリーニ）、息子二人の紹介、実は金に困っている実情など。

ここでのポイントは、トニー自身の黒人への差別意識。水道修理工の黒人二人に、ドロレスが飲み物を与える。黒人たちが使ったグラスを、トニーはゴミ箱に捨ててしまう。ドロレスはそのグラスを見つけて戻すのですが。

トニーはイタリア系の移民で、シークエンス④では、コンサートホールの係員と口論になり、「イタ公！」と罵られた瞬間に相手を殴ったりします。そのトニーも一族の男たち同様に、黒人を差別してしまう。当時の（今も？）当たり前の感覚だったのでしょう。

そのトニーは、クラブが改装のため閉鎖されることになって、新しい仕事が必要となる。依頼相手は、カーネギーホールの上階に住んでいる黒人の音楽家ドクター・シャーリーです。ドクター（ドク）は人種差別が露骨に残る南部への2ヶ月のツアーを予定していて、運転手兼ボディガードを探していた。

身のまわりの世話もしろと言われて、

トニーは一旦断るのですが、背に腹は返られず引き受けることになります。

こうしてシャーリーズトリオの二人とは別のクルマで、トニーとドクの旅が始まる。この旅の出発までがシークエンス②で、第一幕となります。

この一幕で、粗野で大食いでお喋りなイタリア男のトニーと、対照的にストイックで教養もあるアーティストのドクのキャラクターが示されます。

音楽シーンのクライマックス

第二幕はシークエンス③から⑧までで、ツアーの各都市をたどる旅の部分で、全体のほぼ2分の1の約70分。

全体の流れを変えるミッドポイントは、シークエンス⑤のケンタッキー州ルイビルにて、酒場でドクが白人たちに殴られ、殺されかける事件でしょう。

このシークエンスでは、旅の途中でクルマが故障、外に出たスーツのドクと、綿花摘みをしている黒人たちが見つめ合うシーンも印象的です。

さらにはシークエンス⑥の、特権階級的なドクも、演奏する白人の豪邸では、庭の汚い黒人専用トイレを示される逸話も。

この人種差別は本作の大きなテーマであることは述べましたが、このミッドポイントを経て後半部分からいくつものエピソードで強調されます。

そして第三幕は、旅の最後の公演地、アラバマ州バーミングハムの出来事のシークエンス⑨と、二人がＮＹへの帰途につき、後日談としてトニーの自宅のクリスマスにドクが現れるシークエンス⑩で、（タイトルバックを除くと）約30分です。つまり一幕26分：二幕70分：三幕30分の構成です。

特にこのシークエンス⑨は、まさにこの映画のクライマックスです。演奏会の主役でありながら、黒人であるがゆえにレストランでの食事を拒絶されるドクは、演奏会を放棄して、トニーと共に、黒人たちが自由にジャズに興じている酒場に行き、彼らとセッションする。

旅の途中でけっして楽しそうではなかったドクは、自由に音楽を奏でる喜びを発見する。このシーンはまさに【起承転結】の【転】としても素晴らしい。

そしてラストシークエンス⑩の、トニーの妻のドロレスに歓待されるドクのシーンも心に染みます。黒人への差別意識を持っていたトニーも、ドクとの旅で変化します。

この二人の旅の過程、フライドチキンやヒスイといった小道具、タイトルとなっているグリーンブック、トニーが妻ドロレスに出す手紙の文章といったディテールも注目して下さい。

26

特別編② 過去の名作をベースにホラーとする

教材作品

『ゲット・アウト』

（第90回 脚本賞）

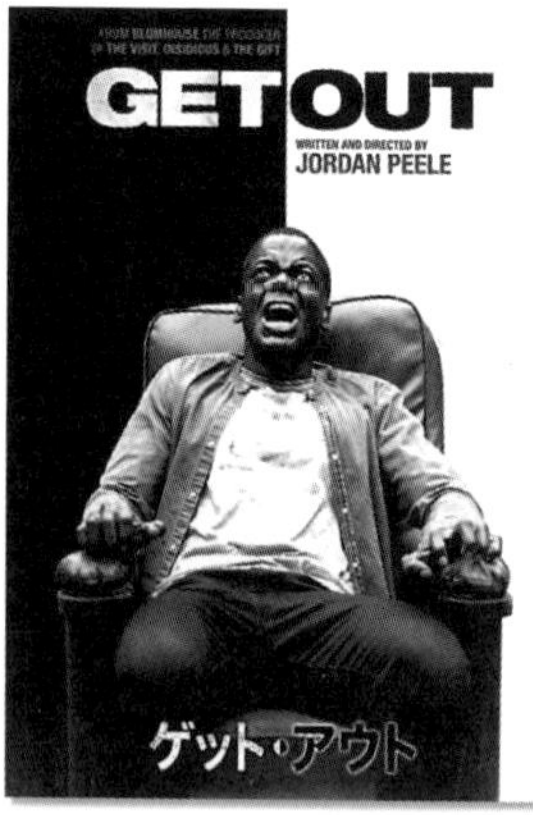

『ゲット・アウト』
DVD: 1,572 円（税込）/ Blu-ray: 2,075 円（税込）
Ultra HD+ブルーレイ: 6,589 円（税込）
発売元: NBCユニバーサル・エンターテイメント

アカデミーの常識を破った第90回

特別編の2回目は、２０１７年製作、第90回アカデミー賞で脚本賞を受賞した『ゲット・アウト』です。

脚本も書いたジョーダン・ピール監督のこの1冠だけですが、ノミネートは作品賞、監督賞、主演男優賞（ダニエル・カルーヤ）の3部門も。

この年は『シェイプ・オブ・ウォーター』が作品賞と、ギレルモ・デル・トロが監督賞など4冠を獲得しています。この両作が主要部門で受賞したというのは、アカデミー賞史上としても記憶に刻まれる事件でした。

『シェイプ・オブ・ウォーター』は、デル・トロ監督が子供時代に観ていたホラー映画の『大アマゾンの半魚人』（１９５４年）から想を得ています。

当時ユニバーサル映画は、ドラキュラ、狼男、フランケンシュタインの怪物、そしてこの半魚人といったモンスター映画を製作していました。いわばゲテモノのB級映画で、当然のように権威あるアカデミー賞からは無視されていました。

『大アマゾンの半魚人』は、モンスターの半魚人がジュリー・アダムス扮するヒロインに恋をする物語でしたが、デル・トロはもしその恋が成就したら？　と考え、人間味を持つモンスターと、言葉を発することのできない孤独な女性との恋物語が誕生しました。

少数者たちに向けられる差別というテーマ性も含み、感動的な恋愛物となったのですが、それにしても半魚人映画が、作品賞や監督賞を獲得したというのは画期的だったわけです。

『E.T.』や『スター・ウォーズ』も弾かれた

デル・トロは授賞式のスピーチで、幼い頃に観た『E.T.』について述べ、スティーブン・スピルバーグから告げられた言葉を紹介しました。

「君がもし受賞して表彰台に立てたなら、君はレガシーのひとつになる。偉大なる先達のフィルムメーカーたちが築いてきた世界の一員になる。それを誇りに思え」

この言葉にはいろいろな意味が込められています。スピルバーグの大ヒット作『E.T.』は83年の第55回で、作曲賞や視覚効果賞など4部門を獲りましたが、作品賞や監督賞には届きませんでした。

作品賞とリチャード・アッテンボローが監督賞をとったのは『ガンジー』。駄作ではありませんが、今、改めて見たいという作品ではありません。けれども、アカデミーの会員たちは、こうした歴史ドラマ、人物伝とかを、子供と宇宙人が出てくるSF映画より上と位置づけたわけです。

それより前の77年『未知との遭遇』でも、スピルバーグは監督賞にノミネートされましたが獲れず。

ちなみにこの年は、ウディ・アレンの『アニー・ホール』が作品賞や監督賞、脚本賞を受賞しています、加えて以後の映画のあり方さえ変えたジョージ・ルーカス『スター・ウォーズ』第1作もこの年で、作曲賞や撮影賞など6部門を受賞。

スピルバーグがようやく念願だった監督賞と作品賞を獲ったのは、94年のホロコーストを描いた『シンドラーのリスト』でした。

ついでに述べておくと、SF映画というだけでなく、映画史に燦然と輝く68年のスタンリー・キューブリック監督の『２００1年宇宙の旅』でさえ、4部門のノミネートで、視覚効果賞のみ（作品賞・監督賞は『オリバー！』とキャロル・リード）。

いかにSF映画やファンタジー、ホラー、スリラーといったジャンルが、アカデミー賞から疎外されてきたか。『シェイプ・オブ・ウォーター』や、純然たるホラー映画『ゲット・アウト』は、脚本賞受賞でこうした重い扉を開いたわけです。

「ゲット・アウト」ハコ書き

一幕（25分）		二幕（50分）	
①	②	③	④
高級住宅街、迷った黒人アンドレ拉致 走る車　メインタイトル クリスとモノクロ写真　恋人のローズ 両親に会いに「黒人と告げている？」 車で鹿をはねた！　不吉 警官の差別感覚　怒るローズ	アーミテージ家に到着　黒人の庭師とメイド 神経外科医の父ディーン　精神科医の母　ミッシー 歓待される二人「オバマを支持してる」 酔った弟ジェレミー　クリスのタバコの禁断症状	愛し合うクリスとローズ　何か変だ 眠れないクリス　不気味なメイド 突進してくる庭師 ミッシーの催眠術　カップをカチャカチャ 闇に落ちていく　母の死の記憶	朝、ローズに訴える　奇妙な庭師とメイド 恒例のパーティに集まる白人たち クリスを讃え、身体に触る 老妻と若い黒人（アンドレ）がいた 拳の合図を知らない 盲目の画廊オーナー・ハドソン 友人ロッドに電話　アンドレの覚醒！

扉を開けたスリラー『羊たちの沈黙』

　ホラー映画についても簡単に述べておくと、例えば「サスペンス（スリラー）の巨匠」と称されるヒッチコック監督作。映画史上最も影響力のある監督とされていますが、文芸作品ともいえる40年『レベッカ』で、第13回作品賞と撮影賞を獲っています。

　しかし、『レベッカ』『救命艇』『白い恐怖』『裏窓』『サイコ』でヒッチコックは、5度の監督賞にノミネートされましたが、ついに受賞に至らず。これら名作スリラーだけでなく、かの『めまい』も『北北西に進路を取れ』『鳥』も弾かれています。ようやく68年に業績を讃えるという意味合いで、特別賞のアービング・G・タルバーグ賞を与えていますが。

　ホラー、サスペンス映画での受賞というと、記念碑的な傑作『エクソシスト』が73年第46回で9部門ノミネートされましたが、受賞は脚色賞と音響賞の2つだけ。この年は『スティング』が、作品賞やジョージ・ロイ・ヒルが監督賞、脚本賞を獲っています。

　さらに20章で教材とした『羊たちの沈黙』が、（ホラーというより、スリラー・サスペンスですが）作品賞、監督賞（ジョナサン・デミ）、主演男優賞（アンソニー・ホプキンス）、主演女優賞（ジョディ・フォスター）、脚色賞（デッド・タリー）の主要5部門受賞という偉業で、ようやくこのジャンルが認知されたわけです。

「笑い」と「恐怖」の根っ子は同じ

　さて、ホラー映画として脚本賞を受賞した『ゲット・アウト』。脚本・監督はジョーダン・ピールで、元々は

60		80	100
		三幕（25分）	
	⑤	⑥	⑦
白人たちのビンゴオークション クリス「帰りたい」ローズ「私を置いて？」 ハドソンに決定！ ロッド「行方不明のアンドレだ、逃げろ！」 ローズと黒人たちの写真を発見	車のキーはどこだ!? ローズはグルだ 催眠術で動けない 地下室に運べ ロッド、電話が通じない 調べる ソファに拘束されたクリス 鹿の剥製	ロッド警察に 笑いものにされる ローズに電話 誘いに激怒 黒人の体は脳移植用のドナー クリス、ソファの手すりを削る カップの音	手術の準備 ディーン、ハドソンの頭にメス 正気のクリス、ジェミーに反撃！ 耳栓をしていた！ 鹿の角でディーンを刺す ミッシーの催眠術を阻止 ジェレミーにとどめ ローズ、ライフル乱射 車で脱出 メイドは祖母 庭師は祖父 フラッシュでローズを撃つ 自殺！ 警察が来た ロッドだった

（作成：柏田）

〝キー＆ピール〟という人気のお笑いコンビのコメディアンの一人、本作が初の監督作。

製作はジェイソン・ブラム率いるブラムハウス・プロダクション。低予算ホラーでおなじみ、『パラノーマル・アクティビティ』や『インシディアス』『パージ』といったシリーズでヒットを飛ばしているプロダクションです。

ブラムはジョーダンからこの脚本を持ち込まれた時、「私はあらゆるホラー映画を観て、あらゆるホラー脚本を読んでいるが、こんな映画は観たことがなかった」。さらにコメディアンであったジョーダンが目指していた〝笑いと恐怖〟の組み合わせの絶妙さも、GOサインを出す要因だったと述べています。ジョーダン自身、「恐怖と笑いのインスピレーションの源泉は同じだ」という実感から、脚本を作っていったとか。

これで思い出すのは、上方の天才落語家、桂枝雀師匠が唱えていた、笑いの基本概念である「緊張の緩和理論」。人は危険だとか大変だ、といった緊張状態にあればあるほど、それが一気に緩んだ（緩和された）時に、どっと笑いが起きる。そうした「緊張」と「緩和」のメリハリが笑いの本質なのだ、と。興味のある方は『らくごDE枝雀』（ちくま文庫）を。

まさに「笑い」と「恐怖」の根っ子は同じで、この映画を見ると、その微妙な造りも見えてきます。

半世紀前の『招かれざる客』の構造

本作の発想ですが、ジョーダンは『死の接吻』や『ローズマリーの赤ちゃん』のアイラ・レヴィン原作で、2度映画化されていた『ステップフォードの妻たち』からインスピレーションを受けたそうです。

この物語は、白人の新婚夫婦が、白人ばかりが住む理想的な高級住宅地に越して来る。専業主婦の妻たちが皆美人で夫に従順で、というまさに絵に描いたような街だけど、新妻は次第に彼らに違和感を覚えるようになる……

これにジョーダンは、普遍的なテーマでもある「人種差別」を色濃く加えた。これに関連して、もうひとつ下敷きとなっている名作があって、それが本作のちょうど50年前の67年に製作された『招かれざる客』です。第40回のアカデミー賞10部門でノミネートされ、キャサリン・ヘプバーンの主演女優賞と、ウィリアム・ローズが脚本賞を獲りました。

監督と製作は社会派の名匠スタンリー・クレーマー。本書の白人と黒人の囚人によるロードムービー『手錠のままの脱獄』も撮っています。

『招かれざる客』は、リベラルで人種差別とも闘ってきた新聞社を経営しているマット・ドレイトン（スペンサー・トレーシー）と、妻クリスティ（キャサリン・ヘプバーン）の元に、娘のジョーイ（キャサリン・ホートン）が婚約者を連れてくる。その男ジョン（シドニー・ポアチエ）と会った夫妻は、驚きと動揺を隠せない。ジョンが黒人だったから。

物語はほぼドレイトン家の中の会話劇で展開します。仕事で海外に行くジョンが、飛行機の時間までに結婚の承諾を得たいというタイムリミットもあり、サスペンス映画のようなおもしろさです。

映画は話し合いを経て、純粋に愛し合っている二人の結婚を認める親たちという理想的な結末で終わります。

ちょうどこの時代はアメリカで黒人による公民化運動（黒人に対する人種差別を終わらせ、平等の権利を獲得を目指す活動）が盛んでした。

しかし、この映画が公開された翌年に、キング牧師の暗殺事件が起きて、黒人解放運動は激化します。また、『招かれざる客』の67年は、『俺たちに明日はない！』や『卒業』が出て、アメリカン・ニューシネマ運動が始まった年でもあります。まさに時代が激しく動いていました。

古典・名作からアイデアを得る

『招かれざる客』の中で、結婚に反対するマットに、友人の司祭は「50年、100年後は変わっている」と述べます。まさにその50年後に誕生したのが黒人大統領のオバマでした。

しかし、人種差別はなくならない。ジョーダン監督は、この設定を下敷きにして、大胆にホラー映画に転換させた。こうした発想こそが、新作を生み出すひとつのアプローチ法、コツなのです。

プロの書き手はどうして古典や過去の名作に精通しているのか？　過去作にこそアイデアの種、ネタは無尽蔵に潜んでいるから。

デル・トロ監督が『大アマゾンの半魚人』から、恋愛ファンタジーの『シェイプ・オブ・ウォーター』を作ったように、ジョーダン監督は、ヒューマンドラマの『招かれざる客』に、ファンタジーホラーの『ステップフォードの妻たち』をミックスさせて『ゲット・アウト』を生み出した。

今回もハコ書きを作りました。タイトルバックを除くと約１００分ですが、全体で7シークエンスと考えます。

ジョーダン監督が3幕で構成したのかは不明ですが、私なりに当てはめると、主人公のクリス（ダニエル・カルーヤ）と恋人のローズ（アリソン・ウィリアムズ）の紹介と、二人がローズの実家に向かう導入のシークエンス①と、アーミテージ家のローズの家族、両親と弟、不気味な二人の黒人使用人の紹介までのシークエンス②が第一幕で約25分。

アーミテージ家での異様さが、次第に深まっていき、クリスがミッシーに催眠術をかけられ、ローズの嘘を知り、拘束されるまでのシークエンス③④⑤が、第二幕で約50分。

そして、友人のロッドの（笑える）捜索や、クリスの反撃、怒濤のクライマックスと決着のシークエンス⑥⑦が、第三幕で25分。ほぼ1対2対1になっています。

一幕から二幕のプロットポイントは、クリスと酔った弟ジェリーとのトラブル。二幕から三幕のプロットポイントは、ローズと黒人の恋人（獲物）たちと写った写真（裏切り）と、逃れようとするが拘束されるクリス。

物語の方向を変えるミッドポイントは、シークエンス④の冒頭で拉致された黒人の青年（アンドレ）の変化、クリスのスマホのフラッシュで、本作のタイトルでもある「ゲット・アウト！」と叫ぶ（一瞬催眠が解けたと考えられる）シーンでしょう。

絶妙に仕掛けられた伏線やディテール（鹿の轢死、不気味に笑いながら泣くメイド、全力疾走する庭師、カップのカチャカチャ、ローズの写真などなど）も見て下さい。「こんな映画観たことない」おもしろさに満ちています。

またジョーダン・ピール監督の長編第2作『アス』（19）や、第3作の『ＮＯＰＥノープ』（22）もぜひ。過去作からヒントを得て新作を作る方法が見えてきます。

27 特別編③ リメイクで元作を越える方法

教材作品

『コーダ　あいのうた』

（第94回　作品賞・脚色賞）

リメイク作でアカデミー作品賞

特別編の3回目は2022年の第94回で、作品賞、脚色賞（シアン・ヘダー監督自身）、助演男優賞（トロイ・コッツアー）の三冠を受賞した『コーダ　あいのうた』（以下『コーダ』）を分析します。

主人公ルビー（エミリア・ジョーンズ）の父親フランク役のトロイ・コッツアーは、男性のろう者の俳優として初めてのオスカー受賞者です。ちなみに、母親ジャッキー役のマーリー・マトリンもろう者で、86年製作『愛は静けさの中で』でろう者のヒロインを演じ、第59回主演女優賞（当時21歳で史上最年少の主演女優賞受賞者だった）。兄のロッシ役のダニエル・デュラントもろう者。

長編映画2作目のシアン・ヘダー監督は、本作がサンダンス映画祭で、グランプリ、観客賞、監督賞、アンサンブルキャスト賞の4冠を獲得、世界配給権の争奪戦となり、アップルスタジオが2、500万ドル（26億円以上）で落札というニュースで時の人となりました。

脚色賞なのは、2014年のフランス映画『エール！』のリメイク作だから。この『エール！』も感動的な佳作でしたが、人物設定やストーリー展開、テーマ性をしっかりと踏襲して、さらにブラッシュアップ、完成度を高めて

『コーダ　あいのうた』

DVD：4,180円（税込）/ Blu-ray：5,280円（税込）/

Blu-rayコレクターズ・エディション：5,280円（税込）

発売元：ギャガ

いると思います。こちらもネット配信などで観られます。

　今回は脚色の手法を学ぶという意味合いで、両作の構造や、どこをヘダー監督が手を加えているか、ということを主に見ていきます。

「CODA（コーダ）」は、「Children of Deaf Adults＝"耳の聴こえない両親に育てられた子ども"」という意味の用語です。

本物のろう者俳優を起用

　オリジナル版の『エール！』ですが、脚本・監督は『プレイヤー』の（男性の）エリック・ラルティゴ。共同脚本と原案にヴィエクリア・ベレス。『コーダ』のシアン・ヘダー監督は女性です。『エール！』主演のポーラを演じたのは、音楽オーディション番組で準優勝したルアンヌ・エメラ、本作でセザール賞新人主演女優賞を受賞しています。『コーダ』主演のルビーを演じたエミリア・ジョーンズは、『パイレーツ・オブ・カビリアン／生命の泉』などの子役から、『ハイ・ライズ』や『ゴーストランドの惨劇』など、俳優としての実績はありました。ただプロの歌手ではなく、この映画のためにレッスンを受け、見事な歌声を披露しています。

　さらに『エール！』で、ポーラの母ジジを演じたカリン・ヴィアールと、父ロドルフのフランソワ・ダミアン、弟カンタンのルカ・ジェルベールの3人は健聴者で、手話を訓練してろう者を演じていて、『コーダ』と違います。

　また設定上の大きな違いは、『エール！』では、ポーラのベリエ家はフランスの片田舎の酪農家で、カンタンはポーラの弟ですが、『コーダ』のロッシ家は、マサチューセッツ州の漁港の漁師一家、レオはルビーの兄となっています。

　尺はタイトルバックも含めて『エール！』は105分、『コーダ』は幾分長い112分。

　プロットとシーン展開など、大まかな流れは同じですが、比べて見ると要所要所の造り、ポイントなるシーンや見せ方が違います。当然演出の手法なども違うのですが、これらがとても興味深い。今回は大まかな流れは同じなので、『コーダ』のハコ書きを載せました。

オリジナルを越えたリメイク作

　本作が公開されてアカデミー賞を取った時に、オリジナルである『エール！』の方がいい、好きだという意見も耳にしました。映画の見方や評価、感じ方は人それぞれなので、皆さんがどのように思われるかは自由です。

「コーダ　あいのうた」ハコ書き

20　40

一幕（25分）		二幕（50分）	
①	②	③	
早朝の海で漁に励むルビー、父フランク、兄レオはろう者、大音響の音楽で歌う 自転車で学校へ　授業で居眠り 部活は合唱部　憧れのマイルズ 両親と病院　SEX禁止　母ジャッキーもろう者 V先生のテスト　ルビー歌えず、逃げ出す	ルビーの隠れ場　森の家　見事な歌声 両親の窮状　政府から漁師への介入 V先生にコーダの苦しみを告白 親友ガーティ、レオはセクシー V先生、ルビーの才能を発見　マイルズとデュエットを　家族で喧嘩	「バークリー音楽大学に進め」 V先生に手話で思いを伝える 母に打ち明けるが、理解されない 兄「協同組合を作ろう」酒場で喧嘩 ウエイトレスをスマホで口説いてエッチ ルビー、マイルズとレッスン　背中合わせで 父母のセックスの音、気まずく対面 学校でからかわれる　マイルズに怒り V先生、怒りの声で歌え！	集会で父の発言を通訳 「自分たちで魚を売る！」反対する母

ただ、今回両作を改めて比べて見てみると、脚色が加えられた『コーダ』は、きちんとオリジナル『エール！』をリスペクトしつつも、ヘダー監督の絶妙な脚本の修正と、演出が効果を高めていて、感動度も増しているように思いました。俳優たちも甲乙は付けがたいのですが、演出力の相乗効果もあって、『コーダ』の方がよりイキイキとしているように感じました。

過去にも名作やヒット作のリメイクは数多くされています。つらつら思い出してみても、リメイク作がオリジナルを越した、という例はほとんど思い浮かびません。元々の作品が優れているゆえに、リメイクとなることが多い、という面もあるかもしれませんが。

特に近年は、他国で作られた映画をハリウッドで、といったリメイクも増えていますが、まずオリジナルを越えていません。

アカデミー受賞作で例を挙げると、2006年公開、第79回で作品賞、監督賞（マーティン・スコセッシ）、脚色賞（ウィリアム・モナハン）、編集賞の4部門に輝いた『ディパーテッド』は、香港映画『インファナル・アフェア』3部作のリメイクで、外国映画のリメイク作として初の作品賞受賞でした。

レオナルド・ディカプリオ、マット・デイモン、ジャック・ニコルソン、マーク・ウォールバーグといった豪華キャストを揃えたそれなりの力作でしたが、オリジナル作には及ばない出来としかいえず、これまで無冠だったスコセッシ監督への忖度受賞という声もあったりしました。

『コーダ』がオリジナルの『エール！』を越えているかはともかくとして、両作を続けて鑑賞すると、個々のシーンの造りや、表現方法の違いが見

100		80		60

④	⑤	⑥	⑦ 三幕（30分）	⑧ 三幕（30分）
V先生のレッスンと組合活動の日々 マイルズの謝罪を無視 ニュースの取材とレッスンが重なった！　遅刻 家族に訴える　母の拒絶　決裂する	ルビーがいない船に監視員が乗った マイルズを池に連れてダイブ　仲直り 無線の警告が聞こえない ルビー、マイルズとキス	「免許停止になった」「私のせいにしないで！」 罰金と聴者を乗せろ 「進学はあきらめる」 母の告白「分かり合えない気がした」 兄「家族の犠牲になるな！」	発表会、赤いドレスのルビー 歌声の聞こえないロッシ家三人　観客たちの反応が見える！　一緒に拍手 父「俺のために歌ってくれ」喉に手をあて聞いた	朝、一家で音大受験に行くぞ！ マイルズとV先生も行っている 遅刻だけど歌える　家族は二階席に 「青春の光と影」　伴奏はV先生 手話で歌詞を　素晴らしい歌声 その後の点描　合格！　マイルズは不合格　恋は進行 そして出発　家族との別れ　ハンドサイン

（作成：柏田）

えてきます。

生活として描かれる人物たち

『コーダ』のハコ書きは、タイトルバックを除くと約１０５分、８シークエンスとしました。

シークエンス①は、主人公ルビーと、その家族の紹介。早朝からルビーは、ろう者の父と兄を手伝いトロール漁に励んでいる。母もろう者。さらにルビーの高校生活と、憧れているマイルズ（フェルディア・ウォルシュ＝ピーロ）が入ったこともあって、サークル活動に合唱部を選択する。

両親が大音響のクルマで迎えに来て、恥ずかしい思いをしつつ、通訳のため病院につきそう。両親は下腹部の炎症でセックス禁止令を出される。

さらにルビーは、ろう者家族ゆえの発音コンプレックスから、合唱部の顔合わせの時、人前で歌えずに個性的なV先生（エウヘニオ・デルベス）の前から逃げ出してしまう。

『エール！』のトップシーンは、ポーラが稼業である酪農、それも牛の出産を手伝ったりする描写と、ろう者の父、母、弟の紹介、自転車やバスを乗り継いで高校へ。授業での居眠りや、憧れているガブリエルがきっかけで合唱部に入る。父と母のつきそいで病院に行き、医者からセックス禁止令を出される、とほぼ同じです。

ただ、この後市場で自家製チーズなど酪農製品を売るペリエ家と、現職村長による選挙活動が描かれます。

また、ポーラの親友のマチルドが来た時に、両親によるあけすけなセックスの騒音を聞かれる、というエピソードが入ります。

そこから音楽教師トマソンによる声分けで、ポーラは歌わないのですが、声によって「アルトだ」と判定される。『エール！』のトップシーンでも、ヘッドフォンで音楽を聴くポーラは描かれるのですが、『コーダ』は大海原で大音響のエタ・ジェイムスの歌と、それを合わせたルビーの歌声が響き渡るという演出で、一気に音楽映画のインパクトになっています。

手話で見せる心のうち

　さらにルビーはV先生ら学友たちの前では、その歌声を披露しない（できない）、という〝外し〟（観客の予想を翻す）を強調しています。ここで一度外した後、シークエンス②でルビーは、自分の心の拠り所としている隠れ場、森の池で、思いきり美声を披露するという見せ場に変えています。この池は、重要な場所として以後も使われます。

『コーダ』のシークエンス②は、漁師たちが置かれた窮状と合わせて、V先生がレッスンを通して、ルビーの才能に気づき、マイルズとのデュエットを命じる。この転換点が1幕から2幕へのプロットポイントです。ここまでの第1幕が約25分。

　要素の違いとしては、『エール！』は、この段階では音楽教師にポーラがコーダであることを告げていませんが、ルビーは最初にその悩みを告白しています。

　また、シークエンス③の頭、ルビーとV先生のやりとりで、「歌を歌う時はどんな気持ちだ？」に、ルビーは手話で答えます。この手話には字幕が入らないのですが、おおよその意味が観客にも分かる。素晴らしいシーンです。

『エール！』は、村長が選挙活動で工場誘致の計画を打ち上げたことから、父ロドルフが出馬を決意し、通訳者としてのポーラの役割が増えていく。

『コーダ』は政府による漁船の管理に反発し、兄レオが協同組合を設立、やはり通訳者のルビーが忙しくなります。

レッスンを通してポーラとガブリエルの、ルビーとマイルズの関係が近くなっていくという展開は同じです。

　が、2人が喧嘩をするきっかけが、ポーラは生理になってしまってというのと、『コーダ』はマイルズに両親のセックスの騒音を聞かれたことで、と変わっています。またガブリエルは声変わりで、デュエットができなくなったといった展開を『コーダ』はカットしています。

事件とラブシーンのカットバック

　さて『コーダ』のシーンとしての秀逸さは、シークエンス⑤の展開。進学を巡って家族と対立したルビーは、朝の漁をさぼります。ろう者の父と兄の船に、監視員が乗り込んでしまう。沿岸警備隊の無線の警告を2人は聞こえない、という事件が起きてしまう。

一方ルビーは、マイルズを隠れ場の森の池に連れていき、仲直りをし、2人の恋を進行させる。この二つのシーンのカットバックが、実に効果を高めています。そして浮かんだ丸太を挟んで、ルビーとマイルズはキスをする。『エール!』でポーラとガブリエルが初キスするシーンは、両作の共通した最初のクライマックスシーンの発表会で、2人がデュエットを披露した直後、舞台の陰でとなっています。

『コーダ』の2幕は、ルビーの夢（音楽大学への進学）と恋の進行と合わせ、ロッシ家の危機、家族それぞれの揺れが描かれます。

シークエンス③〜⑥で約50分。シークエンス⑥は、免許停止になったことで、夢を諦める決意をしたルビーと、母の思い、さらに兄レオの「家族の犠牲になるな!」という言葉がプロットポイントです。

3幕はシークエンス⑦と⑧で約30分。ほぼ1対2対1になっています。

そして、最初のクライマックスシーンが合唱部の発表会。ここでろう者である家族3人が、観客の反応を〝見て〟娘の音楽の才能を認識する。オリジナル『エール!』も、2人のデュエットの途中から無音になり、『コーダ』も同じです。

ただ『コーダ!』は、演奏中のフランクとジャッキー夫妻の手話によるおしゃべりが効いていて、その後聴き入って拍手する観客たちの姿を見る、この演出が素晴らしい。

V先生の笑える手話の挨拶を挟んで、星空の下、父フランクがルビーの歌を〝手で聴く〟シーンは感動的です。

さらに、いよいよのクライマックスとなるシークエンス⑧の、音楽大学の実技試験。

それぞれの音楽教師が伴奏を買って出て、手話を使って家族に歌詞を伝えながら歌う。これは両作とも同じです。まさにこの手話を交えた主人公の歌の場面こそ、この映画のキモ、ここここが最大の見せ場です。

『コーダ』のラスト、ルビーがクルマから家族に示すハンドサイン（日本人にはお馴染みのグワッシ!ですが）は、アイラブユーという意味だとか。

ともあれ、甲乙つけがたい両作ですが、特に『コーダ』でしっかりと見てほしいのは、個々のシーンの造りです。ストーリー展開をさせながら、それぞれのシーンでの工夫、手話による磨いたセリフなどなど。

これぞ脚色の妙です。そうしたシーンの積み重ねで、ドラマ性が高まり、観客に感動を与えられるのです。

28

特別編④　ジャンルと観客の予想を越える展開の妙

教材作品

『パラサイト　半地下の家族』

（第92回　作品賞　監督賞　脚本賞）

『パラサイト 半地下の家族』
Blu-ray&DVD発売中
発売・販売元：バップ

アカデミー賞の歴史を変える

「アカデミー受賞作に学ぶ作劇術」特別編のトリは、2019年制作、アカデミー賞の歴史を変えた韓国映画『パラサイト　半地下の家族』。

2019年にカンヌ国際映画祭で、韓国映画初のパルムドールを受賞、その勢いのまま、2020年の92回アカデミー賞では、作品賞を含む6部門でノミネート、作品賞・監督賞・脚本賞・国際長編映画賞（旧外国語映画賞）の4部門を受賞。

しかも、非英語作品による作品賞受賞は、アカデミー史上初という快挙を成し遂げました。

監督はポン・ジュノ。『吠える犬は噛まない』で長編映画デビュー、第2作として傑作『殺人の追憶』、続いて『グエムル　漢江の怪物』『母なる証明』などで評価を得て、『スノーピアサー』でハリウッド進出を果たし、ついに栄冠に輝きました。脚本はジュノ自身とハン・ジヌォン。

まずお断りを。映画公開時にジュノ監督は「心からのお願い」として、〝ハラハラしながら物語の展開を体験してほしい〟ので、〝本作をご紹介頂く際、出来る限り兄妹が家庭教師として働き始めるところ以降の展開を語ることは、どうか控えてください。〟とネタバレ禁止を依頼しています。

その通りで、本作のおもしろさは、観客の予想を見事にひっくり返す巧みな展開でしょう。

ただ、このコラムに関しては、そうした造りや作劇を分析し、脚本家志望者がそれらのテクニックをいかに盗むか、という主旨ですので、ネタバレ全開します。

そもそも脚本家志望者が、映画の歴史を変えた本作を、受賞後かなり経った未だに観ていない、ということはあり得ないと思います。今なお、繰り返し語られ、例として挙げられる傑作です。未見の方は、まずは配信なりソフトなりでご覧の上でお読み下さい。

ひとつにくくれないジャンル

さて、本作ですが、皆さんはこの映画のジャンルは何だと位置づけますか？　ウィキペディアの紹介だと、〝ブラック・コメディスリラー映画〟とあって（それだけだと、どういう映画なんだよ？　とツッコミたくなるが）、確かにそうかもと思います。

また、パンフレットのジュノ監督のコメント、

〝回避不能な出来事に陥っていく、普通の人々を描いたこの映画は「道化師のいないコメディ」「悪役のいない悲劇」であり、激しくもつれあい、階段から真っ逆さまに転げ落ちていきます。この止めることのできない猛烈な喜悲劇に、みなさんをご招待します。〟

なるほどと頷きつつ、またパンフの解説にはこうも記されています。

〝あらゆるジャンルを完璧に融合させながら、いま世界が直面している貧富格差への痛烈な批判さえも内包した、超一級のエンターテイメントとして描き切った。〟

つまりジャンル分けすると、テイストとしてはコメディ、それもブラックでありながら、ハラハラさせるサスペンス要素もあり、中途からミステリーとしての展開となり、終盤はスリラーになります。

しかも、テーマ的には上記にもある「貧富格差」という社会性を背景としていて、対比となる二つ（さらに実はもうひとつ）の家族の絆も描いているホームドラマともいえます。

ジャンル分けなんて、ある意味どうでもいいのですが、本作の斬新さのひとつとして、テイストなりジャンルとかの枠を越えている作りもあります。

もちろん、最初から「恋愛物」とか「ホラー」といったジャンルを明確にして、それを売りにする作品もあってしかりですが、本作のように社会の歪みを全面に出しつつ、サスペンス、ホ

「パラサイト　半地下の家族」ハコ書き

①	②	③	④	⑤
半地下のキム一家　父ギテク　母チュンスク 兄ギウ　妹ギジョン　上のトイレ　外から消毒煙 ピザ屋の箱　悲惨な境遇 大学生の友人からの依頼　幸運の石	兄、妹の偽装で囮のパク家に面接 妻ヨンギュ　娘ダヘ　家政婦ムングアン 兄、娘の家庭教師に　息子ダヘンの絵	息子の絵画教師に妹を 兄、娘に教える　巧みな誘導とキス 妹、息子を誘導「心のブラックボックス」 夫ドンイク　運転手へのパンティの罠	食堂でのキム家会議 夫、パンティ発見　妻に報告 夫のIT会社　父、ベンツ走行テスト 家政婦の弱点　桃の工作　病院 ケチャップ　家政婦、解雇	「家政婦は二人分食べた」 紹介センターの工作　母が雇われる 父と母は同じ匂い　4人、パラサイト成功 息子の誕生日はキャンプ　パク家、出かける 豪邸で飲み食いのキム家　激しい雷雨

ラーテイストを加味して、観客に「これはどういう物語なんだ!?」と引っ張る映画もあっていいですし、そのいわば〝ジャンルまたぎ〟〝ジャンル融合〟のおもしろさも示しているわけです。

格差社会を描く映画たち

また、「映画は時代の鏡」という言い方もあります。述べたように今の時代に顕著な「貧富格差」、世界中で色濃くなっているこの極端な二極化を背景としています。

これに関して、映画評論家の町山智浩さんのレビューがパンフに載っていて、その中でジュノ監督の言葉が紹介されています。

「ここ数年で『パラサイト』と同じく格差と家族をテーマとした映画が世界各地で作られています。日本の是枝裕和監督の『万引き家族』、イギリスのケン・ローチ監督の『わたしは、ダニエル・ブレイク』『家族を想うとき』、アメリカのジョーダン・ピール監督の『アス』。でも、私たちは話し合って共闘しているわけではありません。それぞれの国の大事な問題に取り組んだら偶然、そうなったんです」

『万引き家族』は、都会の片隅に身を寄せて生きる疑似家族の物語。ケン・ローチの二作は、社会の底辺で必死に生きようとする人や家族を描いた社会派ドラマ。『アス』は、自分たちとそっくりの家族が襲ってくるホラー。

これらの作品もぜひ合わせてご覧下さい。まるで違う作り、ジャンルながら、そこで共通しているのが、格差社会の歪みと、生き残ろうと奮闘する家族だということ。

創作者ごとの問題意識の持ち方、時代へのアプローチと、それを踏まえた

⑩	⑨	⑧	⑦	⑥
生きていた兄と母の裁判　父はどこに？ 妹の遺影　父のモールス信号と居場所 新住人のドイツ人　兄の夢のプラン 半地下の家の現実 （タイトルバック）	快晴の朝　妻「サプライズ誕生日パーティを」 手伝わされる父、母、集まるセレブたち 兄、娘に問いかける　地下に　家政婦死体 夫に石で　修羅場の庭　父、夫を刺し消える	パク家から脱出する3人　水没のキム家 家政婦夫妻のあがき　モールス信号 避難所のキム家「無計画は失敗しない」	パク家帰宅　ジャージャー麺 家政婦と夫を地下へ　危機一髪 リビングソファ下に隠れる父、兄、妹 息子のトラウマ　階段の幽霊　ひきつけ 息子、庭のテントに　愛し合う夫と妻	家政婦が来た「台所の地下に忘れ物」 戸棚の隠し扉　家政婦夫グンセがいた！ すがる家政婦夫妻　キム家の企み発覚 立場逆転　スマホの争奪戦 妻から電話「帰宅する」必死の片付け

（作成：柏田）

上で、どういう物語とするか？　テーマや社会性をしっかりと踏まえつつ、それぞれの描き方の違いがよく分かります。

本編128分＝10シークエンス

細かいシーンの流れなどは、簡単なハコ書きも掲載しました。映画を観て、改めてハコ書きの流れを確認すると、巧みな構成が分かります。

尺は2時間12分（タイトルバックを除くと約128分）で、私は10シークエンスとしましたが、これはあくまでも私の分け方です。

ハコ書きの表記に関して、この物語では、半地下の家に住むキム一家4人と、高級住宅のパク一家4人、さらにパク家の家政婦ムングアンと、実はもう一人隠れていたその夫グンセの10人が主な登場人物です。

韓国名が若干分かりにくいので、表では、キム一家を、父（ギテク＝ソン・ガンホ）、母（チュンスク＝チャン・ヘジン）、兄（ギウ＝チェ・ウシク）、妹（ギジョン＝パク・ソダム）。そしてパク一家を、夫（ドンイク＝イ・ソンギュン）、妻（ヨンギョ＝チョ・ヨジョン）、娘（ダヘ＝チョン・ジソ）、息子（ダソン＝チョン・ヒョンジュン）。さらに家政婦（ムングァン＝イ・ジョンウン）、家政婦夫（グンセ＝パク・ソジュン）としてあります。

また、ジュノ監督が近頃定番となっている「ハリウッド式三幕方式」の構成法を踏まえているのかは不明です。

ですので、三幕での構成表としませんでしたが、あえて三幕を当てはめてみると、シークエンスの①～③までが第一幕の発端で約30分。

シークエンス④～⑧までが展開部の

第二幕で約70分。そしてシークエンス⑨と⑩が第三幕の結末で約30分と考えられます。まさにほぼ1：2：1といえるでしょう。

流れが転換するミッドポイント

一幕はキム一家の悲惨な境遇と、四人の家族の紹介があって、兄ギウが友人の大学生の紹介で、パク一家の娘ダへの家庭教師に治まる。

さらに今度は妹ギジョンが、パク家息子ダソンの絵画教師へと潜り込むまで。ジュノ監督が、ここまではネタバレしていいと言った部分となります。

一幕から二幕に展開するためのプロットポイントがあるとすると、妹ギジョンが運転手のナンパを回避しつつ、罠としてクルマのシートにパンティを仕込むエピソード。

二幕の頭は、パク家の夫ドンイクがそれを発見する。ここから、まんまと運転手をクビにして、ギジョンの誘導で父ギテクを後釜に据えることに成功する。

ジュノ監督が、「三幕方式」をある程度踏まえているのでは？　と思える要素は、劇のちょうど真ん中に置かれたミッドポイントです。

ミッドポイントは、それまで進んでいた物語の方向性から、一気に逆向きの違う展開へと運ぶ中間点に据える出来事、要素のことです。

本作の場合はシークエンス⑥、それまで順調に富豪パク家へのパラサイトプランを進行させていたキム一家に危機が訪れる。それが家政婦ムングアンの来訪と、さらなる地下にいた夫グンセの登場です。

半地下4人家族と、岡の上の豪邸4人家族の対比と思わせた前半から、実はさらなる地下で生きていた人間がいた、という衝撃！

このミッドポイントから、キム一家のプランは、まさに階段を転がり落ちるようにひっくり返る。そして第2幕から3幕へのプロットポイントは、避難所の父がギウに告げる「計画なんてない。失敗しない計画は無計画だ」というセリフと、パク家で妻ヨンギョが進める計画である、息子の誕生日サプライズパーティ。

そしてクライマックスであるシークエンス⑨があって、【起承転結】でいうと【結】となるシークエンス⑩の、その後の逸話となります。

ともあれ、悲惨極める半地下のキム家の立地や環境、あまりに対照的に贅を極めている高級住宅のパク家。この二つの家族構成が同じとされていること。さらにより悲惨な地下で生きる人間がいるという隠されていた構造。その断層を象徴する階段の使い方。

キム家に幸運をもたらすという石、さらには〝同じ匂い〟やモールス信号、実は息子ダソンのトラウマと、その謎解きも含めた怒濤のクライマックス。アカデミー賞を獲るだけある新しさと、緻密な構造になっていることが分かります。

キム一家の4人は明らかな詐欺行為による悪事で、結果人を殺めてしまう。その報いとして、妹ギジョンは死んでしまうのですが、いつか兄ギウのプランが実を結び、この家族に幸が訪れることを願わざるを得ません。

そうした構造の妙をじっくりと見て下さい。

〔著者略歴〕　柏田道夫（かしわだ　みちお）
青山学院大学文学部卒。脚本家、小説家、劇作家、シナリオ・センター講師。95年、歴史群像大賞を『桃鬼城伝奇』にて受賞（2020年３月『桃鬼城奇譚』と改題し双葉文庫より刊行）。同年、オール讀物推理小説新人賞を『二万三千日の幽霊』にて受賞。映画脚本に『武士の家計簿』『武士の献立』『二宮金次郎』『島守の塔』、テレビ脚本に『大江戸事件帖　美味でそうろう』、戯曲作品に『風花帖　小倉藩白黒騒動』『川中美幸特別講演　フジヤマ「夢の湯」物語』、著書に『しぐれ茶漬　武士の料理帖』『面影橋まで』（光文社時代小説文庫）『猫でござる』①②③（双葉文庫）『矢立屋新平太版木帳』『つむじ風お駒事件帖』（徳間時代文庫）『時代劇でござる』（春陽堂書店）『小説・シナリオ二刀流奥義』『ミステリーの書き方』『映画ノベライズ　島守の塔』（言視舍）など。小社刊・月刊ドラマ別冊『エンタテイメントの書き方』①②③、『企画の立て方　改訂版』、書籍『シナリオの書き方』など。
シナリオ・センター　http://www.scenario.co.jp

アカデミー受賞作に学ぶ作劇術　～エンタテイメントの書き方３～

著　者　柏田道夫
発行人　辻　萬里
発行所　株式会社　**映　人　社**
〒103-0013　東京都中央区日本橋人形町2-34-5 シナリオ会館3F
電話　03-6810-7605　FAX　03-6810-7608

企画協力　(株)マルヨンプロダクション
表紙デザイン　塚本友書
令和５年３月20日　第１刷発行

ISBN 978-4-87100-240-0　C0074